国有企业人力资源问题的本质

——破局新“三项制度”改革的10个核心方法论

杨德民　著

中国财富出版社有限公司

图书在版编目（CIP）数据

国有企业人力资源问题的本质：破局新“三项制度”改革的10个核心方法论／杨德民著.—北京：中国财富出版社有限公司，2021.4（2025.5重印）

ISBN 978－7－5047－7378－4

Ⅰ.①国…　Ⅱ.①杨…　Ⅲ.①国有企业—人力资源管理—研究　Ⅳ.①F279.241

中国版本图书馆CIP数据核字（2021）第054235号

策划编辑	郑晓雯	**责任编辑**	郑晓雯	**版权编辑**	武　玥
责任印制	马欣岳	**责任校对**	庞冰心	**责任发行**	董　倩

出版发行	中国财富出版社有限公司		
社　　址	北京市丰台区南四环西路188号5区20楼	**邮政编码**	100070
电　　话	010－52227588转2098（发行部） 010－52227566（24小时读者服务）		010－52227588转321（总编室） 010－52227588转305（质检部）
网　　址	http://www.cfpress.com.cn	**排　　版**	义春秋
经　　销	新华书店	**印　　刷**	宝蕾元仁浩（天津）印刷有限公司
书　　号	ISBN 978－7－5047－7378－4/F·3288		
开　　本	710mm×1000mm　1/16	**版　　次**	2021年4月第1版
印　　张	16.5	**印　　次**	2025年5月第5次印刷
字　　数	314千字	**定　　价**	68.00元

目　录

绪　论

国有企业“三项制度”改革是指劳动用工、人事和分配制度改革。国企“三项制度”改革是完善现代企业制度的重要组成部分，是国企改革的重点和难点，也是企业加强和改进管理、转换经营机制的主要着力点。

2015 年下发的《中共中央、国务院关于深化国有企业改革的指导意见》（中发〔2015〕22 号），把“国有企业内部管理人员能上能下、员工能进能出、收入能增能减的市场化机制更加完善”作为一项重要改革目标。

2016 年，国务院国有资产监督管理委员会（以下简称“国资委”）下发《关于进一步深化中央企业劳动用工和收入分配制度改革的指导意见》，揭开了新“三项制度”改革的序幕。

2019 年 11 月 8 日，国资委下发《中央企业混合所有制改革操作指引》（国资产权〔2019〕653 号），把“三项制度”改革作为混合所有制改革“改机制”的核心内容。

改革进入了新时代，虽然进行了很多探索，也取得了一些成绩，但国有企业活力不足、员工动力欠缺的问题依然没有得到根本解决。新“三项制度”改革如何破局？核心是要参透当下国企人力资源管理突出问题的本质，厘清“三项制度”改革的核心方法论。

本书以国企“三项制度”改革为研究对象，从厘清“三项制度”改革的法律底线与政策边界出发，分析研判制约“三项制度”改革的突出问题及其本质，并试着给出解决方案，以激发员工，特别是经营层为代表的中高级管理人员的积极性为目标。当然，最终目标是激发企业的活力，这也是国企改革的终极目标。

“三项制度”改革是人力资源管理的核心内容，人力资源管理又是企业管理的一个专业领域。实施“三项制度”改革，必须理解、弄清人力资源管理和企业管理。本书针对人力资源管理决策需要正确处理的 10 个矛盾进行分析阐述，旨在站在企业高层与战略视角，审视制约企业发展的人力资源管理问题，尝试以全新的形式对企业管理的基本理论与知识进行表达，以便为大家提供有意义的参考。

（一）

不同于通常意义上的人力资源管理专业书籍，本书具有以下几方面的突出特点。

一是突出问题导向，以用为本，不囿于既有理论框架。问题指引方向，如果问题定义错了，措施是没有任何价值的。笔者在国企工作多年，同时接触过较多的民企，也曾经在国资委挂职学习，对于国企的人力资源管理问题有较深入的体验和理解。个人认为，本书对于国企“三项制度”改革方面存在问题的认识，是比较贴合实际的。

二是紧扣重点问题进行分析研究，不求体系过于完整，力求切中时弊。全面梳理、分析国企“三项制度”改革，也就是分析激励与约束机制建设方面存在的问题，甄别出关键问题。毛泽东同志认为，分析问题、解决问题要坚持两点论和重点论，两点论就是要全面分析问题，重点论是解决关键问题。全面分析恰恰是为了找重点和突破口，而不是面面俱到。什么问题都想解决，可能意味着什么问题都解决不了，毕竟时间和精力是有限的。

三是问题分析与解决方案相结合，理论研讨与案例分享相结合。以分析问题为始，以解决问题为终。针对问题，尽力提出解决方案，至少给出解决思路对策。不论是解决方案，还是思路对策，都力求有针对性。包治百病的“灵丹妙药”是不存在的。

“三项制度”改革中有些问题比较复杂，需要从根本理论上进行剖析，要跳出具体现象和事实，从而使人的理解和认识更为深刻。人力资源管理理论著述较多，本书涉及人力资源管理有关理论时，重点是结合关键问题分析，从大的逻辑框架方面来介绍。

解决方案离不开具体的案例和成功实践。本书选取一些国企改革的实践案例及其他相关案例，供读者参考。理论也好，案例也罢，一切皆以为读者提供有价值的参考作为出发点和落脚点。

本书主体部分围绕“三项制度”改革涉及的10个核心问题进行分析论述，旨在厘清国企人力资源问题的本质。毫无疑问，对于不同性质，处于不同发展阶段的国企，存在的问题也可能会有所不同，希望大家补充完善。

（二）

恩格斯说："一个民族要站在科学的高峰，就一刻也不能离开理论思维。而提高理论思维最好的办法，就是学习以往的哲学。"一个国家，一个民族，需要理论思维，也需要哲学思想。一个企业，同样需要从哲学视角思考自身的发展。

本书尝试从哲学视角对企业人力资源管理进行阐述。"哲学"的英文"Philosophy"在古希腊语中表示"爱智慧"。哲学是智慧，而不是知识；哲学是方法论，而不是方法。什么是企业哲学？没有一个准确的定义。套用哲学的本意，企业哲学就是企业的经营管理智慧，是超越具体经营管理方法、管理措施的管理思想和管理思维。（但凡取得成功的企业，之所以没有走太多弯路，是因为他们总是在有意无意间，践行着某种理性思维。）

人力资源管理理论与经验知识甚多，如何从哲学视角进行认识和理解，对于从业人员得以事半功倍地学习是非常重要的。反思过去，启迪未来，我们有必要从哲学视角来思考人力资源管理。

列宁说："可以把辩证法简要地确定为关于对立面统一的学说，这样就会抓住辩证法的核心。"对立统一的规律即矛盾的规律。哲学视角的人力资源管理，核心是用矛盾分析的方法分析问题、解决问题。

哲学视角的人力资源管理，就是要系统梳理矛盾，穷尽各类问题，确认矛盾的真实性，找准问题。只有找准了问题，透彻理解问题，才能够真正解决问题。

哲学视角的人力资源管理，就是要分清主要矛盾和次要矛盾，也就是要分清主要问题和次要问题。就是要抓主要问题（矛盾），把握问题（矛盾）的主要方面，以点带面，集中"优势兵力打歼灭战"。

哲学视角的人力资源管理，就是要把握解决问题的先后次序和节奏，制订系统的工作计划和解决方案，以解决主要问题为突破口，全面解决问题。

"形而上者谓之道，形而下者谓之器。"现象背后隐藏着本质，本质更具抽象性和理论性。本书提出并诠释人力资源管理方法论的概念，虽然不是严格意义上的方法论，但不影响其价值。对比企业的成功实践，理论的总结思考更具启示性，更有指导价值，功效更持久。

（二）

“三项制度”改革是国企改革的重头戏，同时也是企业管理，特别是人力资源管理的核心篇章。不谋全局者，不足以谋一域，研究、推动企业“三项制度”改革就必须理解、掌握企业管理这篇大文章。

对于企业管理而言，大家似乎都懂，因为学习渠道太多了，“砖头书”“小推文”，应有尽有，随时随地可见。但似乎又不太懂，为什么？企业管理所涉及的知识太多了，汗牛充栋，总觉得学不完、参不透，假若再充斥一些假学问、东拼西凑的东西，理解起来更难。还有一些伪专家，今天一个新名词，明天一个新理论，更让人云里雾里。

大道至简，真学问怎么可能复杂到看不懂呢？

金文（钟鼎文）时代，文字表达很短，因为写不起、搬不动。现在连纸张都省了，文章越写越长，内容越来越多，但读起来却越来越吃力。

越是深刻的思想，越需要以精简的形式来表达。比如，论证“多角度看问题更全面、更客观”的文章不计其数，但只有苏轼的“横看成岭侧成峰，远近高低各不同。不识庐山真面目，只缘身在此山中。”最为人所熟知。为什么？语言凝练，如此复杂的道理28个字搞定，内容与形式完美结合。

故此，本书尝试着从全新的视角，对企业管理进行阐述，意在以最简练的方式表达企业管理的内涵。

抚今追昔，理性思考让我们在前进的路上更加坚定。但理论是灰色的，而企业发展的生命之树常青。随着国企人力资源管理及“三项制度”改革实践的不断深入，相关政策、理论与改革举措会不断推陈出新。往日已矣，来日良多，我们期待通过大家共同的努力，去创造国企更加美好的明天。

补充一点：国企分为商业类和公益类。本文所讲的“三项制度”改革的问题和举措，主要针对商业类国企，特别是充分竞争的商业类国企。此外，文中所讲的“干部”“经理人”指企业中高级管理人员，“经营层”“经理层”指企业高级管理人员，“职业经理人”指市场化的企业中高级管理人员。

第一章　“三项制度”改革的历程

自改革开放以来，国企“三项制度”改革就一直处于探索和实践中。“三项制度”改革的最终目的是实现管理人员能上能下、员工能进能出、收入能增能减，所以也称“三能机制”，核心目的是激发企业和员工活力。

“三项制度”在不同性质的国企和不同所有制形式的企业都是客观存在的，其内涵是由不同的生产方式和经济体制决定的。

笔者提出，我国国企推进“三项制度”改革大体可以分为以下三个阶段。

第一阶段：20 世纪八九十年代。这一阶段，以破“三铁”为主要特征，即打破“铁饭碗”（固定用工改为合同制）“铁交椅”（干部终身制改为聘任制）“铁工资”（等级工资、“大锅饭”改为凭技能和贡献取酬）。

在这一阶段，“三项制度”改革的核心内容是由国家大一统的劳动人事管理转向企业自主用工权、人事权和分配权的落地。改革的关键词是经济承包责任制、合同制、岗位工资制、浮动工资、工效挂钩、年薪制等。

我国国企中传统的“三项制度”是如何形成的？在高度集中的计划经济体制下，企业不是一个独立的社会经济组织，而是政府的附属物。必然会出现生产由国家统一计划、人员由国家统一分配、工资由国家统一确定，企业对干部人事、劳动用工、工资分配没有自主选择的权利。这种特定的历史阶段和条件下形成的“三项制度”，只能是干部职务终身制，能上不能下；工人由国家统招统配，能进不能出；工资“大锅饭”、平均主义。

改革初始，经济责任制和联产计酬的分配方式触动了多年的“大锅饭”，使企业出现了生机。1984 年，北京率先试行城市新增工人“劳动合同制”，但由于它本身的不完善和“大锅饭”“铁饭碗”的习惯势力，“劳动合同制”实际上变成了“固定”合同工制，只是多了一纸文书，并没有真正实施劳动合同的解除与终止。

1985 年在全国实施了工资总额同经济效益挂钩的办法。1997 年，为了促进适合市场经济的企业工资管理的构建，规定试点国企在地区工资指导线的范围内、在与经济效益挂钩的基础上可以自由调整工资总额。

1986年7月，国务院颁布《国营企业实行劳动合同制暂行规定》，明确了合同制实行范围：企业在国家劳动工资计划指标内招用常年性工作岗位上的工人，除国家另有特别规定者外，统一实行劳动合同制。企业招用一年以内的临时工、季节工，也应当签订劳动合同。该规定在合同签订、变更、解除、终止等方面，与后续出台及目前实施的劳动用工管理的法律法规大体一致，但执行范围有限，实质上形成了企业内部用工方式的“双轨制”。

1992年，国家发布《关于扩大试行全员劳动合同制的通知》，着手推行全员劳动合同制工作，明确扩大全员劳动合同制的地区、企业范围、社会保险待遇等内容。

1994年，《国有企业经营者年薪制试行办法》公布。1997年100家企业导入年薪制。

1995年1月1日，《中华人民共和国劳动法》（以下简称《劳动法》）施行，为劳动用工制度改革提供了法理依据，使得我国的企业用工制度改革实现了实质性突破。

下面是当时关于承包经营责任制、岗位技能工资制的一些典型做法。

首钢承包经营责任制

首钢的承包经营改革试点很有代表性，在“包死基数、确保上交、超收全留、歉收自补”的承包经营中，建立起内部层层责权利机制，包保核到人的承包制。首钢上缴利润递增7.2%包干，超包全留，按6：2：2比例分配，60%用于发展生产，20%用于集体福利，20%用于工资奖励。如果上缴利润递增7.2%完不成，就得减发工资来补足。这不是什么优惠政策，而是破釜沉舟，只是为了换来超包全留的激励政策。首钢实施全员承包民主管理，建立了“首钢工作者”制度和“双考”（即知识考试和能力考核）人才选拔制度等“三项制度”的改革办法，形成了工人上岗靠竞争，分配靠贡献，干部能上能下，选贤任能、人尽其才的良性循环，极大地调动起职工的生产积极性，使企业增强了活力，实现了利润每年以20%的幅度持续增长。

吉化集团岗位技能工资制

1993年，吉化集团按照试验、试点、推广等步骤，相继在全公司实行了岗位技能工资制。岗位技能工资由技能工资、岗位（职务）工资和年功工资三个单元组成。为了体现市场经济原则和按劳分配原则，他们一方面加大了岗位工资的比重，使其在工资总额中的比重占50%；另一方面按劳动责任、劳动强度、劳动条件和劳动技能等岗位劳动四要素的评价标准，建立了科学合理的岗位劳动评价体系，使工资分配向一线岗位、苦脏累险岗位和高技术、高责任岗位倾斜的政策得到具体落实。

第二阶段：2001—2015 年。以国家经贸委、人事部、劳动和社会保障部《关于深化国有企业内部人事、劳动、分配制度改革的意见》（国经贸企改〔2001〕230 号）、《关于深化中央企业劳动用工和内部收入分配制度改革的指导意见》（国资发分配〔2009〕299 号）两个文件下发为标志。

这一阶段改革的核心内容是由传统人事管理转向人力资源开发管理。竞聘上岗；打破干部、工人身份，变身份管理为岗位管理；优化组织机构，严格定员定额管理；推行岗位工资，岗变薪变。改革的关键词是减员增效、竞聘上岗、岗位管理、工资预算管理等。

《关于深化国有企业内部人事、劳动、分配制度改革的意见》（国经贸企改〔2001〕230 号）要求，在企业人事制度改革方面，要尽快建立管理人员竞聘上岗、能上能下的机制。企业要积极调整组织机构，切实精简职能部门，减少管理层次，控制管理幅度。除少数应由出资人管理和应由法定程序产生或更换的企业领导人员外，对所有管理人员都应实行公开竞争、择优聘用。要坚决打破“干部”和“工人”的身份界限，改变过去的身份管理为岗位管理。

企业用工制度改革的重点是尽快建立职工择优录用、能进能出的机制。各级政府要支持企业依法自主行使用工权利。除国家另有规定外，任何部门、单位或个人都不得强制企业接收人员。企业要积极优化劳动组织结构，合理确定劳动定员定额，严格劳动管理。

企业分配制度改革的重点是尽快建立收入能增能减、有效激励的机制。企业要进一步完善内部分配办法，建立以岗位工资为主的基本工资制度，明确规定岗位职责和技能要求，实行以岗定薪、岗变薪变。

2004 年，国资委发布《中央企业负责人薪酬管理暂行办法》（国资发分配〔2004〕227 号），确定了央企负责人薪酬整体框架，企业负责人薪酬由基本薪金、绩效薪金和中长期激励单元三部分构成。

2008 年，国资委在部分企业试行工资总额预算管理，将年度工资总额预算纳入企业全面预算管理体系中，建立以工资总额预算目标为中心的管理体系，管理方式探索由直接管理转向间接调控。2010 年，国资委印发《中央企业工资总额预算管理暂行办法》（国资发分配〔2010〕72 号），进一步规范和完善了工资总额预算管理体系。

下面是当时关于实施减员增效、内部竞聘的一些典型做法。

安阳钢铁实施减员增效

2002年7月，安阳钢铁集团推进减员增效工作，解决集团公司人员多、负担重、劳动生产率低下的矛盾。主要实施意见及做法：①进一步提高劳动组织水平，逐步核减定编定员。集团公司和所有二级单位机关及事业单位的管理岗位统一按每年5%的比例核减定员。②改革录用人员程序和办法。按照“面向社会、公平招聘、公平竞争、择优录用”的原则，录用全日制普通院校统招的本科以上毕业生、政府政策规定或与集团公司已有协议必须录用的人员。③加强劳动合同管理，规范劳动合同制度。对劳动合同实行动态管理，职工合同期满后，各二级单位应根据生产经营需要，结合职工业绩考评结果实行末位淘汰。④调整和修改富余人员分流、安置和待遇的相关政策。适当调整内部离岗休养条件和待遇。

郑煤机集团实施内部竞聘

郑煤机集团从调整机构设置入手，取消重叠部门及中层“虚职”，将原有的30个处室合理调整为18个部（室）。在2004年中层竞聘中，76个中层岗位，共有105人次报名竞聘。初次竞聘中层岗位的普通员工有14人，其中4人竞聘上岗，落聘的5名中层干部也走上了适合自己的岗位。中层岗位交流13人。竞聘制的实施，较好地激活了干部队伍，一大批中青年干部走上了领导岗位。中层干部的创新、敬业精神，得到进一步增强。

第三阶段：2016年至今。以国资委2016年下发的《关于进一步深化中央企业劳动用工和收入分配制度改革的指导意见》为标志。

这一阶段改革的核心是突出“分类管理”，针对不同类型的国有企业分类施策。改革的主要导向是劳动用工和收入分配的市场化、专业化、体系化。改革的关键词是职级体系与职业通道、市场化工资决定机制、经理层任期制和契约化管理、职业经理人制度、股权激励等。

诚然，今天所讲的“三项制度”改革，与30年前相比，已经不是一个概念了。

一、改革取得的突破

一是相关立法比较健全。《劳动法》《中华人民共和国劳动合同法》（以下简称《劳动合同法》）及地方工资条例等一系列法律法规陆续颁布实施，人力资源管理的法律法规体系已然建立起来，“三项制度”改革已经不存在无法可依的问题了。

二是实现了有章可循。从总体上讲，企业内部劳动用工、人事、分配的管理制度已基本建立，不存在一事一议、无章可循的情况。

三是专业能力得以提升。企业人力资源管理人员的专业素养、专业能力有了质的提升，已经从过去一知半解、照搬照抄，逐步走向了独立思考、主动创新。

四是组织氛围走向成熟。契约化精神和绩效导向的企业文化已逐步被各级管理人员和员工所接受。

二、存在的突出问题

《关于进一步深化中央企业劳动用工和收入分配制度改革的指导意见》提出，“中央企业用工分配管理方面存在的体制机制僵化问题没有得到根本性改变，部分企业内部改革不到位，市场化选人用人机制还未真正形成，激励约束机制还不健全，内部管理人员能上不能下、员工能进不能出、收入能增不能减等问题仍然存在。”

结合政策指向和企业实践，笔者认为目前国企在“三项制度”改革方面存在的具体问题表现为以下“四个不足”。

一是眼界局限于企业内部，人才选用及薪酬政策的市场化不足。人才选聘以企业内部现有人员现有岗位调整为主，跨子企业、跨部门、跨序列的流动、适配有限，人力资源内部市场运转不畅，人才使用整体效能不高。用人视野有局限，外部人才引进少，仍存在大量内部“繁殖”，经历、经验雷同，员工之间工作互动、思想启发价值低，员工队伍整体活力不足。

制订薪酬分配政策不考虑劳动力市场的影响或者考虑不全面，缺少薪酬策略定位的系统设计，薪酬市场竞争力与企业战略诉求和发展阶段不匹配，人才引不进或走不了；薪酬总量不受控、分配时搞平均、额度上设天花板，人工成本忽高忽低，激励性打折扣等。

二是囿于既往经验，职位体系建设、人才能力评定、绩效考核等管理的专业化不足。职位体系、发展通道缺乏专业化的设计，职位序列划分、横向纵向职业发展路径不清晰，任职资格似是而非，难以满足企业相关人力资源管理和员工职业发展的需要。

人才能力评定、后备干部选拔仍局限于面试访谈、填表，胜任素质、心理测评、评价中心等专业化的手段没有得到很好应用，凭感觉、凭经验选人，人才评价的信度、效度不高。

绩效考核缺少战略导向、价值导向，指标设定挑战性不足，有短期倾向，组织绩效、个人绩效考评结果不错，但企业业绩却上不去，绩效管理缺少相应的文化氛围支撑。

三是侧重于单项功能优化，相关功能模块联动和勾稽的体系化不足。缺少管理人员岗位退出机制的契约条款。经理层没有建立任期制和契约化管理，业绩指标含糊，考核结果与续聘、解聘没有形成真正联动。不续约或予以解聘缺少具体的依据和契约条款，能上能下就难以规范落地。

缺少实现员工能进能出机制的制度安排。企业人力资源基础管理制度零散、不系统，在员工行为规范、劳动纪律和奖惩标准及不胜任工作的认定标准等方面，缺少具体、全面的规定。没有相关的制度依据和法理条件，如何解除劳动合同？

没有为薪酬能增能减设计考核接口或有接口但联动很弱。没有明确考核结果与薪酬的联动机制，或者是名义上联动、实质上“大锅饭”。有的企业大张旗鼓地搞考核，结果却放在一边，或与晋升、薪酬联动很弱，如此这般谁还会重视？

四是不敢打破既有利益格局，推进改革的决心和魄力不足。有些企业“三项制度”改革方案很专业，也很系统，但就是不敢真正推进，或者一遇到矛盾，就畏缩不前，不主动想方设法克服，导致改革半途而废。这其中核心问题是推进改革的决心和魄力不足，借口“稳定压倒一切”，企业的发展被怯战耽误了。改革没有任何矛盾，没有任何阻力，那还叫改革吗？

面对这些不足，如何解决？研究解决对策，分析问题的本质是关键。结合多年理论研究和工作实践，笔者认为，现阶段国企“三项制度”改革应重点分析和解决10个本质问题，并定义为10个核心方法论，具体内容在后面章节进行详细论述。

第二章 “三项制度”改革的法律边界与政策方向

国有企业改革首先要建立红线思维，不能触碰法律底线。如果企业“三项制度”改革违背了法律法规，企业就将陷入劳动争议和人事风险的旋涡，任何所谓的专业方案都将一文不值、无法落地，相关改革也注定半途而废。同时，国有企业改革必须把握政策方向，政策不仅仅是国家层面对于国企改革问题和对策的宏观认识与指导意见，同时也是针对国企具体痛点问题给出的系统解决方案。当然这些政策意见不见得对所有的国有企业都管用，但如果企业的改革方案与政策方向相违背就很可能会出现问题。

第一节 主要法律边界

企业“三项制度”改革涉及人力资源管理的大部分专业领域，也因此涉及与人力资源管理有关的大部分法律法规。有关法律法规较多，重点法律法规包括《劳动合同法》《劳动合同法实施细则》《中华人民共和国劳动争议调解仲裁法》《国务院关于职工工作时间的规定》（国发〔1994〕146 号）、《关于企业实行不定时工作制和综合计算工时工作制的审批办法》（劳部发〔1994〕503 号），以及各地区工资支付规定等。应重点关注的相关法律法规如下。

一、劳动合同订立问题

1. 特殊人员劳动合同订立问题

按照《劳动法》规定：①国有企业的厂长、经理，应与聘任（委任）部门签订；②公司制的企业厂长、经理，应与董事会签订；③国有企业的党委书记和工会主席，应与上级主管部门订立劳动合同。

企业往往忽视这些特殊人员的劳动合同签订问题，不签订或签订不合规都会给后续的管理带来隐患。推行经理人的契约化管理，首要是签订劳动合同，连劳动合同都没有签订或签订不规范，业绩责任书、考核激励条款等就失去了依托。

2. 无固定期限合同问题

《劳动合同法》第十四条规定：

用人单位与劳动者协商一致，可以订立无固定期限劳动合同。有下列情形之一，劳动者提出或者同意续订、订立劳动合同的，除劳动者提出订立固定期限劳动合同外，应当订立无固定期限劳动合同：

（一）劳动者在该用人单位连续工作满十年的；

（二）用人单位初次实行劳动合同制度或者国有企业改制重新订立劳动合同时，劳动者在该用人单位连续工作满十年且距法定退休年龄不足十年的；

（三）连续订立二次固定期限劳动合同，且劳动者没有本法第三十九条和第四十条第一项、第二项规定的情形，续订劳动合同的。

其中，连续订立二次合同后续订的情形，指第一次续订时企业可以决定是否续订无固定期限合同，第二次续订时如果员工提出续订无固定企业合同，企业已经没有选择权，只能续订无固定期限合同。需要注意的是，上述所指签订两次合同都应是在2008年1月1日以后签订的，即《劳动合同法》颁布施行之后签订的。

无固定期限劳动合同以法定退休时间为合同终止时间，但不等于是固定工，企业同样可以依法依规解除劳动合同。

二、劳动合同解除与终止问题

1. 劳动合同解除问题

按照《劳动合同法》第三十九条、第四十条、第四十一条规定，企业可以解除劳动合同。《劳动合同法》第四十二条规定了企业不得依据第四十条、第四十一条规定解除劳动合同。

《劳动合同法》第四十二条规定：

劳动者有下列情形之一的，用人单位不得依照本法第四十条、第四十一条的规定解除劳动合同：

（一）从事接触职业病危害作业的劳动者未进行离岗前职业健康检查，或者疑似职业病病人在诊断或者医学观察期间的；

（二）在本单位患职业病或者因工负伤并被确认丧失或者部分丧失劳动能力的；

（三）患病或者非因工负伤，在规定的医疗期内的；

（四）女职工在孕期、产期、哺乳期的；

（五）在本单位连续工作满十五年，且距法定退休年龄不足五年的；

（六）法律、行政法规规定的其他情形。

这些条款是企业在作出解除劳动合同决定时必须注意的，如果违背了这些规定，企业单方解除劳动合同，就要承担法律责任。同时，企业单方解除劳动合同，应当事先将理由通知工会。

2. 劳动合同终止问题

《劳动合同法》第四十五条规定：

劳动合同期满，有本法第四十二条规定情形之一的，劳动合同应当续延至相应的情形消失时终止。但是，本法第四十二条第二项规定丧失或者部分丧失劳动能力劳动者的劳动合同的终止，按照国家有关工伤保险的规定执行。

也就是说，出现《劳动合同法》第四十二条规定的情形之一的，既不能单方解除，也不能单方终止。

关于工伤情形的有关规定，具体地讲，工伤等级为 5～10 级的企业方不得单方解除；5～6 级的企业方不得单方终止；但 7～10 级的企业方可以单方终止。

三、工资发放问题

1. 工资总额

工资总额问题是“三项制度”改革需要关注的一个重点问题，核心是政府工资总额管理政策与企业内部工资总额管理方案的衔接。

那么，工资总额包含哪些呢？

根据《关于工资总额组成的规定》（1990 年国家统计局令第 1 号）。

第四条　工资总额由下列六个部分组成：

（一）计时工资；

（二）计件工资；

（三）奖金；
（四）津贴和补贴；
（五）加班加点工资；
（六）特殊情况下支付的工资。

哪些项目不列入工资总额范围呢？
根据《关于工资总额组成的规定》（1990年国家统计局令第1号）。

第十一条　下列各项不列入工资总额的范围：
（一）根据国务院发布的有关规定颁发的发明创造奖、自然科学奖、科学技术进步奖和支付的合理化建议和技术改进奖以及支付给运动员、教练员的奖金；
（二）有关劳动保险和职工福利方面的各项费用；
（三）有关离休、退休、退职人员待遇的各项支出；
（四）劳动保护的各项支出；
（五）稿费、讲课费及其他专门工作报酬；
（六）出差伙食补助费、误餐补助、调动工作的旅费和安家费；
（七）对自带工具、牲畜来企业工作职工所支付的工具、牲畜等的补偿费用；
（八）实行租赁经营单位的承租人的风险性补偿收入；
（九）对购买本企业股票和债券的职工所支付的股息（包括股金分红）和利息；
（十）劳动合同制职工解除劳动合同时由企业支付的医疗补助费、生活补助费等；
（十一）因录用临时工而在工资以外向提供劳动力单位支付的手续费或管理费；
（十二）支付给家庭工人的加工费和按加工订货办法支付给承包单位的发包费用；
（十三）支付给参加企业劳动的在校学生的补贴；
（十四）计划生育独生子女补贴。

国有企业工资总额要符合国家有关规定，不能够想发多少就发多少，具体政策见《国务院关于改革国有企业工资决定机制的意见》（国发〔2018〕16号）、《中央企业工资总额管理办法》（国资发〔2018〕39号）及地方国资委的有关规定，政策要点在后续章节详细介绍。

有两种特殊情形，不受工资总额限制：一是科技型企业的分红激励；二是股权激励。《国务院国资委授权放权清单》（2019 年版）规定：

> 中央企业审批所属科技型子企业股权和分红激励方案，企业实施分红激励所需支出计入工资总额，但不受当年本单位工资总额限制、不纳入本单位工资总额基数，不作为企业职工教育经费、工会经费、社会保险费、补充养老及补充医疗保险费、住房公积金等的计提依据。
>
> 支持中央企业在符合条件的所属企业开展多种形式的股权激励，股权激励的实际收益水平，不与员工个人薪酬总水平挂钩，不纳入本单位工资总额基数。

2. 最低工资问题

最低工资是指劳动者在法定工作时间或依法签订的劳动合同约定的工作时间内提供了正常劳动的前提下，用人单位依法应支付的最低劳动报酬。这里所说的正常劳动，指劳动者依法签订的劳动合同约定，在法定工作时间或劳动合同约定的工作时间内从事的劳动。劳动者依法享受带薪年休假、探亲假、婚丧假、生育（产）假、节育手术假等国家规定的假期间，以及法定工作时间内依法参加社会活动期间，视为提供了正常劳动。

最低工资问题有三个方面要注意。

其一，在劳动者提供正常劳动的情况下，用人单位应支付给劳动者的工资在剔除下列各项以后，不得低于当地最低工资标准：加班费、中班、夜班、高温、低温、井下、有毒有害等特殊工作环境、条件下的津贴。

其二，因劳动者本人原因给用人单位造成经济损失，用人单位按照前款规定扣除劳动者工资的，扣除后的余额不得低于本市最低工资标准。

其三，最低工资是否包含员工个人缴纳的“五险一金”，各地区不一致，北京、上海的最低工资是指扣除个人应缴纳的“五险一金”后，其他地区一般是包括在最低工资内的。

3. 生活费问题

第一种情形：企业停工、停业。新冠疫情期间，有些企业停工了，工资如何发放？按《北京市工资支付规定》。

> 非因劳动者本人原因造成用人单位停工、停业的，在一个工资支付周期内，用人单位应当按照提供正常劳动支付劳动者工资；超过一个工资支付周期的，可以根据劳动者提供的劳动，按照双方新约定的标准支付工资，但不得低于本市最低工资标准；用人单位没有安排劳动者工作的，应当按照不低

于本市最低工资标准的70%支付劳动者基本生活费。国家或者本市另有规定的从其规定。

第二种情形：患病或者非因工负伤情形。按《北京市工资支付规定》。

劳动者患病或者非因工负伤的，在病休期间，用人单位应当根据劳动合同或集体合同的约定支付病假工资。用人单位支付病假工资不得低于本市最低工资标准的80%。

上述两种情形引用的是北京市的规定，其他地区大同小异。可以看出，即使劳动者不上班，工资下限也是有法律法规保障的，这个下限是不容突破的。

四、劳动争议规避问题

正确处理劳动关系，规避劳动争议，是企业进行组织变革、进行“三项制度”改革必须做好的功课。应落实以下五个操作要点。

1. 合法不违法

实施“三项制度”改革，必须严格遵循法律法规要求。不论是实体法，还是程序法，都要严格遵守。这是改革的基本前提，必须做到。任何企图打擦边球的做法，很有可能都会给企业挖“坑”，终有一天将企业置于被动局面。

2. 完善规章制度

对员工的要求不能空口无凭，而是要落实到制度之中，落实到纸面上。具体制度包括但不限于考勤与休假制度、职位管理制度、薪酬福利制度、绩效考核制度、员工奖惩制度、劳动关系管理制度等。

3. 履行民主程序

涉及劳动者切身利益的制度要上职代会（职工代表大会），履行审议程序听取意见。对职工进行处分或者解除劳动合同要征求工会意见。

4. 履行告知义务

企业制定的与员工切身利益相关的制度要履行告知义务，具体方式包括公开宣讲、发送邮件、公示等。

5. 保留过程记录

具体包括履行民主程序记录、制度公示记录、法律文书送达记录、违规违纪事实记录等，以及考勤、休假记录等。

第二节　国企改革的政策方向

国企改革的最新纲领性文件是2015年8月下发的《中共中央、国务院关于深化国有企业改革指导意见》（以下简称《深化国有企业改革指导意见》），目前大部分国企改革架构设计及工作要求均来自这个文件。

除此以外，2015年下发的《国务院关于国有企业发展混合所有制经济的意见》，2016年下发的《关于进一步深化中央企业劳动用工和收入分配制度改革的指导意见》（以下简称《用工和收入分配指导意见》），2018年下发的《国务院关于改革国有企业工资决定机制的意见》，2019年下发的《中央企业混合所有制改革操作指引》等，也是现阶段进行国企改革应该遵循的主要政策依据。

国企改革的相关政策要求涉及国有资产监管、国有资本布局、党的建设及企业自身改革等多个维度，本章主要从企业自身改革的视角对国企改革政策进行介绍。

一、国企改革的主要目标与原则

1. 主要目标

国有企业公司制改革基本完成，发展混合所有制经济取得积极进展，法人治理结构更加健全，优胜劣汰、经营自主灵活、内部管理人员能上能下、员工能进能出、收入能增能减的市场化机制更加完善。

比较起来，公司制改革难度最小、进展最快，混合所有制改革（亦称为“混改”）是现阶段国企改革的最主要着力点，法人治理结构完善很大程度上也是混合所有制改革的间接成果，而以“三项制度”改革为核心内容的市场化经营机制建设难度最大，主要原因是“三项制度”改革牵涉员工的切身利益，改革阻力相对较大。

2. 主要原则

一是坚持和完善基本经济制度。这是深化国有企业改革必须把握的根本要求。

《深化国有企业改革指导意见》明确：“必须毫不动摇巩固和发展公有制经济，毫不动摇鼓励、支持、引导非公有制经济发展。坚持公有制主体地位，发挥国有经济主导作用，积极促进国有资本、集体资本、非公有资本等交叉持股、相互融合，推动各种所有制资本取长补短、相互促进、共同发展。”

概括起来，重点明确了公有制经济与非公有制经济的各自定位和相互关系：一方面是公有制占主体地位；另一方面是通过混改，促进公有制经济和非公有制经济取长补短、相互促进、共同发展。

二是坚持社会主义经济改革方向。这是深化国有企业改革必须遵循的基本规律。

核心要点包括以下几方面。

“两个规律”：遵循市场经济规律和企业发展规律。

“两分开一分离”：坚持政企分开、政资分开、所有权与经营权分离。

“两结合”：坚持激励机制和约束机制相结合。

“三统一”：坚持权利、义务、责任相统一。

“五自”：真正成为依法自主经营、自负盈亏、自担风险、自我约束、自我发展的独立市场主体。

其中，“两个规律”是社会主义经济改革的“纲”，其余是“目”。

二、国企改革的“明线”与“暗线”

笔者认为，国企改革可以分为“明线”和“暗线”两条线。

国企改革“明线”主要是指公司制股份制改革、混合所有制改革。从混合所有制改革的实践看，主要路径包括资产证券化、战略投资者引入（以下简称“战投引入”）、国有资本入股民营资本和外资（以下简称“入股非公”）和员工持股。资产证券化既是混合所有制改革的可选路径，同时也是公司制股份制改革的重要手段。

国企改革“暗线”包括产业升级、完善法人治理，以及以“三项制度”改革为核心内容的市场化经营机制。

某种程度上讲，“明线”是手段，“暗线”是目的。比较起来，“暗线”显得更重要，因为它直接指向了改革的最终目标——提升效率、激发活力。如图 2-1 所示。

国企改革的多项任务又是密切相关的。公司制股份制改革、混合所有制改革可以推动企业法人治理完善和“三项制度”改革落地，混合所有制改革也是推动产业升级的重要手段，同时法人治理完善、“三项制度”改革又为公司制股份制改革、混合所有制改革和产业升级提供组织保证和动力支持。

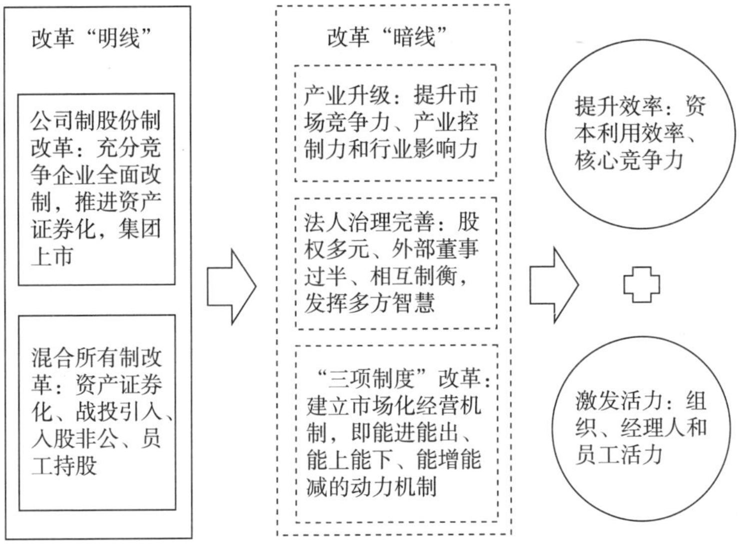

图 2-1 国企改革“明线”“暗线”示意

其中，“三项制度”改革，即建立“能进能出、能上能下、能增能减”的动力机制，是国企改革重中之重的任务。道理很简单，人是生产力中最活跃的要素，所有改革举措的制订与落实都需要人来完成，人的积极性、主动性激发不出来，改革就只能是纸上谈兵。

三、推进公司制改革、健全法人治理的政策要义

《深化国有企业改革指导意见》提出，“主业处于充分竞争行业和领域的商业类国有企业，原则上都要实行公司制股份制改革。”“加大集团层面公司制改革力度，积极引入各类投资者实现股权多元化，大力推动国有企业改制上市，创造条件实现集团公司整体上市。”股权多元化与整体上市，即所谓的战投引入与资产证券化，也是混改的可选方向，可见混改在现阶段国企改革中的分量。

健全法人治理的重点是推进董事会建设。核心要义是切实解决一些企业董事会形同虚设、“一把手”说了算的问题；国有独资、全资公司的董事会和监事会均应有员工代表，董事会外部董事应占多数；强化对董事的考核评价和管理，对重大决策失误负有直接责任的，要及时调整或解聘，并依法追究责任。解决“一把手”独断专行是首要问题，外部董事过半、强化对董事考核评价和管理等，都是围绕这个问题提供的解决方案。

四、混合所有制改革的政策要义

《深化国有企业改革指导意见》提出，“以促进国有企业转换经营机制，放大国有资本功能，提高国有资本配置和运行效率，实现各种所有制资本取长补短、相互促进、共同发展为目标，稳妥推动国有企业发展混合所有制经济。”

《深化国有企业改革指导意见》中关于混改的主要政策要点有以下方面。

（1）引入非国有资本参与国有企业改革。鼓励非国有资本投资主体通过出资入股、收购股权、认购可转债、股权置换等多种方式，参与国有企业改制重组或国有控股上市公司增资扩股以及企业经营管理。

（2）鼓励国有资本以多种方式入股非国有企业。充分发挥国有资本投资、运营公司的资本运作平台作用……以公共服务、高新技术、生态环保、战略性产业为重点领域，对发展潜力大、成长性强的非国有企业进行股权投资。

（3）探索实行混合所有制企业员工持股。优先支持人才资本和技术要素贡献占比较高的转制科研院所、高新技术企业、科技服务型企业开展员工持股试点，支持对企业经营业绩和持续发展有直接或较大影响的科研人员、经营管理人员和业务骨干等持股。

前已述及，国企混改的主要路径有四条，即资产证券化、战投引入、入股非公和员工持股。其中战投引入和员工持股是混改的重头戏。如图2-2所示。

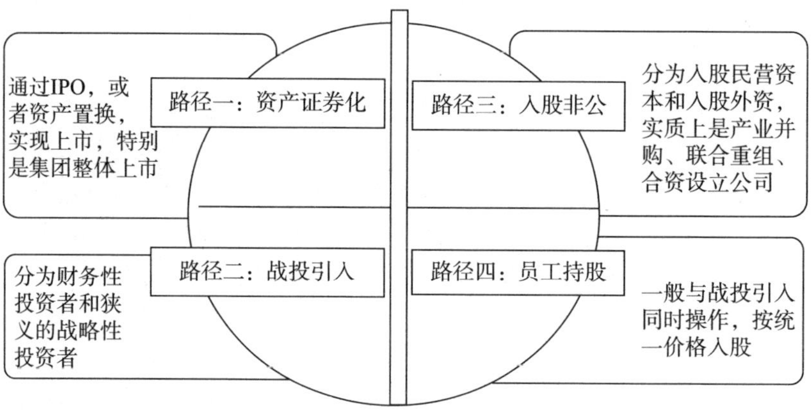

图2-2　国企混改的四条主要路径

资产证券化路径比较具体，本书不赘述。员工持股的相关政策将在后文中介绍。下面重点介绍战投引入和入股非公的政策要义。

（一）战投引入

战投引入是混改的重头戏。一些企业花了很多精力引入战投，但效果不佳。究其原因，有的企业引入战投后，资源整合、业务协同等后续工作没有跟上；有的合作双方缺少诚意，致使战投引入虎头蛇尾，没能把各自优势转为共同发展的胜势。

通过对多家混改企业实践的分析发现，战投引入目的不清晰，初衷不明，乃是战投引入没有达到预期的关键问题。初衷不明，不是说没有想，而是没有想清楚。

战投引入的初衷究竟是什么呢？除了混改的共同目的，即通过引入非公资本，改善法人治理，激发各方智慧、实施相互制衡以外，笔者认为，“补血”“充电”“壮骨”是战投引入的三个主要目的。

首先是“补血”。这是战投引入最直接的目的。有些竞争性国企，由于历史原因，财务状况不好，资产负债率高，通过战投引入，改善财务状况。比如中国联通，通过引入中国人寿、阿里、腾讯、京东等战投，资产负债率从2016年年底的62.5%，降到了2018年的41.5%，财务费用大幅降低。同时，企业也可以通过战投引入，为企业的后续发展，如并购重组等储备资金。

其次是“充电”。国企需要充什么电？简单地说，就是缺什么补什么。对于从事实业的国企来讲，资本运作、产业并购的能力是比较缺乏的；对于业务领域主要在国内的企业来讲，国际化市场开拓的能力是比较缺乏的。同时其他方面的不足，也可以通过战投引入加以补充。那么，这些方向的能力就是需要补充的能量，就是“充电”的方向。

最后是“壮骨”。“壮骨”指的是自身主业能力的提升。主业能力可以是产品研发能力、市场开拓能力，也可以是运营管理能力，以及市场化运营机制的建立等。通过战投引入，提升企业自身的核心实力、市场竞争力，即实现“壮骨”，是其最主要的目的。

（二）入股非公

入股非公包括入股民营资本和入股境外资本，通过兼并重组民营企业、境外企业等，实现国资控制力、影响力、竞争力提升。国企是如何通过入股非公来增强自身实力的？有哪些操作方式？笔者提出，入股非公可以归纳为三种模式，即横向整合、纵向整合和归核整合，简称“三合”模式。如图2-3所示。

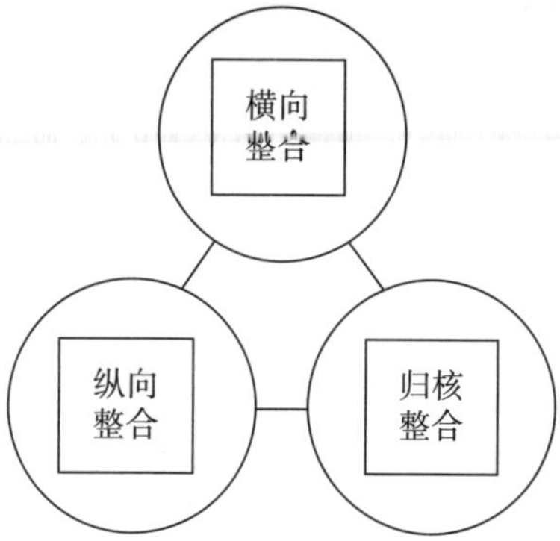

图 2-3　入股非公“三合”模式

什么是横向整合？就是实施横向一体化战略。通过同业整合、区域市场重新规划，催生规模效益，消除恶性竞争，提升资源利用效率。

什么是纵向整合？就是实施前向一体化或后向一体化战略。通过对上下游业务进行整合，统一管理，统一运营，减少关联交易，有利于发挥产业链上下游的协同效应，降低经营成本。

什么是归核整合？就是通过并购重组，获取自身需要的重要资源或能力，使得主业更突出，核心竞争力更强。

五、“三项制度”改革的政策要义

2016 年，国务院国资委下发的《用工和收入分配指导意见》是目前“三项制度”改革的主要政策依据，虽然是针对中央企业制定的政策，但对于地方国企也同样具有指导意义。2019 年 10 月 31 日，国务院国资委下发《中央企业混合所有制改革操作指引》，把“三项制度”改革作为混改“改机制”的核心内容。

主要的政策要点如下。

1. 核心任务

《用工和收入分配指导意见》提出：“建立与社会主义市场经济相适应、与企业功能定位相配套的市场化劳动用工和收入分配管理体系，构建形成企业内部管理人员能上能下、员工能进能出、收入能增能减的机制，用工结构更加优化，人员配置更加高效，激励约束机制更加健全，收入分配秩序更加规范，企业市场化程度显著提高，为做强做优做大中央企业提供保障。”

2. 具体要求

《用工和收入分配指导意见》同时对“三项制度”改革提出了如下具体要求。

（1）针对“强化任职条件和考核评价，实现管理人员能上能下”，重点提出完善以岗位职责和任职条件为核心的管理人员职级体系；健全以综合考核评价为基础的管理人员选拔任用机制，强化管理人员考核评价的日常监督管理，将考核评价结果与职务升降、薪酬调整紧密挂钩；中央企业要扩大选人用人视野，合理增加企业内部管理人员市场化选聘比例，实现选聘市场化、管理契约化、退出制度化。

（2）针对“加强劳动用工契约化管理，实现员工能进能出”，重点提出全面推行公开招聘制度，要按照公开、公正、竞争、择优的原则，公开招录企业员工；加强劳动合同管理，应当打破身份界限，建立健全以合同管理为核心、以岗位管理为基础的市场化用工制度；构建员工正常流动机制，合理控制用工总量，优化人员结构，建立企业内部人力资源市场，盘活人力资源存量，提高人力资源使用效率。

（3）针对“推进收入分配市场化改革，实现收入能增能减”，重点提出加强工资总额能增能减机制建设，不断完善与财务预算和业绩考核目标挂钩的工资总额预算管理办法，健全工资与效益同向联动机制；推进与效益紧密挂钩的内部薪酬制度改革，建立健全与劳动力市场基本适应、与企业经济效益和劳动生产力挂钩的工资决定和正常增长机制，优化薪酬结构，合理拉开收入分配差距；建立员工薪酬市场对标机制，结合企业薪酬战略和人工成本承受能力，逐步提高核心骨干员工薪酬的市场竞争力。

《用工和收入分配指导意见》明确了“三项制度”改革的核心任务和具体要求，但作为国家部委层面的文件，会带有普遍性、体现重要性的问题和对策。在此基础上，对于各类企业个体而言，还需要分析具体问题，研究、制订针对性强的解决方案。

2020 年 1 月，国务院国企改革小组办公室下发的《“双百企业”推行经理层成员任期制和契约化管理操作指引》和《“双百企业”推行职业经理人制度操作指引》，2020 年 5 月，国务院国资委下发《中央企业控股上市公司推行股权激励工作指引》。这三个指引对“三项制度”改革的多个操作环节进行了细化，虽然只是针对“双百企业”或中央企业制定的，但对于其他国企也有很好的示范作用。在很大程度上，这些操作指引将成为未来国有企业改革相关工作的一般性要求。本书后续章节将对这些具体政策要求进行解读。

第三章 选圣人还是选“胜任”？
——经营层选用的方法论

毛泽东同志曾说过，政治路线确定之后，干部就是决定因素。他还说过，领导者的责任，归结起来，主要是出主意、用干部两件事。

有人说，国企的“一把手”既要懂经营管理，又要懂政治，还要懂业务，一个好的“一把手”是企业家、政治家和专家的集合体，虽有一定道理，但其核心定位还是企业家。

国企经营层选拔面临的重要问题不是程序问题，而是标准问题。考察谈话、民主测评都做得很好，但这个标准是调查对象心目中的画像，不是应选岗位对干部所需能力素质的客观要求。标准明确了，选拔的问题就迎刃而解了。

标准是什么？是能力素质，其核心是胜任素质，不是一般的能力素质。

第一节 胜任素质的方法论

胜任素质起源于 Frederick Winslow Taylor（1856—1915）关于“时间—动作”的研究。20 世纪 60 年代末，美国国务院选拔外交官感到以智力因素为基础选拔外交官的效果不理想，许多表面优秀的人在实际工作中的表现却令人非常失望。麦克利兰（D. C. McClelland）博士应邀帮助美国国务院设计能够有效预测实际工作业绩的选拔方法，应用了奠定胜任素质方法基础的一些关键性的理论和技术，通过对工作表现优秀与一般的外交官的具体行为特征的比较分析，识别能够真正区分工作业绩的个人条件：具有跨文化的人际敏感性、对别人具有积极期望、能够快速进入当地政治网络。

一、胜任素质与冰山模型

1973 年，麦克利兰在《美国心理学家》杂志上发表文章《测量胜任力而非智力》（*Testing for Competency Rather Than Intelligence*），标志着胜任力研究的开端。

此后，麦克利兰建立了 286 项胜任力模型数据库，记录了大约 760 种行为特征，其中与 360 种行为特征相关的 21 项胜任力要素能够解释每个领域工作中 80%~98% 比例的行为及其结果，这 21 项胜任力成为胜任素质行为特征的主要内容。

阐述胜任素质的最经典理论是冰山模型理论。这个模型被广为传播是有原因的，其对于胜任素质的表达非常巧妙。首先，冰山的比重是 0.9，露出水平面看得见的部分是 10%，水平面以下看不见的部分占 90%。这一点很好地诠释了胜任素质的内涵，知识和技能是看得见的部分，但对于履行岗位职责来讲，不是重点和主体；社会角色、自我形象、个性特点和动机等不好察觉，却是影响履职效能的关键要素。

总体来说，胜任素质是可以区分高绩效和一般绩效人员的技能、知识、价值观、自我形象及动机等的组合，是可以观察到、可以衡量、可以提高和发展的行为特征，是基于目前和未来的经营需要和驱动高绩效的关键因素。运用胜任素质概念可以区分组织中的绩效优异者与绩效普通者。因此，组织可以将个体的胜任素质指标作为招聘、培训、考评和职业生涯规划的重要依据之一。

二、胜任素质构建的逻辑

胜任素质模型构建的逻辑一般包括演绎法和归纳法。

1. 演绎法

演绎法是根据企业的战略和岗位任务进行推理，通过小组讨论、研讨会等方式调整修正，得出针对某类员工的关键素质，并形成每个素质的定义和层级。该方法的优点是快、省，缺点是缺乏实际数据做支撑，适应于人员配备少和难以采集有代表性样本的岗位。

演绎法一般包括战略导向法、标杆研究法、限定选项法等。

战略导向法：从公司战略能力出发，推导出各级组织的能力要求，进而推导出各类岗位人员的能力素质。

标杆研究法：收集并分析研究其他同行或同发展阶段的类似组织的胜任

素质模型，通过小组讨论或者研讨会等方式，从中挑选适用于本组织的素质，形成胜任素质模型。

限定选项法：由专家顾问根据对企业的初步了解，提出一组素质项，然后通过相关人员集体讨论进行多轮筛选和调整，最终选定一套素质项作为素质模型。

2. 归纳法

归纳法是通过对特定的员工群体进行数据采集和分析来确定胜任素质项，事先不做任何假设。其优点是用充足的行为数据来支撑模型的有效性、精确性和客观性，缺点是每个岗位都需要做大量的工作、耗时耗力。比较起来，归纳法更为权威和专业。

行为事件访谈法是归纳法的主要做法，也是胜任素质建立较权威的方法。

行为事件访谈法是以目标岗位的任职者为访谈对象，通过对访谈对象的深入访谈，收集其在任职期间所做的成功和不成功的重点事件描述，挖掘出影响目标岗位绩效的行为特征。通过对收集到的具体事件和行为进行编码、汇总，然后在不同的被访谈群体（绩效优秀群体和绩效普通群体）之间进行对比分析，最后找出目标岗位的胜任素质。其核心要件有两个：一是基于“绩优族”与“绩差族”的行为特征的对比，而不是“绩优族”的共性点总结归纳；二是通过研究对象个人真实行为事件所表现出来的素质频度或强度来分析，而不是研究对象对素质的主观判断。

三、企业“一把手”的胜任素质

国企经营层的标准是什么？不同的岗位会有所不同。企业“一把手”最重要，这里重点说说企业“一把手”。

企业“一把手”的标准是什么？核心是选圣人还是选“胜任”？是选完人，还是选拔能打胜仗的高人、能人？

对此，笔者曾经以航天民用产业公司为背景进行过专项研究。结合研究和工作实践，认为以下三项胜任素质格外重要。

1. 成就导向：有抱负、能决断、百折不挠

成就导向是个专业用语，通俗地讲，就是有使命感、有抱负，换一个更通俗的词，就是有“野心”。同时要有魄力，敢承担风险。商场如战场，遇事犹犹豫豫、不能决断，怎么成大事？企业发展也绝不会一帆风顺，遇到困难是知难而退，还是迎难而上？只有百折不挠的人方可笑到最后。

2. 战略思维：大格局、高瞻远瞩、有穿透力

战略思维就是要有大局观，是从企业的长远发展视角考虑问题，而不拘泥于眼前；是从企业的全局视角分析问题、解决问题，而不是只考虑某一个部门、某一项业务。战略思维也就是要站得高、看得远，分析问题有穿透力，洞察事物本质，能够看到别人看不到的管理深层次问题，能够发现别人发现不了的市场机会，能在信息较少的情况下，作出正确的决策。

3. 团队领导：宽胸襟、洞察人性、能聚人心

团队领导就是要有领导力，领导力源于权力、影响力、感召力。权力是组织赋予的，但影响力、感召力靠的是个人的胸襟格局、道德操守和人格魅力。“吏不畏吾严而畏吾廉，民不服吾能而服吾公”说的就是这个道理。领导力的重要一点是洞察人性，用背离基本人性的空洞口号来要求别人能打动人心吗？如此就更谈不上凝聚人心了。

上述三项很重要，但不仅限于这三项。之所以把标准亮出来，主要目的是想说明两点：一是标准很重要；二是胜任力不要面面俱到，是选“胜任”，不是选圣人。对于不同发展阶段的企业、实施不同战略的企业，标准也会有所不同。这里讲的是胜任素质，毫无疑问，国企干部的标准肯定要包括信念坚定、清正廉洁等基本要求。

第二节　经营层选拔的方法论

明确了经营层的胜任素质内涵，那么如何进行选拔？运用人才测评技术。人才测评的理论基础是人岗匹配，其基本思想是每个个体都有自己的个性特征，而每一种职业由于其工作性质、环境、条件、方式的不同，对工作者的知识技能、性格气质、心理素质等要求也是截然不同的。如果匹配得当，那么工作效能就会有很大提高。

人才测评是了解个体特征的最有效方法。人才测评方法的效度最高可达0.8，比凭感觉的主观评价要高得多。从统计学上讲，评测方法有信度和效度之分，信度指一致性、稳定性，效度指有效性、准确性，信度是效度的基础，信度的平方根是效度的理论上限。如何通俗地理解信度和效度？以打靶举例，信度是打得很稳，弹着点很集中。如果都打偏了，信度依然很好但效度（准度）不好；如果弹着点很散（信度不好），枪法（效度）肯定不行。

一、中国古代的人才测评

一说到人才测评，大家就自然想到是从西方引进来的。实际上，中国古代对人才测评也有很多丰富的实践和深刻的理论，主要用于官吏选拔。

关于宋以前历代选官方式，苏轼用区区数言就说明白了：

> 三代以上出于学，战国至秦出于客，汉以后出于郡县吏，魏晋以来出于九品中正，隋唐至今出于科举。(《论养士》)

夏商周以前，主要是靠治学当官，学而优则仕。春秋时期，孔子周游列国，凭个人学识当过鲁国的大司寇，相当于司法部部长。三千弟子，七十二贤人，很多人都通过做学问当了官，如子贡，当了鲁国、卫国两国之相，比孔子当的官还大。战国时期，苏秦提出合纵抗秦的对策，以纵横家的身份佩齐、楚、燕、韩、赵、魏六国相印，估计是空前绝后了，靠的也是个人的学问。

战国后期到秦国，门客也是当官的重要渠道。“战国四公子”（亦称“战国四君子”），即魏国的信陵君魏无忌、赵国的平原君赵胜、楚国的春申君黄歇、齐国的孟尝君田文，均以养“士”著称。这四人除春申君以外，其余三人皆是君王后代，他们的很多门客都被推荐到朝廷为官。

魏晋以来出于九品中正。魏文帝时期，吏部尚书陈群提出，由各级中正官每年对官员进行考评，考评结果分为上上、上中、上下、中上、中中、中下、下上、下中、下下等九类，和现在的优秀、称职、基本称职和不称职差不多。但实施一段时期以后，就变味了：有关系有背景的，评得就好；没关系没背景的，评得就差。西晋刘毅把这种现象总结为“上品无寒门，下品无势族”，九品中正的官吏考核制度就慢慢淡出了。

科举制度是对中国影响最大的官吏选拔制度，从隋炀帝时期开始正式实行，直至清朝光绪帝时废除。科举分为童试（府、县郡组织，考中称秀才）、乡试（省组织，考中称举人）、会试（礼部组织，考中称贡士）、殿试（皇上亲试或委托重臣主试，考中为进士）。殿试成绩分为一甲（进士及第）、二甲（进士出身）、三甲（同进士出身），人所共知的状元、榜眼、探花就是指殿试的前三名。还有连中三元之说，是指乡试、会试、殿试均为第一名，即解元、会元、状元。科举的最大贡献是什么？是使出身寒门之人有了直接入仕的机会，举人一般授九品官，进士一般授七品官，经过官宦生涯的积累，逐步成就个人。

这些官员选拔制度，实际上也是人才测评，它有严格的理论内核和规范的组织流程，但与现代人才测评相比，还是显得宏观了一点。在典籍中，有与目前的人才测评技术更为接近的论述与做法，比如《庄子·列御寇》中：

> 故君子远使之而观其忠，近使之而观其敬，烦使之而观其能，卒然问焉而观其知，急与之期而观其信，委之以财而观其仁，告之以危而观其节，醉之以酒而观其侧，杂之以处而观其色，九征至，不肖人得矣。

这段话究竟是庄子讲的，还是庄子借孔子之口讲的，莫衷一是，但其理论性与实操性让人拍案叫绝。这里面既有品质方面的描述——忠、信、仁、节、敬、色、侧，还有智慧才干方面的描述——能、知，更有对这些能力素质点的具体考察方法，非常精彩。

考察一个人是否忠诚，就让他远离自己任职，山高皇帝远，人品不好，容易失控；考察一个人是否谨慎，就把他放在身边，因为人长时间是无法伪装的，时间长了，就可以看出其品质；考察一个人是否有能力，就让他处理纷乱复杂的事务，因为事情简单只能看出他是否认真、是否有责任心，却看不出其真实能力；考察一个人是否有智慧，可以突然向他提问，看他知识积累是否丰富，能否快速反应；考察一个人是否守信用，就急着与他相约，看他是否能够按时到达；考察一个人是否清廉，就让他管理财务，看他能否洁身自好；考察一个人是否有节操，就让他面临危难、危机；考察一个人的仪态和是否守规矩，就让他喝醉酒；考察一个是否好色，就把他安排在男女杂处的地方。

上述九种表现一一得到证验，人才也就自然选拔出来了。西方人近几十年提倡的所谓的测评，我们老祖宗几千年前就有了，但为什么不为人所知呢？笔者认为，一是求甚解不够，不够细、不够精，缺少进一步的量化。二是传播问题，没有很好的传播渠道和应用场景。

二、现代人才测评方法概览

人才测评方法众多，具体分类方法也很多，主要方法可以分为以下几种：面试、专业知识笔试、一般职业能力测试、评价中心、心理测验、履历分析，以及笔迹分析等。如图 3-1 所示。

下面进行部分说明。

1. 面试

面试分为结构化面试、半结构化面试、非结构化面试和行为面试，行为面试与前三种方法逻辑上有交叉。

什么是结构化面试？就是把面试的题目规定好，不能想问什么就问什么。这样，不同的人分别面试，或者同一个人面试不同的人，因为基于一个逻辑，便于相互比较。非结构化面试，就是随机提问，不预先规定。半结构化面试介于二者之间。

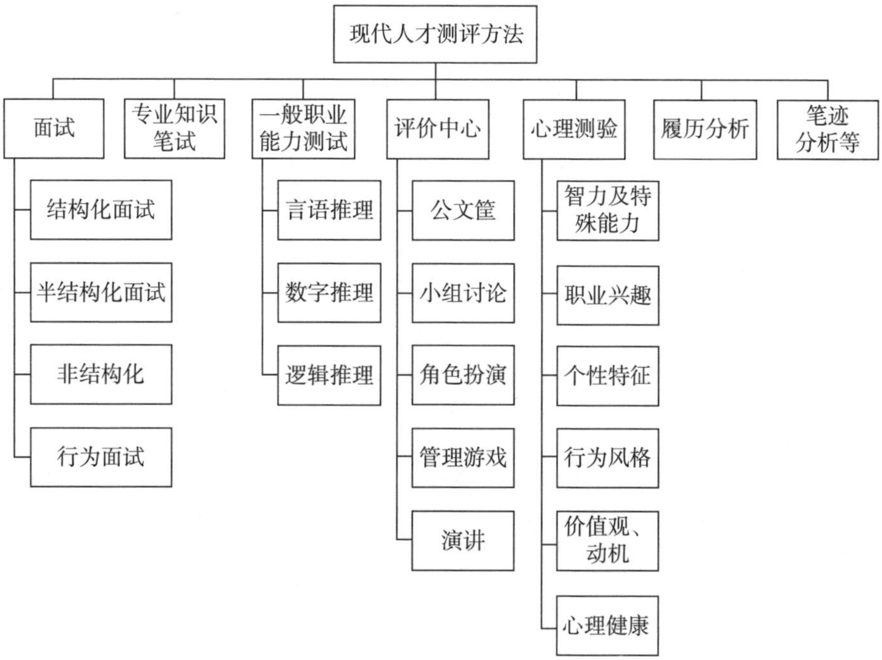

图3-1　现代人才测评方法分类

什么是行为面试？是基于面试对象的实际工作经历来判断其能力素质，而不是基于他对问题的作答。举个例子，如果我们提问：“在工作中与上级发生意见分歧，你认为应该如何处理？”这个就是一般的面试，如果我们提问：“在你的从业经历中，是否有过与上级发生意见分歧的情况，你是如何处理的？”那么这个就是行为面试，过程可以追问，越细越好，通过看面试对象实际处理的方式来判断其能力素质。

2. 评价中心

评价中心就是基于工作情境的人才测评。演讲、小组讨论（分为无领导小组讨论和有领导小组讨论）等，在经营层选拔中运用较多，比一般面试效度要高。

比如无领导小组讨论，一般情况下，被评价者有 5~7 人，按会议形式就座，为了避免座位安排有心理暗示，可采取抽签方式确定座位。如图 3-2 所示。

观察者3~5人，被评价者5~7人

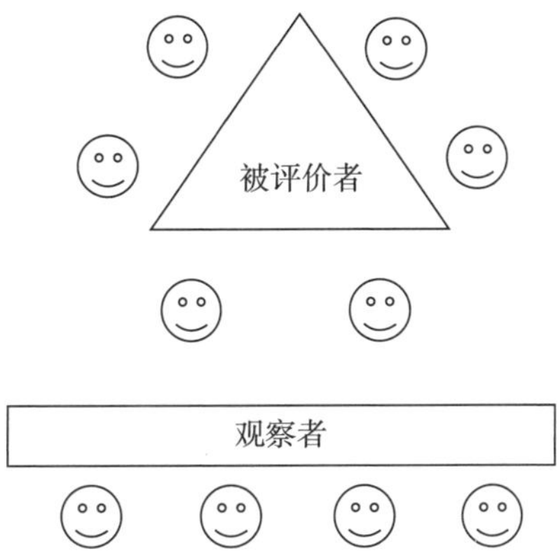

图 3-2　无领导小组讨论现场示意

通过 40 分钟左右的小组讨论，观察者通过观察被评价者的行为表现来判断其能力素质。

如何通过行为表现来判断能力素质？不是被评价者说得越多越好，越强势越好。比如，考察他的领导力，可以观察以下行为表现：是否关注讨论时间、不断把偏离主题的话题收回来？能否注意引用别人的观点以促成共识达成？能否注意倾听别人讲话，而不是自说自话？等等。因此，无领导小组讨论的观察者事先需要进行培训。无领导小组讨论对于外部市场化招聘人员非常适用，能够发现面试发现不了的问题，但对于内部人员选聘意义不大，因为彼此太熟悉，性格秉性都有所了解，再搞复杂的测评就有点郑人买履了。

3. 心理测验

心理测验越来越受到重视。“不患人之不己知，患不知人也。”不论是自知，还是知人，都是不容易的。目前主要采用的心理测验方法如表 3-1 所示。

我们目前应用的心理测验工具从西方引进的占主流，也有机构推出一些心理测评的工具、软件，但专业严谨程度还有待提升。由于东西方文化的差异，这些测评工具的效度也有待于提升，特别是基于中国人群常模的测评工具亟待开发。

表 3-1　心理测验方法

测评分类	测评工具	主要内容
智力、特殊能力	智力测试	瑞文智力测验、韦克斯勒智力测验、威廉斯创造力倾向测验
	特殊能力测验	感知能力与运动能力测验、机械能力与空间能力测验、文书能力测验、艺术能力测验等
职业兴趣	MBTI 职业性格测试	精力支配：外向（E）-内向（I）；认识世界：感觉（S）-直觉（N）；判断事物：思考（T）-情感（F）；生活态度：判断（J）-感知（P）。根据组合，形成16种人格类型，对应不同的职业倾向
	霍兰德职业兴趣测试	6种基本职业兴趣倾向：现实、研究、艺术、社会、企业、常规
个性特征	卡特尔16种人格因素问卷（16PF）	乐群性、敏锐性、稳定性、影响性、活泼性、规范性、交际性、情感性、怀疑性、想象性、隐秘性、自虑性、变革性、独立性、自律性、紧张性。全面了解人的性格（国内正版为15FQ+）
	九型人格测试	根据人的气质和发展变化，把人分为九种性格：完美型、助人型、成就型、艺术型、智慧型、忠诚型、活跃型、领袖型、和平型
行为风格	DISC 行为风格测验	与管理绩效有关的特质：支配性 D、影响性 I、稳定性 S、服从性 C。了解人的管理素质、情绪稳定性
	PDP 人才管理测验	根据行为特质、活力、动能、压力、精力及能量变动情况测量，将人群分为五种类型，包括支配型（老虎）、表达型（孔雀）、耐心型（无尾熊）、精确型（猫头鹰）、整合型（变色龙）
	团队风格测验	作为团队的一员时，一个个体可以承担许多的角色。策划者、团队建设者、执行者、检查员—完成者、革新者、监控者—评论员、资源调查员、协调者
价值观、动机	价值取向	理论取向、经济—政治取向、审美取向、社交取向等
	道德成熟度	前习俗、习俗、后习俗等（科尔伯格道德认知发展阶段论）
	管理动机	成就动机、权力动机、亲和动机、风险动机
心理健康	SCL-90 症状自评量表	了解一个人的心理健康程度，有没有心理障碍、心理疾病等，精神障碍和心理疾病门诊检查量表

对于经营层选拔来讲，心理测验用得最多的是性格特征、行为风格和动机，常用工具如：16PF、DISC、PDP 等。智力测验、职业兴趣测验等，对于经营层选拔来讲，意义不大。

性格特征无所谓好与不好。对于组织来讲，更多的是适合与不适合；对于个人来讲，主要是扬长避短，《格言联璧·持躬类》：“聪明者，戒太察。刚烈者，戒太暴。温良者，戒无断。”

4. 履历分析

履历分析是把候选人的学历、专业、工作经验、年龄等自然情况进行汇总、分析。研究表明，履历分析比较重要的因子包括相关岗位工作时间、主动工作变动时间间隔、来源（内部、外部）、工龄、性别、年龄等。

量化的履历分析目前还处于研究阶段，效度不高。具体方法是设计专门履历表进行调查，分基本情况、知识与工作能力、家庭和社会关系、人品等维度进行评价。

A：个人基本情况得分；B：个人知识与工作能力得分；C：家庭和社会关系得分；D：个人人品得分。

有以下三种计分方法，也是三个逻辑，哪一种更好还没有定论，有待于后续深入研究。

第一种：$P1=A\times B\times C\times D$

第二种：$P2=(A+B+C+D)\div 4$

第三种：$P3=(A+B+C)\div 3\times D$

5. 笔迹分析

笔迹分析就是把笔迹分为书面整洁性、大小、结构、轻重、速度、平直性、通篇布局等七个维度。结合每个维度的笔迹特征进行性格分析。目前而言，笔迹分析效度较低（一般在 0.2~0.3），只能作为参考。笔迹特征与性格倾向对照情况如表 3-2 所示。

表 3-2　　笔迹分析对照

笔迹维度	笔迹特征	个人性格倾向
书面整洁性	整洁	注重仪表，自尊心强
	不整洁	不修边幅，性格比较随性
大小	字体大	趋于外向，热情，思维开阔
	字体小	耐心、谨慎
	字体大小不一	随机应变，灵活，自制力弱

续表

笔迹维度	笔迹特征	个人性格倾向
结构	严谨	逻辑思维能力强，周全，认真
	松散	思维发散，热情，不拘小节，宽容
轻重	重	精力充沛，果断，开拓
	轻	缺乏自信，柔弱
	轻重不一	想象力丰富，情绪不稳定，犹豫
速度	连笔多，快	思维敏捷，性急
	慢	耐心，反应不够快，性情和蔼
平直性	平直	有主见
	上倾	积极向上，进取
	过于上倾	偏固执
	向下	看问题实际，偏消极
	忽高忽低	情绪不稳定，自控弱
通篇布局	左边空白大	有把握全局能力，为人谦虚、和善
	右边空白大	固执，容易走极端
	左右不留空白	占有欲强，自私
	行与行整齐	正直，有教养，思路清晰
	行与行之间不整齐	头脑比较简单，条理性较差，容易马虎

三、经营层胜任力测评要义

经营层胜任力测评的关键是什么？是测评内容（能力素质）与测评方法的匹配，同时兼顾评价周期和评价成本。不是测评的方法越多、测评时间越长越好。以下介绍几种经营层胜任力测评的应用场景。

1. 竞争性选拔

竞争性选拔指的是对外和对内招聘（竞聘）。前面提到的各种人才测评方法都可以采用。对于市场化招聘来讲，重点是面试、评价中心技术、心理测验、履历分析，因为对候选人不了解，需要对其进行全面考察确认；针对企业内部招聘，主要采用演讲答辩。演讲答辩的考察重点，不是考察候选人的口才如何，而是考察他对岗位的认知、岗位存在问题的判断及解决思路与措施。

2. 民主测评

民主测评是国企推荐后备干部人选的重要手段，一般采取填表方式，让参加人在表格上选取认为合适的人选，将测评结果作为干部选拔的重要依据，这也是有效的方法。由于没有胜任素质做基础，这种选择更多的是调查对象心目中的画像，而不一定是岗位的精准需要。

能否基于胜任素质进行民主测评，值得研究。笔者在国资委挂职期间，曾经参与过一个实际应用案例。钢铁行业某央企班子副职选聘，采取基于胜任素质的民主测评方式，先期确定选聘岗位的胜任素质要求和要素内涵，打分人评价标准具体、统一，增加了选聘的效度。但操作起来相对烦琐，值得进一步改进、完善。

3. 人才盘点

人才盘点就是通过对评价对象的任职资格、业绩、能力与文化执行等情况进行综合评价，判断经营人才和潜在经营人才的状态，形成组织和个人的评价报告，进而制订进一步的培养和使用计划。

人才盘点一般通过业绩和文化两个维度对人才进行分类，把人才分为六类：奋斗者（业绩优秀、文化合格）、敬业者（业绩良好、文化合格）、职业者（业绩优秀、文化待提升）、待改进者（业绩较差、文化合格）、打工者（业绩良好、文化待提升）、怠业者（业绩较差、文化待提升）。如图 3-3 所示。S/A、B、C/D 为业绩等级。

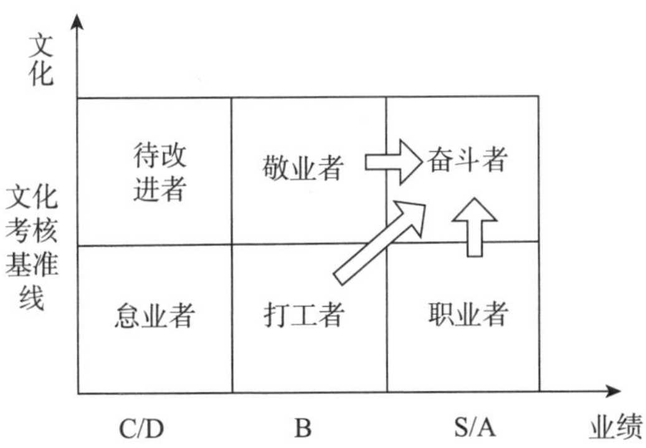

图 3-3　人才盘点分类

根据人才盘点结果进行分类，并采取相应的管理措施：第一类是奋斗者，可破格提拔任用或提高薪酬待遇；第二类是敬业者、职业者，应予以重点关注，通过辅导、培训、沟通等多种形式，帮助其快速成长；第三类是打工者、待改进者，平级调岗或培养提升，以适应岗位要求；第四类是怠业者，在沟通、批评教育后仍没有改进的，应予以解除劳动关系。

需要补充说明的是，人才盘点不是一件例行工作，企业是否开展，什么时段开展，要结合企业的实际工作需要。如果日常考核规范、全面，各项管理措施到位，也可以不用单独开展人才盘点。如果企业日常管理水平还不高，企业快速发展又急需后备人才，开展人才盘点是非常有效的管理方法。

第三节　经营层班子结构匹配

“一把手”确定以后，班子其他成员也应予以关注，同时还要关注班子人员的匹配。班子的整体匹配非常重要，经营层班子是单位的“龙头”，班子结构配备是否合理，直接决定着经营层班子的凝聚力、战斗力，同时也决定着组织能力的强弱。

领导班子配备是指在共同的组织目标下分工合作，确保形成合理搭配、多样统一的有机整体。个体最优不等于整体最优，班子成员个人能力很强，但不匹配，也会削弱班子的整体战斗力，甚至出现1+1小于2的情况。

班子如何匹配？笔者曾做过专门研究，认为班子匹配的维度主要包括专业、年龄、经历、性格等，核心匹配内容包含四个方面，如图3-4所示。

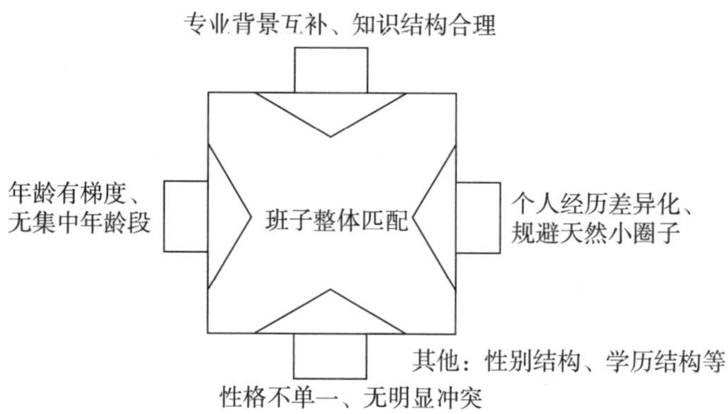

图3-4　班子匹配维度

一、年龄结构：年龄有梯度，无集中年龄段

领导班子的梯度年龄结构，指由老、中、青干部合理组合，形成不同区段的年龄结构。如果领导班子呈现为平面的年龄结构，就可能出现同步老化、精力不济等现象，或者经验太少，处事困难。而老、中、青的有机结合，既能发挥各年龄段干部的最佳效能，又使班子的整体效能与其所承担的工作任务相适应。同时，也有利于进行新老干部的合作交替，新干部在老干部的带动下不断成长，可以保证领导班子和组织的稳定性和连续性。

二、能力结构：专业背景互补，知识结构合理

专业背景互补是指领导班子成员之间的专业背景能够涵盖企业的主业，比如多元化的企业，其领导班子成员应该能够涵盖主营业务，使得企业在经营决策时，能够对主业发展方向及路径作出专业的判断。同时，知识结构要合理，班子总体知识面应能够涵盖战略规划、财务管理、人力资源管理、市场开拓、产品研发等知识领域，不至于因过于依赖职能部门，而无法独立决策。当然，如果有复合型干部效果则会更好，更有利于班子的配备和精简干部职数。

三、阅历结构：个人经历差异化，规避天然小圈子

阅历是指一个人在工作生活中所发生的事的经历及对这些事的理解方式。

考虑背景结构时，一定要坚持“五湖四海”。干部出身背景应该体现差异化，不应该局限于某一板块或业务领域，避免形成“天然山头”，阅历背景一致并非一定会形成“山头”，但至少会在经营决策时，考虑各方利益诉求不够全面。

考虑背景结构时，一定要注意选拔来自业务一线的干部。这些干部通过基层的磨炼，了解一线情况，特别是经过多岗位历练的干部，观察和分析问题会更深刻，眼界和思路会更开阔，推进工作和解决矛盾的经验也会更丰富。

四、性格结构：性格不单一，无明显冲突

性格主要由先天遗传形成。性格分类有很多，内向、外向是最广为人知的分类。比如 PDP（行为特质动态衡量系统）性格测试，将人群分为五种类型：支配型、沟通型、耐心型、精确型、整合型，或分别被称为“老虎”“孔

雀”“考拉”“猫头鹰”“变色龙”。几种性格的特征可以从动物的特征中形象地判断出来。其中，老虎型（支配型）具有权威导向，喜欢独断专行；孔雀型（沟通型）善于言语表达，注重团队气氛营造；考拉型（耐心型）注重稳定与中长期规划；猫头鹰型（精确型）喜欢精确，擅长理性思考与分析；变色龙型（整合型）柔软性高，善于整合内外资源。

性格结构的要点：性格不要过于单一，否则，组织就没有活力了；无明显冲突，特别是党政“一把手”之间、正职与副职之间，应该形成性格互补，刚柔相济，而不是性格相似或相同。

经营层班子结构还包括性别结构、学历结构等，也应予以关注，但对于多数班子而言，不是重点。如性别结构，有“男女搭配、干活不累”的说法，看似玩笑话，却有其内在的道理。男性与女性的先天性格特征是不同的，各有所长，如果有可能这也是应该考虑的。

如果班子结构已经出现了不匹配，怎么办？应当运用批评与自我批评的思想武器加上组织调整及时整改，总之不能任由这样的情况长期存在。

本章小结： 国企要发展，经营层居于重要地位，特别是选好“一把手”！经营层选拔的关键是标准，而不是选拔的程序。经营层的标准是“胜任”，而不选圣人、完人。班子配备的核心是匹配，要互补、不要互掐，要形成合力！

第四章　市场化薪酬激励还是“乌纱帽”或觉悟驱动？

——经营层激励的方法论

褚时健，云南红塔集团有限公司和玉溪红塔烟草（集团）有限责任公司原董事长，“褚橙”创始人，先后经历两次成功的创业人生，被誉为中国烟草大王、中国橙王。

1999 年，71 岁的褚时健因经济问题被处无期徒刑、剥夺政治权利终身，2004 年获假释，后减刑为有期徒刑 17 年，2008 年减刑至有期徒刑 12 年。2011 年刑满释放。

褚时健当年的辩护律师马军曾在辩护词中算过一笔账：褚时健当了 17 年厂长，红塔集团共创造利税 800 亿元，褚时健 17 年收入约 80 万元，企业每创造 1 亿元，褚时健收入 1000 元。

企业必须找到合适的经营管理者，但还需要有效的激励机制来驱动。褚时健事件过去二十多年了，其本人也已经离世，但作为一个时代的标志性人物，留给了我们太多值得深思的地方。如今企业营商环境已有了很大改善，但依旧要关注营造公平公正的经商氛围，除了强化反腐机制外更应当从正向激励的视角去思考和改进。

第一节　经营层激励的主要痛点

多年来，我国国有企业在经营层激励方面进行了很多探索，很多企业也进行了很多有创意、有价值的实践，但同时，也存在很多不足和痛点。

痛点一：靠觉悟和“乌纱帽”驱动，薪酬收入背离市场水平

据美联社和高管薪酬数据公司Equilar2016年发布的薪酬数据显示，财富500强企业首席执行官的年薪中位数为1150万美元，约为8000万元人民币。最近几年的世界500强榜单中，中央企业上榜数量在50家上下，这些企业“一把手”的年收入是多少呢？100万元左右。

这里并非强调国企经营层薪酬一定要达到多少，但仅就目前水平而言，确实有些企业是背离市场水平的。当然，也不排除存在个别垄断型国有企业经营层薪酬水平高于甚至远高于市场平均水平情况。

笔者曾就职的中国航天科技集团公司，某一时段的集团班子成员有5位中央委员、正部级领导。一个企业为什么能出这么多干部？世界宇航技术高速发展提供的大机遇，国家对航天高度重视给予的大平台是重要前提，当然这些领导自身素质也非常突出。这些晋升和职业发展的机会对于这些领导及其他同事来讲是很大的激励。央企也好，地方国企也好，越是优秀的企业卓越的领导越多，但不是每个人都有这样的机会。

企业经营层，特别是“一把手”，晋升机会有限，薪酬又没有与市场接轨，大家只能靠自身的觉悟来自驱动，这是不可持续的。

国有企业内部存在这样一些观点，认为谈物质利益就是党性不强、动机不纯的表现，导致一部分人不敢公开谈物质利益。这些人对少数人的贡献视而不见，对薪酬激励不足等分配问题，总是寄希望于做思想工作、提高觉悟来解决。国有企业外部则有人认为，当个国企领导已经很不错了，受人尊重，吃喝不愁，还要什么“自行车”？

人性使然，一个岗位干的时间长了，难免会有倦怠感，适当的激励手段是必要的。虽然物质刺激不是万能的，但没有符合一般市场规律的物质激励是万万不能的。觉悟自然重要，人没有精神追求，不用说当干部，就是当普通老百姓也是不对的。仓廪实而知礼节，不要用空洞的口号绑架人，特别是在当下的社会环境中。

痛点二：分配上搞平衡，收入上设“天花板”

有的企业定指标、发责任书搞得轰轰烈烈，但兑现的时候，却说谁都不容易，干多干少收入差不多。干得再好收入也多不了多少，按经济规模大小、按岗位重要性分配，而不是按价值、按贡献分配。导向出了问题，短时间内可以，时间久了，很难激发人们工作的积极性。这种情况不是个案，我们没

有必要讳疾忌医。

痛点三：只有短期报酬，没有中长期激励

有的企业领导干部实行年薪制，没有任期激励，更没有股权激励。经营层管理人员年薪依据当年业绩全部发放，没有结合未来经营业绩进行延期支付。如果没有中长期激励安排，怎么可能指望经营者进行长期发展积累？怎么能够避免短期经营行为？

《深化国有企业改革指导意见》明确：“对党中央、国务院和地方党委、政府及其部门任命的国有企业领导人员，合理确定基本年薪、绩效年薪和任期激励收入。对市场化选聘的职业经理人实行市场化薪酬分配机制”。但对于既不是政府任命的，也不是市场化选聘的经理人，没有明确要求。国企对于不是政府任命，而是自己管理的企业经营者的薪酬机制，是否能够进行大胆探索与实践呢？

第二节　经营层激励举措之一：与市场接轨

薪酬不接轨，高人怎么来？薪酬不接轨，高人能留得住吗？或许有人会说，国企现有干部没有达到职业经理人的任职水平，有什么资格获得市场薪酬？非也。薪酬水平接轨的同时，考核机制也要同时接轨，薪酬水平是与绩效指标相联动的，绩效指标完不成、业绩不好，就不可能获得高薪酬，甚至可能失去岗位。

一、水平接轨是价值规律的体现

什么是与市场水平接轨？

商品价格是由商品价值决定的，短期会受供求关系影响，长期会围绕商品价值上下波动。商品价值是商品价格的本质，商品价格只是商品价值的货币表现。马克思认为，商品的价格只是物化在商品中的社会劳动量的货币名称。

工资是劳动力的价格，经营层收入是经营层劳动的价格，是其市场价值的货币体现，当然也要符合价值规律。如果其薪酬水平与市场一般薪酬水平不接轨，就会影响其积极性的发挥，甚至会造成人才的流失。企业人才的流动方向（外部或内部）在很大程度上反映的是个体薪酬水平与市场一般薪酬

水平的差异。

薪酬与市场接轨主要体现为经营层个人薪酬水平与市场分位值的对应关系。如对应50分位值，则为平均水平；对应75分位值，则为中上水平；对应25分位值，则低于市场平均水平。如薪酬水平严重偏离市场平均水平，即为不接轨。

二、水平接轨不一定要完全到位

国企干部通常有几种选聘方式：选任制、委任制、聘任制等。选任制是指党组织、工会组织的干部，主要通过选举产生。委任制比较普遍，比如党组书记、副书记及党组成员的任用；党代会闭会期间的党委书记、副书记，国资机构直管的企业干部，有时也采用委任制。聘任制逐步成为主体，企业总经理由上级推荐人选，董事会最终决定。至少在名义上是这样的，但内容上还需要不断完善。有些企业董事会设立提名委员会，但基本由大股东和董事长说了算。

正是由于国企干部身份的差异化，以及选聘工作的市场化程度有所不同，造成薪酬水平完全与市场接轨有一定难度。因此，接轨也不一定完全按市场水平，可以逐步到位，但绝不可脱离市场。对于通过不同选聘方式产生的干部，也要有所区别。对于市场化选聘的干部应逐步实行市场化的薪酬，而对于组织任命的干部或者自身劳动与企业经营风险联动较弱的岗位，应采取过渡的方式，而不是一步到位。

三、水平接轨的同时，业绩也要接轨

无风险获利并不符合市场一般规律，注定长久不了，也起不到正面的激励作用。激励与约束是对立统一的关系，只有激励没有约束的机制是注定要出问题的。因此，在设计薪酬与市场接轨机制的同时，必须同步设计刚性的业绩考核要求。

第三节　经营层激励举措之二：超额效益分享

之所以把超额效益分享提出来，目的是针对性解决国企经营层激励的“天花板”问题。实际上，对策也不一定就是超额效益分享。从专业角度讲，快速成长的企业适合超额效益分享，稳定发展的企业适合利润分享，也可以

是净资产增值分享，因为超额并不容易。

为什么重点讲超额效益分享，是因为利润分享或者净资产增值分享从表面上看不利于股东利益的维护，在国资背景下，这个问题更为敏感。实际上，分享多少才能实现股东利益与经营层之间利益的平衡，超额效益分享也好，利润分享也好，都是技术方面的问题，本质上取决于指标的设定和分享的比例问题。

超额效益分享不设上限，就会更容易激励大家全力以赴地工作，而不是得过且过，不求有功，但求无过。企业效益增长也更有动力。如果企业的快速发展跟个人没有半点关系，这对企业的可持续增长是非常不利的。

超额效益分享应把握以下几个要点。

一、合理效益指标的制订

既然是超额效益分享，就必须制订一个合理的效益指标，效益指标一般采取的是净利润。效益基准值一般以上年度实际完成额为基准，按照一定的比例进行上浮，这里要综合考虑行业预计增长率、企业近几年的平均增长率等因素。

指标制订有两个问题比较突出：一是来自被考核对象的博弈，谁都想制订一个低的考核基准值，博取更大的收益；二是考核方的“鞭打快牛”，增长越快的业务单元，指标会越高，造成分配的不公平。如何解决？针对这一问题，笔者认为可以通过两个途径解决：一是固化基准值，以某一考核时间起点为基准，承诺未来几年时间基准不变，稳定预期，避免“鞭打快牛”；二是结合历史平均增长率和行业增长率进行指标调整。但不管如何设计，潜在的不公平都是不可能完全避免的，只是程度不同而已。但只要考核分配的导向正确，正向激励的效果也必然是确定的。

二、分享比例的确定原则

分享比例重点要考虑企业与经营层及核心骨干之间的利益平衡问题，在解决激励不足的同时，也要避免激励过度。一般要考虑两个因素：一是与经营层的薪酬结构和薪酬水平要协调，如果经营层薪酬结构中的其他薪酬项目水平高，分享比例就应该低一些，反之亦然。当然，也可以重新进行薪酬结构设计。二是总体水平要合理，既不能太低，也不能太高。一般来讲，总体分享比例不超过30%，经营层与核心骨干之间根据贡献确定彼此之间的分配比例。分享比例也可以采取超额累计的方式，进一步增强激励性。

三、激励对象的选择

超额效益分享主要针对经营层和核心骨干，因为这些人员的劳动成果与企业效益关联度较高。有的企业也采取将超额效益在全员分配的做法，但应设计企业效益下滑情形下工资下调的方案作为对冲，否则会有拉高企业人工成本的可能。

四、延期支付问题

因为超额效益分享为年度激励，如果当期全部发放，激励水平又比较高，就会造成激励的短期行为，当然可以通过采用类似EVA——包含长期经营成果的效益指标来规避这一问题。但如果经营指标不方便实现，也可以采取延期支付的方式，融入中长期激励的因素。

以下为某互联网科技公司的超额效益分享案例。

某互联网科技公司超额效益分享实施方案

为了激发公司各级经营骨干的积极性，努力扩大营收，合理控制成本，特制订本方案。

一、基本原则

（1）打破分配“天花板”，激发各级经营骨干的积极性，争取更快的效益增长；

（2）只对效益超额增长的部分进行分配，分配比例兼顾股东与员工利益；

（3）激励利润增长主要贡献者。

二、分享额度计算

1. 分公司

对分公司进行全成本核算。以分公司完成净利润为依据，计算超额效益分享额。

超额效益分享额=（分公司完成净利润−分公司净利润目标值）×分享比例

分公司分享比例为20%。

2. 总部

超额效益分享额=（公司完成净利润−公司净利润目标值）×分享比例

总部分享比例为15%。

三、相关指标确定

1. 营收目标值确定

在2019年实际完成营收额基础上，年递增25%，一次性制订3年指标，公式如下：

$$2020\text{年营收目标值}=2019\text{年营收完成值}\times(1+25\%)$$

$$2021\text{年营收目标值}=2019\text{年营收完成值}\times(1+25\%)^2$$

$$2022\text{年营收目标值}=2019\text{年营收完成值}\times(1+25\%)^3$$

2. 净利润目标值确定

结合公司历史数据，净利润目标值确定为营收目标值乘以目标净利润率（15%），公式如下：

$$2020\text{年净利润目标值}=2020\text{年营收目标值}\times15\%$$

$$2021\text{年净利润目标值}=2021\text{年营收目标值}\times15\%$$

$$2022\text{年净利润目标值}=2022\text{年营收目标值}\times15\%$$

四、内部分配

1. 总部

结合总部各部门年度业绩考核结果进行分配。

2. 分公司

超额效益分享总额中，不低于30%分配给分公司负责人。分公司其余人员由分公司自行制订分配奖励方案，结合具体贡献确定奖励人员范围、奖励额度等，方案需报公司人力资源部备案。

五、设立长效奖励基金

为了鼓励长期经营投入，规避短期行为，公司建立长效奖励基金。个人效益分享总额50%当年兑现，50%纳入长效奖励基金，分2年考核发放，其中，第二年30%，第三年20%。长效奖励基金滚动实施。具体规定如下：

（1）分公司人员：所负责分公司（不论后续是否继续负责该分公司）营收或净利润出现负增长；总部人员：公司营收或净利润出现负增长。出现上述情况，公司收回长效奖励基金余额。

（2）发现激励对象存在违法或严重违规等行为，公司收回长效奖励基金余额。

（3）调岗人员，继续享受原岗位长效奖励基金。

（4）个人主动或过错离职，或在公司工作不满2年离职的，公司收回长效奖励基金余额；其余原因离职或退休，工作满2年不满3年、满3年不满4年、满4年的，分别享受长效奖励基金余额的1/3、2/3、3/3。

第四节 经营层激励举措之三：实施股权激励

笔者在PE公司工作时曾经与一些境外知名PE公司交流，他们介绍，如果拟投目标公司的CEO收入很低，又没有与企业经营成果联动的中长期激励机制，他们是不会投的。企业经营成果跟个人利益没有丝毫关系，他怎么可能会全力以赴为企业服务呢？他会不会借助公司平台谋取个人利益呢？

股权激励（含虚拟股权激励，以下同）是较有效的中长期激励机制。目前国有控股上市公司的股权激励政策明确，界限清晰，不论是限制性股票、股票期权，还是股票增值权，只要企业想做，都有政策支持，本书后续会详细介绍。

非上市公司政策还不是十分明确，但随着混改企业员工持股试点的深入推进，方向也已经基本明确，相信具体政策会越来越清晰。如果股权激励实施有困难，也可以考虑实施虚拟股权激励，这条路是可行的。

一、国企实施股权激励的理论基础

国有企业实施股权激励还存在认识上的分歧，需要从理论上厘清。

（1）股权激励是“劳动价值论”的深刻实践，是回归价值创造本质的最有效的生产关系解决方案。

马克思指出，“劳动是价值的唯一源泉”“资本是以货币或商品形式存在的积累的劳动”“生产劳动就是一切加入商品生产的劳动，不管这个劳动是体力劳动还是非体力劳动（科学方面的劳动）”。同时提出，“对脑力劳动产物的——科学——的估价，总是比它的价值低得多。”据此，我们可以得出结论，经营管理、技术人才的智慧付出都是劳动，而且是价值的最大创造者，也是最应得到激励的对象。

资本不是价值的创造者，资本收益获得的是风险补偿，而不是价值创造分享。股权激励可以最大限度地激发劳动者的创造性，在于其构建了新的生产关系，即将资本与劳动的关系，由资本雇佣劳动转化为劳动雇佣资本；将组织与员工的关系，由领导与被领导关系转化为合作伙伴关系。股权激励的理论本质在于真正落实和凸显了劳动者在社会经济建设和价值创造中的主体地位。

（2）股权激励可通过强化敬业奉献的物质基础，促进国有企业主人翁精神的打造。

我们过去提倡主人翁精神，国有企业员工以厂为家、以企为家，为企业发展献计献策是没有问题的。但在价值趋向多元化的社会大背景下，对个人价值诉求进行精神绑架，力量是苍白的，是难以持续的。为此，必须强化精神驱动的物质基础，不断提升员工为企业发展贡献更多智慧的内驱力。股权激励相对于一般的薪酬分配等激励机制，利益捆绑更简单、更彻底，更能激发员工的主人翁精神。

（3）股权激励可实现责任主体向经营主体的转变，降低国有资本出资者自然人缺位情况下的委托代理成本。

国有资本管理面临的最大问题是国企出资者自然人缺位，以及由此带来的高委托代理成本。各级国有资本管理者不可能达到自然人对自己资产的关心和关注程度，这是显而易见的道理。通过实施股权激励，通过经营者与企业的利益交易结构设计，员工由责任主体转向利益主体，由为企业奋斗转向为自己奋斗，委托代理成本就自然会大幅降低，激励的持续性也可以得到保证。

（4）内外经营主体层面的股权激励可以有效化解生产资料控制权分散和社会化大生产之间的矛盾。

国有企业虽然在某些垄断行业领域占有绝对优势，但从全社会角度而言，特别是充分竞争的行业领域，所掌控的资源还比较有限，肯定无法支持社会化大生产所需的全部资源要求，需要与其他所有制企业的竞合来提升整体社会效益。同时，国有企业之间的利益诉求也不可能完全一致，不同的国企出资者代表也会有各自的利益倾向性，同样也需要进行利益协调。通过交叉持股等股权结构设计手段协调各资源方利益，把客户关系、竞争关系转化为合作关系、伙伴关系，从追求打赢到追求共赢，形成事业共同体，甚至命运共同体，定会促进社会资源整体效能的发挥，促进国有企业在社会建设过程中经济主体作用的发挥。

二、股权激励的适用条件

股权激励是一把“双刃剑”，公司进行股权激励时，操作不当及施行时机不对都会对企业造成不可挽回的损失。因此，不能盲目地进行股权激励，需要综合多方面因素考虑才能作出最好的决策。

1. 行业属性

比较起来，智力服务、高科技、互联网等行业更需要股权激励；资金密集、资源垄断等行业对股权激励需求较小。道理很简单，越需要智力劳动的企业，股权激励才更有价值。

2. 实施时机

企业创业初期现金流紧张，通过实施股权激励，可以吸引和锁定关键人才；企业成长期，处于快速增长阶段，是实施股权激励最好的阶段，核心高管给予实股股权，核心技术人员与中层人员可以考虑期权或虚拟股权方式；企业处于成熟期，公司已经具有较大规模与行业地位，公司会考虑进入资本市场，上市前可考虑实施股权激励，通过二级市场溢价激励核心骨干；企业处于衰退期，股权已经没有吸引力了，不适宜实施股权激励。

3. 市场竞争程度

充分的市场竞争会凸显人才的重要性，使股权激励的价值更大。垄断性企业实施股权激励的必要性不大，因为这些企业效益主要取决于政策和资源，经营层和核心骨干的绩效对企业效益有影响，但起不了决定作用。

4. 人员流动性

企业所在区域、干部意识的不同，造成人员流动性差别较大，股权激励也要有所差别。流动性越大，股权激励的作用就越大；流动性越小，人员比较稳定，股权激励的作用就越小。

三、股权激励模式的选择

股权激励包括狭义的股权激励和虚拟股权激励。狭义的股权激励模式分为实股和期权，虚拟股权激励模式分为分红权、增值权。有很多类似的激励模式词汇，都可以归集到以上四种模式中，比如业绩股票、岗位分红权、项目分红权、限制性股票、股票期权等。

1. 激励模式与工具的内涵

实股。激励计划中的实股是指对有限责任公司（包括股份有限公司）的实际股权，该等股权代表着其持有者（即股东）对公司的所有权，这种所有权是一种综合权利，具体包括三项内容：一是参加股东会及投票表决权；二是收取股息或分享红利权；三是剩余资产分配权。为了强化激励，对该等股权的处置权一般要设计一定的限制性条件，比如禁售期、解禁速度等，以及构建与企业经营业绩和个人考核结果相关的联动机制。

期权。期权是指未来对有限责任公司（包括股份有限公司）以一定价格进行买入或卖出的权利，即购权和沽权。股权激励计划中的期权以激励为目的，只能是购权，不可能是沽权，即未来以一定价格买入的权利。如果高于这个价格，差额就是收益；如果低于这个价格，就没有收益。对上市公司而言，期权价格可以是股价，对于未上市企业来讲，可以是审计后的每股净资产。与实股激励类似，期权也可以设计一定的限制条件，比如行权禁止期、行权速度等，以及构建与企业经营业绩和个人考核结果相关的联动机制。

分红权。是指公司向符合条件的激励对象给予总股本一定比例的虚拟股权，激励对象有权利根据公司的分红条件享受此部分股权的分红效益，其本质是员工参与公司年度剩余利润的分享。激励对象不享有股权对应的其他权利。

增值权。公司给予计划参与人的一种权利，持有人不实际买卖股权，仅根据授予的虚拟股权，以授予时净资产为虚拟行权价格，在规定时段内根据其持有的份额所对应的净资产的增加额度，由公司支付行权收入。上市公司也可以采取股票增值权的方式实施虚拟股权激励。

2. 激励模式与工具的利弊分析

实股：优点是归属感强，属于长期激励，企业业绩上浮有激励作用，下滑则有约束作用；缺点是手续复杂，变通性差。

期权：优点是股权增值才有行权的价值，可促进激励对象为公司业务发展而努力，而股权不增值则无风险；缺点是业务停滞和下滑完全无激励作用。

分红权、增值权：是否同时享有分红权和股票的增值权，以及是否需要出资等各种情况都可以组合，由此可以形成多种解决方案。主要优点是相对于股权，易于操作和控制；缺点是激励性与企业的归属感都比较低，特别是对于有上市预期的企业，激励性大大低于实际股权。

四、股权激励载体的选择

股权激励载体选择很重要，主要考虑税负问题。载体主要有以下几种：自然人持股、持股平台持股和信托持股。其中，持股平台包括有限公司、合伙企业或持股会等。

比较起来，采取合伙企业持股方式较多。其主要优势体现在以下几方面：综合税负低；股权稳定性好；有利于实际控制人保持控股地位；通过合伙企业约定激励人员的进入与退出比较方便。

第五节　混改企业员工持股的政策边界与实践

股权激励是经营层激励的重要举措，混改企业的员工持股也是经营层激励的选项。国有控股混改企业员工持股试点的主要政策依据是《关于国有控股混合所有制企业开展员工持股试点的意见》（国资发改革〔2016〕133号，以下简称《员工持股意见》）。国务院国资委2019年10月31日下发的《中央企业混合所有制改革操作指引》，对有关要求进行了重申和明确。《员工持股意见》下发后，中央企业首批10家、地方国企若干家开始了试点工作。

一、政策边界

政策边界主要体现在试点条件、实施规范、股权转让、股权分红四个方面。

政策边界一：试点条件。

到目前为止，混改企业员工持股还处于试点阶段，拟开展的企业需要提出试点申请报批。试点条件的核心内容如图4-1所示。

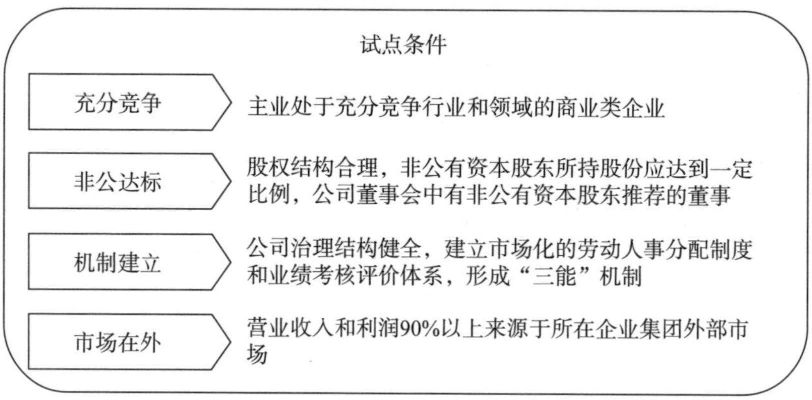

图4-1　混改员工持股试点条件

政策边界二：实施规范。

实施规范包括员工范围、员工出资、入股价格、持股比例、股权结构及持股方式等内容。实施规范的核心内容如图4-2所示。

员工范围	关键岗位；核心科研人员、经营管理人员和业务骨干
员工出资	员工入股应主要以货币出资，并按约定及时足额缴纳
入股价格	员工入股价格不得低于经核准或备案的每股净资产评估值
持股比例	员工持股总量原则上不高于公司总股本的30%，单一员工持股比例原则上不高于公司总股本的1%
股权结构	实施员工持股后，应保证国有股东控股地位，且其持股比例不得低于公司总股本的34%
持股方式	持股员工可以个人名义直接持股，也可通过公司制企业、合伙制企业、资产管理计划等持股平台持有股权

图 4-2　混改员工持股实施规范

政策边界三：股权转让。

主要是关于锁定期、转让比例、转让价格的规定。实施员工持股，应设定不少于 36 个月的锁定期。锁定期满后，公司董事、高级管理人员每年可转让的股份不得高于所持股份总数的 25%。持股员工因辞职、调离、退休、死亡或被解雇等原因离开本公司的，应在 12 个月内将所持股份进行内部转让。转让给国有股东的，转让价格不得高于上一年度经审计的每股净资产值。

政策边界四：股权分红。

股权分红的重点要求：一是不得承诺。企业及国有股东不得向持股员工承诺年度分红回报或设置托底回购条款。二是不得优先。持股员工与国有股东和其他股东享有同等权益，不得优先于国有股东和其他股东取得分红收益。

二、试点情况及典型做法

《员工持股意见》下发后，中央企业首批共计 10 家企业开展了员工持股试点工作。截至 2017 年 7 月，10 家试点企业全部完成了首期员工出资入股。持股人数因企业规模大小不同而不同，持股人数在 16~643 人，占企业员工比例 10%~30%。员工持股总量占企业总股本的比例在 5%~25%，均未超过 30% 的上限。员工全部以货币出资，且未从试点企业和国有股东获得垫资、担保、借贷等财务资助。

员工持股的典型做法如下。

1. 以岗定股，骨干持股

中材江西电瓷电气有限公司（以下简称“中材电瓷”）（隶属于中国建材集团）通过公开竞聘，实施业务骨干持股。中材电瓷主营业务高压输变电用绝缘子新材料和制品以及相关技术的研究，属于中国建材集团未来发展“三新”产品的战略，同时符合国有资本在战略性新兴产业领域布局的目标导向，适合员工持股计划的试点实施。通过开展岗位竞聘，确定了科技、经营管理及业务骨干86人参与持股，通过2个持股平台进行持股。股权结构如图4-3所示。

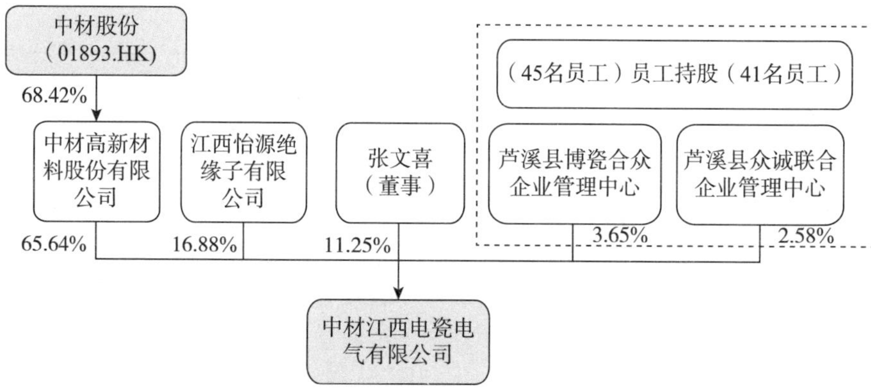

图4-3　中材电瓷股权结构

中国电器科学研究院（隶属于国机集团）对不同业务板块核定持股人数和股比。针对所属认证检测、智能装备、化工材料三大板块业务差异较大的情况，按各板块对企业业绩贡献程度和战略重要程度，分板块核定持股人数和股比。

2. 岗变股调，股权动态调整

中铁工程设计咨询集团有限公司（隶属于中国中铁股份有限公司）提出了“标准从严、骨干持股、以岗定股、权责对等、股随岗变、动态调整”的实施原则。特别是对员工所持股份采取动态调整机制，员工岗位变化时所持股份同步调整。持股员工降职或离职时将减少或退出所持股份，非持股员工转变为骨干员工时获得持股资格，在强化股权激励的同时建立了约束机制，有效防止股权固化、僵化。

中国电器院规定，持股员工离开岗位后6个月内必须退出所持股份，并对退股方式、退股价格等进行了详细约定，还针对离职后违反同业竞争规定等行为制订了相应的惩罚性措施。

3. 规范持股，股权有序流转

北京市政路桥正达道路科技有限公司（以下简称“正达科技”）于2017年被列为北京市第一批混改企业员工持股改革试点。

正达科技设立了强制转股条款。为了增加效力，在公司章程中明确相关要求，并由职工大会确认强制转股要求，对股东、职工两个身份都作出约束。

正达科技同时约定，在强制转股条款有效的情况下，职工股东对其所有的股权仍有议价权和股权转让方式的决定权。股份转让以该股份对应的企业上一年度经审计的净资产值为兑价依据，原股东可享受转让当年持股期的分红，尽量减少未来争议。

混改企业员工持股还处于试点阶段，试点的结果将决定最终的落地方案或意见。但试点所反映出来的一些问题也引起了大家的关注，如对于规模较小企业，员工总持股不得超过30%、个人持股不得超过1%的比例偏低的问题；对于效益较差的企业，持股价格不得低于净资产的问题；等等。相信未来正式政策下达时会得到完满解决。

第六节　中央企业控股上市公司实施股权激励政策要点

2020年5月30日，国务院国资委制定发布了《关于印发〈中央企业控股上市公司实施股权激励工作指引〉的通知》（以下简称《股权激励指引》）。

党的十九大以来，中央企业控股上市公司实施股权激励的数量快速增长，截至《股权激励指引》发布日期，已有53家中央企业控股的119家上市公司有效实施了股权激励，取得了明显进展，但总体上中央企业控股上市公司只有不到30%实施了股权激励，覆盖面还有待提高。

《股权激励指引》共计97条，近2万字，内容翔实，是极具操作性的指导文件。由于内容较多，为了便于读者理解，笔者就其核心内容做概略介绍。笔者认为，《股权激励指引》的总体思路框架概括起来，体现了“四个统筹”。

一是激励方案与绩效考核统筹实施。

二是授予价值与薪酬水平统筹设计。

三是行权安排与公司特点统筹考虑。

四是公司业绩考核和个人任期考核统筹约定。

笔者总结，《股权激励指引》的关键政策概括起来包括以下十五个要点。

要点一：5项实施条件

实施条件包括治理结构规范（外部董事及独立董事过半）、管理制度规范、发展战略明确、经营业绩稳健、配套机制健全。其中外部董事及独立董事过半是硬指标。

要点二：3种激励方式

激励方式包括：股票期权、股票增值权、限制性股票。其中，股票增值权实质上是虚拟股权激励，只有增值收益分配权，没有所有权。股票增值权原则上适用于境内注册、发行中国香港上市外资股的上市公司（H股公司）。

要点三：3类激励对象

股权激励对象一般为上市公司董事、高级管理人员以及各类骨干（对上市公司经营业绩和持续发展有直接影响的管理、技术和业务骨干）。

重要政策变化点：可以向下持股。上市公司国有控股股东或中央企业的管理人员在上市公司担任除监事以外职务的，可以参加上市公司股权激励计划，但只能参加一家任职上市公司的股权激励计划。中央和国资委党委管理的中央企业负责人不参加上市公司股权激励。

要点四：授予数量

1. 总量控制——10%、20%

上市公司全部在有效期内的股权激励计划所涉及标的股票总数累计不得超过公司股本总额的10%，科创板上市公司累计不得超过股本总额的20%。不得因实施股权激励导致国有控股股东失去实际控制权。

2. 首次实施——1%、3%

原则上应当控制在公司股本总额的1%以内。中小市值上市公司及科技创新型上市公司可以适当上浮首次实施股权激励计划授予的权益数量占股本总额的比例，原则上应当控制在3%以内。

3. 个人总量控制——1%

非经股东大会特别决议批准，任何一名激励对象通过全部在有效期内的股权激励计划获授权益（包括已行使和未行使的）所涉及标的股票数量，累计不得超过公司股本总额的 1%。

4. 预留权益——20%、12 个月

预留权益数量不得超过该期股权激励计划拟授予权益数量的 20%。预留权益应当在股权激励计划经股东大会审议通过后 12 个月内明确授予对象。超过 12 个月未明确授予对象的，预留权益失效。

要点五：行权价格与授予价格

1. 行权价格

股票期权、股票增值权的行权价格不低于按上条所列方法确定的公平市场价格，以及公司标的股票的单位面值。

2. 限制性股票——50%、60%

限制性股票的授予价格不得低于公平市场价格的 50%，以及公司标的股票的单位面值。股票公平市场价格低于每股净资产的，限制性股票授予价格不应低于公平市场价格的 60%。

要点六：行权限制期和行权有效期

1. 股票期权、股票增值权——2 年、3 年

行权限制期原则上不得少于 2 年（24 个月）；行权有效期不得少于 3 年，在行权有效期内原则上采取匀速分批生效的办法。

2. 限制性股票激励方式——2 年、3 年

限售期原则上不得少于 2 年（24 个月），在限售期内不得出售股票；限售期满可以在不少于 3 年的解锁期内匀速分批解除限售。

要点七：权益授予价值

1. 董事、高级管理人员——40%

根据业绩目标确定情况，权益授予价值不高于授予时薪酬总水平的 40%。

2. 权益授予价值

管理人员、技术和业务骨干等其他激励对象的权益授予价值，比照本条上款办法，由上市公司董事会合理确定。

重要政策变化点：不设上限。股权激励对象实际获得的收益，属于投资性收益，不再设置调控上限。

要点八：公司业绩考核3类指标

1. 价值创造指标

如净资产收益率（ROE）、总资产报酬率、净资产现金回报率（EOE）、投资资本回报率（ROIC）等。

2. 成长指标

如净利润增长率、营业利润增长率、营业收入增长率、创新业务收入增长率、经济增加值增长率等。

3. 运营质量指标

如经济增加值改善值（ΔEVA）、资产负债率、成本费用占收入比重、应收账款周转率、营业利润率、总资产周转率、现金营运指数等。

中央企业主营业务上市公司，一般应当选择经济增加值（EVA）或经济增加值改善值作为考核指标。债务风险较高的企业（资产负债率超过80%），一般应当选择资产负债率作为考核指标。

要点九：授予与权益生效（解锁）公司业绩指标

1. 授予业绩指标——50分位值

分期授予权益，结合计划制订时公司近3年平均业绩水平、上一年度实际业绩水平、同行业平均业绩（或者对标企业50分位值）水平合理确定。股权激励计划无分期实施安排的，可以不设置权益授予环节的业绩考核条件。

2. 权益生效（解锁）业绩目标——75分位值

结合公司近3年平均业绩水平、上一年度实际业绩水平、同行业平均业绩（或者对标企业75分位值）水平，结合公司经营趋势、所处行业特点及发展规律科学设置，体现前瞻性、挑战性。

要点十：行权或者兑现结合个人任期考核

1. 授予上市公司董事、高级管理人员的权益，应当根据任期考核结果行权或者兑现

2. 境外上市公司授予的股票期权——20%

应当将不低于获授量的20%留至限制期满后的任期（或者任职）期满考核合格后行权，或在激励对象行权后，持有不低于获授量20%的公司股票，至限制期满后的任期（或者任职）期满考核合格后方可出售。

3. 境外上市公司授予的股票增值权——20%

其行权所获得的现金收益需进入上市公司为股权激励对象开设的账户，

账户中现金收益应当有不低于 20% 的部分至任期（或者任职）期满考核合格后方可提取。

4. 境外上市公司授予的限制性股票——20%

应当将不低于获授量的 20% 锁定至任期（或者任职）期满考核合格后解锁。

要点十一：科创板上市公司实施股权激励的考核

1. 限制性股票——50%、75 分位值

若授予价格低于公平市场价格的 50%，上市公司应当适当延长限制性股票的限售期及解锁期，并设置不低于公司近 3 年平均业绩水平或同行业对标企业 75 分位值水平的解锁业绩目标条件。

2. 尚未盈利授予限制性股票——60%、40%

尚未盈利的科创板上市公司，限制性股票授予价格按照不低于公平市场价格的 60% 确定。在上市公司实现盈利前，可生效的权益比例原则上不超过授予额度的 40%。

要点十二：解除（终止）劳动关系情形的行权

1. 客观原因

（1）授予的权益当年达到可行使时间限制和业绩考核条件的，可行使部分可以在离职（或可行使）之日起半年内行使，半年后权益失效。

（2）当年未达到可行使时间限制和业绩考核条件的，原则上不再行使。尚未解锁的限制性股票，可以按授予价格由上市公司进行回购（可以按照约定考虑银行同期存款利息）。

2. 主观原因

尚未行使的权益不再行使。尚未解锁的限制性股票按授予价格与市场价格孰低原则进行回购，已获取的股权激励收益按授予协议或股权激励管理办法规定协商解决。

要点十三：解除（终止）劳动关系情形的限制性股票回购

1. 客观原因

按授予价格由上市公司进行回购（可以按照约定考虑银行同期存款利息）。

2. 主观原因

回购价格不得高于授予价格与股票市价的较低者。

要点十四：不得财务资助

上市公司不得直接或通过关联方间接为激励对象依股权激励计划获取有关权益提供贷款以及其他任何形式的财务资助，包括为其贷款提供担保。

要点十五：分层审核批准

中央企业控股上市公司股权激励计划，经中央企业集团公司审核同意，报国资委批准。国资委不再审核上市公司（不含主营业务整体上市公司）依据股权激励计划制订的分期实施方案。

本章小结：经营层激励的核心是市场化薪酬。市场化薪酬的要点：一是薪酬水平与市场接轨或部分接轨；二是上不封顶的薪酬机制，如超额效益分享；三是导向企业长期业绩的股权激励或虚拟股权激励。

第五章　不出事还是干成事、干大事？
——经理人业绩导向的方法论

2019年世界500强榜单，有129家来自中国，历史上首次超过美国（121家）。即使不计算中国台湾地区企业，中国大陆企业也达到119家，与美国企业数量旗鼓相当。其中，48家为中央企业，近几年较为稳定。

在上榜的中国企业中，国企与民企数量相当，但处于充分竞争行业和领域的企业中，民企占大多数。新入榜的企业，如格力（排名414）、小米（排名468），均为充分竞争领域的民企，董明珠和雷军都是赢家，董明珠略为领先，但小米成立9年就进入了500强，是上榜企业中最年轻的企业，让人惊叹！

从上榜企业的净资产收益率来看，格力是上榜企业中净资产收益率最高的。前5名还包括碧桂园、恒大、华为和安徽海螺集团，除了安徽海螺集团，其他4家均为民企。

国企规模化经营取得了长足进步，但在效率、活力和效益上与民企相比还存在差距。有人讲，国企的经营目标比较多元，除了经济效益，还包括社会效益，但是其他所有制企业即便程度上有不同，也会考虑社会效益。

国企效率与效益存在问题的原因有多方面，其中，经理人业绩导向问题是重点，经理人业绩导向直接影响企业的战略决策：是为了企业的长远发展，还是追求短期效益？是着力打造企业的核心竞争力，还是追求一时的轰动效应？是安于现状，小车不倒只管推，还是勇于变革，追求企业的跨越式发展？

第一节　经理人业绩导向问题之一：贪多求大、不遵循市场规律

以国资委成立为标志，我国不断完善国资监管体制，深化国有企业改革。央企通过不断合并重组，已从2003年国资委成立之初的196家整合为2019年

年底的95家，央企整体的经济效益与综合竞争力显著提高，企业核心竞争力、行业控制力、市场影响力不断提升。地方国企通过深化改革与并购重组，也取得了长足的进步。

虽然国企改革取得了不少成效，但仍存在改革推进不平衡、体制机制不健全以及投资布局不合理等问题。特别是在多元化发展方面还存在不足，主要反映为：致力于做大而不是做强，过于追求规模、关注营收，对利润的考虑不够；大力开发与自身优势不相关的产品，搞与自身主业不相干的并购，营收上去了，却见不到经济效益。由于主业能力不突出，缺乏核心竞争力，规模大了以后，一旦市场出现大幅变动，经营风险剧增。

一、盲目多元化，轻易涉足新行业、新领域

研究表明，多元化发展战略本身对于企业的效益影响具有不确定性。外部多元化并购通常作为并购双方企业互惠互利、提升长期收益的一种手段，但风险较大；内生多元化发展虽然有利于提升企业业绩，却不利于企业规模的快速扩张。有的学者提出，多元化投资与托宾Q呈正相关，但与资产收益率和股票收益率呈负相关关系。

综合来看，多元化发展是一条前景不确定的发展道路。在战略思路清晰的情况下成功概率会适当提升，但如果缺少整体的战略筹划，盲目开展多元化，轻易涉足新行业、新领域，失败的概率比较高。

那么，为什么有些国企还热衷于多元化呢？主要有三个原因：一是认识不足，误以为多元化是灵丹妙药，在主业难以突破的情况下，试图寻求新发展路径，却不知晓多元化本身的成功具有很大的不确定性；二是赌徒心态的存在，对于看起来利润率高的新产业新行业期望过高，在没有进行理性分析的情况下，用赌的心态进行企业经营，梦想着获取高额利润；三是投资冲动，寄希望于以多元化投资快速壮大企业规模，满足组织或个人的不良业绩偏好。

央企投资房地产就是突出的例子。国资委一而再、再而三地强调，除了主业是房地产的央企，其他央企不得涉足房地产业，已经进入的要尽快撤出，但依然有很多央企不愿意退出。房地产市场投资趋于饱和，再继续投入对整个社会而言，是没有价值的；对于企业自身而言，从长远看也是弊大于利的。不愿意退出的企业，受行业暴利驱动是主因。

央企的“退房令”要追溯到2010年。2010年3月18日，国资委召开新闻发布会，要求处于调整阶段的中央企业集团下属控股或参股的房地产公司加快调整步伐，在完成阶段性任务后有序退出。

根据当时的新闻发布会内容，除16家以房地产为主业的中央企业外，还有78家不以房地产为主业的中央企业开展了房地产业务，2008年，这些企业所属三级以上房地产子企业共227家，约占中央企业全部三级以上房地产企业数量的60%，但销售收入只占到15%，利润只占7%。国资委表示，这些企业要加快调整重组，在完成企业自有土地开发和已实施项目等阶段性工作后要退出房地产业务。然而，时至今日，仍有一些央企在从事房地产业务。

2020年1月，国资委再度强调商业性房地产对非房地产主业央企属于禁止类业务。在其发文《关于中央企业加强参股管理有关事项的通知》（国资发改革规〔2019〕126号）中表示，央企需严把主业投资方向，严格执行国有资产投资监督管理有关规定，坚持聚焦主业，严控非主业投资。不得为规避主业监管要求，通过参股等方式开展中央企业投资项目负面清单规定的商业性房地产等禁止类业务。

2020年3月22日，中央纪委国家监委网站披露了某电力行业央企关于十九届中央第三轮巡视的整改进展情况。在通报中表示，集团以更高的政治站位坚守主责主业，下决心退出传统制造业和房地产业务，坚决按期完成深化集体企业改革任务，积极与国资委汇报、沟通主要思路，按照国资委意见进一步完善退出和转型方案，加快推动整改工作。

在另外一份十九届中央第三轮巡视整改进展情况的通报中，某民航央企表示，将着力解决处置企业历史遗留问题方面存在的问题，其中一点为清理低效房产、退出房地产业务。同时表示，将制订并实施境内外房产处置方案，积极推进房产租售工作，将低效房产进一步盘活。

二、战略并购动因不透彻，并购对象选择不精准

企业并购的一般操作思路：首先要在企业自身总体发展战略的前提下，明确并购战略动因；然后广泛寻求可能的并购对象；最后要对标的企业进行尽职调查，进而确定并购目标。

其中，明确并购战略动因是最重要的。并购动机一定要符合企业整体的发展战略，企业并购的根本价值在于通过并购获得对方的核心资源能力，增强自身的核心竞争力和持续发展能力。

企业并购的具体动因一般包括获得规模效应，降低单位生产成本；扩大市场份额，提升自己的行业地位；获得品牌价值，提高企业知名度；获得先进技术或管理经验；进入新行业，开展多元化经营。

毫无疑问，成功的并购必须以明晰的并购战略动因为前提，即并购前务

必明确其实施并购行为的主要动机是什么。盲目并购容易导致并购失败。

央企的社会影响力大，其合并重组也引人瞩目。央企总数不断减少，平均单体规模持续上升。进入500强榜单的央企数量稳步增加，除了央企自身不断发展壮大，在某种程度上与央企持续进行的合并重组也有关系。

但合并重组的效果如何？仁者见仁，智者见智。

有些合并重组总体上被认为是成功的。比如南车、北车合并，整体实力大增，对于打造核心竞争力、勠力同心进行海外市场拓展，发挥了良好的规模效应。因为有海外竞争对手的存在，中车集团不会因为合并而懈怠，在产品研发与市场开拓方面持续发力，发展势头良好。

但有些合并重组引发了大家的议论。比如南船、北船合并，有人认为，这一举措对于减少国家在重点项目上的重复投入、减少内部无序竞争是有利的。但也有人提出，“两船”合并后，因为没有竞争对手（对于军工主业而言，非指民用产品），企业会不会因为回归行业垄断，而导致创新意识淡化、核心竞争力下降呢？当年五大军工集团拆分为十大军工集团，国家意在通过市场竞争激发企业活力和竞争力，在个体实力比当年水平更高的情况下，合并的积极影响和负面影响究竟哪一方占主流？

还有些合并大家表示没有看懂其意欲何为。比如航天科技集团和乐凯集团的合并。有人认为，两家企业关联业务有限，只有乐凯的光敏材料与航天科技集团的遥感卫星应用有关联，但相关业务的销售额微不足道，而且随着数码技术的发展，这点关联似乎也已经不在了。除此以外，看不出乐凯和航天有什么产业联系和价值链补充。当然，也有人认为，乐凯集团在光敏材料方面的技术积淀，与航天科技集团宇航产品发展的大平台相结合，也有可能衍生出新的产业，开辟出一条新的发展之路。

事实胜于雄辩，结果验证初衷。正是因为大家对于国企的发展寄予厚望，也因此对国企并购重组给予更多的关注，有一些质疑的声音也在所难免，但只要企业核心竞争力增强了，整体效益提升了，就是皆大欢喜。否则，就需要反思，就有必要调整后续的改革步伐。

第二节　经理人业绩导向问题之二：不求有功，但求无过

有的国企对经理人进行业绩考核时，制订的指标没有任何挑战性。被考核对象反复强调困难，最后只是简单延续上年指标或略有上升，轻松地就把

指标完成了。这种情况下，企业怎么可能发展呢？还有些企业领导者，面对制约企业发展的体制机制等方面的矛盾和困难，缺乏改革勇气，不敢碰硬。

不知从何时起，一种在工作上追求“不出事”的思维方式开始在某些企业经理人的头脑中出现并蔓延。在其支配下，一种“宁可不求有功、一定但求无过”的经营业绩导向在一些经理人头脑中盛行。不管讲得如何精彩，就是拿不出推动企业快速发展的具体举措，就是不敢采取破解体制机制障碍的改革行动。

“不出事”的业绩导向是与企业发展规律背道而驰的。企业发展的内外部环境错综复杂，机遇和挑战同在，收益与风险并存。尤其是目前企业改革逐步进入了深水区，我们面临的矛盾和困难是巨大的。在这样的时代背景下，作为企业经营发展和内部改革领导者的经营层，如果一味追求“不出事”，遇到矛盾绕着走，碰到困难躲着走，只求平平安安过日子，不仅矛盾和困难解决不了，反而会造成更多的矛盾和困难。在这种思维模式驱动下，企业难以持续发展。

“不出事”的业绩导向同样不符合市场经济规律。市场经济的固有特征是竞争，竞争在某种程度上是此消彼长，是逆水行舟、不进则退。不用说不发展，就是慢发展，都可能被客户抛弃，被对手打败，被市场淘汰。企业在市场经济的大环境下，必须树立敢于突破的发展观，敢于订立有挑战性的指标，敢于追求卓越的经营业绩。敢想未必能够成功，但不敢想就连成功的可能性都没有了。

第三节 经理人业绩导向问题之三：各自为政、无序竞争

有的集团型国企，所属子企业（指子公司事业部，以下同）之间缺少战略协同。各子企业考核指标雷同，内部竞争无序，集团对于子企业过于放手，缺少子企业之间的协同绩效要求和激励机制安排，没有发挥集团企业 1+1 > 2 的放大效应。甚至出现不同的子企业技术研发重复投入、市场区域大幅重叠、客户投标互相竞争等情况，不像是一家人，集团整体绩效肯定会大打折扣。

商场如战场，战场不协同就会打败仗，商场不协同也一样会打败仗。

第四节　经理人正确的业绩导向：唯市场、唯发展、唯大局

上述问题如何解决？关键是要树立正确的业绩导向，把经理人导向想干事、干成事，而不是导向不出事，甚至是不干事。更重要的是，业绩导向的落地不是主要靠做思想工作、提升觉悟，而是主要靠机制驱动。

那么，正确的业绩导向具体是什么？

一、唯市场，而不是唯上

《深化国有企业改革指导意见》提出，国有企业改革要遵循市场经济规律和企业发展规律。上级的要求是把握大方向，是总体的长期的发展要求，肯定要遵循，但不是照搬照抄。马列主义要和中国革命的具体实践相结合，不要把中央的政治要求当作企业的经营理念，不要把上级的战略指导当作自己的战术打法。陈云曾讲过，不唯上、不唯书、只唯实。市场是瞬息万变的，具体的决策能指望别人来做吗？

改革开放以来，我们的干部选拔和管理制度的科学化、民主化、程序化程度有了很大提高。但是，领导干部尤其是主要领导干部的产生，实质上由上级确定的状况还是客观存在。由此一来，必然造成领导干部对上级负责过多，而对企业负责较少，这就使“不出事”的思维方式得以生存，在客观上提供了制度土壤。所以，寻求用好的制度选人、选最好的人仍然是干部人事制度改革面临的重大任务。要真正建立一种基于企业业绩来评价干部、使用干部、激励干部的机制，才能使领导干部的对上负责与对企业负责统一起来，从制度上杜绝“不出事”思维方式。

“不唯上”说起来容易，真正做到并不容易。不但需要当事者的大智大勇，更需要有度量、有洞察力的上级。司马懿与诸葛亮斗智斗勇多年，能够笑到最后，也有“不唯上”的原因。

司马懿违抗圣命拒不出战耗死诸葛亮

诸葛亮六出祁山，来到五丈原。魏国派司马懿出征抵抗。但是，司马懿固守城池，拒不出战，将士恨得咬牙切齿。诸葛亮为了引诱司马懿出战，送

女人衣服给司马懿穿，司马懿却欣然穿上，不为所动。这时，手下将士受不了了，纷纷请战，朝廷也几次派人催战。司马懿知道，出营打容易，可是，要回来可就难了。诸葛亮的目的就是速战速决。为了缓解朝廷和手下的情绪，司马懿给朝廷写信请示。这一请示，就是一个多月。而诸葛亮已经病死军中。

"状诸葛之多智而近妖"（鲁迅语），而司马懿是诸葛亮为数不多的对手。司马懿宁可穿女人衣服，也不出营应战，是真大智大勇也。结果胜于一切，最后的胜利是最好地执行命令。当然，前提是上级有察人之明。如果碰上个宋高宗赵构那样的皇帝，打仗神勇如岳飞，还不是背上"莫须有"的罪名被诛杀了。

二、唯发展，而不是唯稳定

定指标一定要有挑战性，想都不敢想，怎么可能跨越式发展？企业经营是有风险的，决策也不可能百分百正确，要勇于突破。挑战性主要体现为进步，是比自己过去进步，更是比竞争对手进步，竞争对手增长50%，自己增长30%，不是进步了，而是落后了。行业增长30%，自己增长20%，不是为企业做了贡献，而是拖了后腿。

邓小平同志曾说过："没有一点'闯'的精神，没有一点'冒'的精神，没有一股气呀、劲呀，就走不出一条好路，走不出一条新路，就干不出新的事业。"

在央企里面，华润的市场化程度是比较高的。从自身发展基础来讲，华润的核心竞争力并不突出，甚至可以讲，没有什么突出的主业，但取得的成绩有目共睹。这其中的原因是多方面的，敢想敢干是主因，当然，也包括采取了正确的经营管控策略。

跨越式发展案例：两次"再造华润"

2000年以来，经过两次"再造一个华润"，华润奠定了目前的业务格局和经营规模，涵盖大消费、大健康、城市建设与运营、能源服务、科技与金融五大业务领域，下设7大战略业务单元、19家一级利润中心，实体企业约2000家，在职员工42万人。直属企业中有7家在中国香港上市，其中华润置地位列中国香港恒生指数成份股。

华润之所以能够实现长时间的快速发展，主要有以下几个原因。

1. 领导者的雄心壮志

2001年华润董事会提出了到2006年完成“再造一个华润”的战略目标，于2005年提前一年实现。而公司领导者并没有满足这一成绩，2007年时任华润集团董事长陈新华提出“第二次再造一个华润”战略目标：以2005年为基准，争取到2013年，让营业额增至2085亿元，较2005年增加177%，利润增长237%，达到202亿元，资产总值亦要提高114%，到2895亿元。而这一目标，2009年就基本实现了。

据华润官网数据，2018年营业收入达到了6085亿元。华润的跨越式发展与华润历届领导班子的雄心抱负是分不开的。

2. 非相关多元化的超常规打法

华润采取了异于一般企业的外延式发展路径——非相关多元化，即多元化+战略并购。从主业发展路径来看，大型央企主要分为三类：第一类是拥有国家垄断资源的石化、通信、电力等企业，如中国石化、中国移动、国家电网等；第二类是主营单一业务的企业集团，如东风汽车、宝钢集团等公司；第三类是相关多元化的企业集团，如中信集团、中粮集团等。华润集团采取非相关多元化的发展路径，可以说是独一无二的。

3. 6S的战略绩效管理

非相关多元化企业，特别是外延式的非相关多元化企业，管理难度是非常大的。面临的主要困难：一是多元化业务无序发展，子公司、二级子公司等盲目扩张，很难统筹和协同；二是下属子公司容易失控，如财务数据失真、大量担保等；三是母、子公司的管理功能定位界面不好厘清，管控与放权不好平衡。为此，华润建立了6S管理系统（6S即6个System），主要内容概括如下。

1S：业务战略体系

业务战略体系是在业务编码体系的基础上发展起来的。包括两方面内容：一是对各级利润中心进行编码管理，清晰业务定位；二是明确利润中心业务竞争战略。

2S：全面预算体系

在确定了各利润中心的业务竞争战略后，需要通过全面预算体系进行分解，将经营目标落实到每个利润中心，并继续向下层层分解。

3S：管理报告体系

管理报告每月一次，包括各项财务指标，并附有经营分析。每个利润中心报表进行汇总并按行业进行分析，最终成为集团公司的管理报告，解决了管理会计信息传递的问题。

4S：内部审计体系

对预算的完成情况、管理报告的真实性、战略的执行情况等进行审计认定。

5S：业绩评价体系

战略执行情况需要进行评价，而评价体系要能促进利润中心战略的执行和预算经营目标的实现。

6S：经理人考核体系

考核结果要落实到经理人身上，加上经理人标准考核，共同构成经理人考核结果，被作为经理人奖惩和任免的依据。

笔者认为，华润6S管理系统之所以能够较好地解决非相关多元化企业的管理难题，实现了杂而不乱、大而受控，有两个关键点：一是剥夺子公司投资权，子公司只是利润中心，对外投资是集团说了算，避免了无序多元化；二是突出战略目标导向，通过业务战略管理的过程控制，保证了子公司发展符合集团要求和正确的航向。

三、唯大局，而不是只见树木不见森林

企业如何实现子公司之间的协同效应？首先，要建立和传承共同的价值观，树立协同共赢的业绩观。其次，也要讲纪律，令行禁止，不能什么都靠思想工作，不换思想就换人。更重要的是，还要建立促进业绩协同的利益机制来推动。

企业经营就是打仗，有主攻，有副攻，有围城的，有救援的，大家要形成整体合力。对于子公司、对于不同部门，要有整体绩效要求和考核安排，而不是让大家各行其是。

曾国藩曾说："湘军所以无敌者，全赖彼此相顾，彼此相救。虽平日积怨深仇，临阵仍彼此照顾；虽上午口角参商，下午仍彼此救援。"可见，协同配合对于组织的成功是多么的重要。

本章小结：概括地讲，经理人业绩导向，实质上也就是企业的业绩导向，一定是干成事、干大事，绝不是不出事、不干事。业绩导向正确，企业才有可能大发展。正确的业绩导向是唯市场，而不是唯上；唯发展，而不是唯稳定；唯大局，而不是只见树木不见森林。重申一点，业绩导向的落地不是主要靠做思想工作、提升觉悟，而是主要靠机制驱动。

第六章　好人主义还是刚性兑现？
——经理人契约化管理的方法论

经理人能上不能下的问题，特别是经营层能上不能下的问题，一直是国企改革的痛点。没有流动，就没有活力，没有压力，何谈动力？

能上不能下的突出表现：缺少契约精神，不签署契约文书，言行不一；年初定指标轰轰烈烈，年底兑现搞平衡，你好我好大家好，最后只有企业业绩不好；奉行好人主义，怕得罪人，不敢面对矛盾，最后得罪了好人，纵容了“坏人”。

道理至简，如何解决？契约化管理是出路。

契约化管理的主要内涵：一是建立契约化关系，核心是建立任期制，签订责任书，明确任期目标。其中，任职制是重点，解决聘期有始无终、经理人终身制的根源问题。二是实施契约化考核，重点是刚性兑现，说到做到，而不能是考核好的不敢奖励，考核不好的不敢扣罚。三是落实契约化退出，重点是依法依规完善相关配套政策，避免按行政指令行事，触及法律底线，引发争议。

第一节　经理人契约化管理要点一：任期制

实施任期制就是为了打破“终身制”，打破现有经理人不犯错误不“下”、不到年龄不退的传统观念和习惯做法，打开经理人能“下”的通道。另外，如何能够让经理人潜下心来，认真考虑企业的长远发展并一以贯之？明确的任期是必要的。一个明天都不知道在哪上班的经理人怎么可能去认真谋划企业三年、五年以后的事呢？

任期多长合适，从工作连续性讲，至少应该三年，时间短了干不成事；太长了，如超过八年，就可能会懈怠，少了新鲜感，没了激情。期限之外，核心是严格任期考核与续聘，而不是任期期满后，一揽子发个文件，一概续聘了事。

国资委国有企业改革领导小组办公室2020年2月下发的《“双百企业”推行经理层成员任期制和契约化管理操作指引》（以下简称《任期制和契约化指引》）规定：

1. 任期期限。经理层成员的任期期限由董事会（或控股股东）确定，一般为两到三年，可以根据实际情况适当延长。

2. 到期重聘。经理层成员任期期满后，应重新履行聘任程序并签订岗位聘任协议。未能续聘的，自然免职（解聘），如有党组织职务，原则上应一并免去。

同时，也应明确权责。《任期制和契约化指引》规定：

“双百企业”应明确经理层成员的岗位职责及工作分工，合理划分权责界面。

1. 岗位说明书。可以采用岗位说明书等方式，明确经理层成员的岗位职责和任职资格。

2. 权责清单。可以采用制定权责清单等方式，规范董事会（或控股股东）与经理层、总经理与其他经理层成员之间的权责关系。

《任期制和契约化指引》关于经营业绩责任书及考核内容及指标等的规定如下。

1. 经营业绩责任书。根据岗位聘任协议，签订年度和任期经营业绩责任书。经营业绩责任书一般包括以下内容：

（1）双方基本信息；

（2）考核内容及指标；

（3）考核指标的目标值、确定方法及计分规则；

（4）考核实施与奖惩；

（5）其他需要约定的事项。

2. 考核内容及指标。根据岗位职责和工作分工，按照定量与定性相结合、以定量为主的导向，确定每位经理层成员的考核内容及指标。年度和任期经营业绩考核内容及指标应适当区分、有效衔接。

3. 考核指标的目标值。目标值应科学合理、具有一定挑战性，一般根据企业发展战略、经营预算、历史数据、行业对标情况等设置。

其中，有几个要点值得注意：一是责任书有效期可以是年度，也可以是任期（国资委规定一般为三年）；二是考核内容和指标以定量为主；三是目标设定应科学合理、具有一定挑战性。

《任期制和契约化指引》明确了契约化管理的一些操作细则，虽然是针对“双百企业”提出的要求，但其他国企也是可以借鉴的；虽然是针对经理层提出的改革操作规范，但是很多做法也可以在更大范围参考应用，比如中层管理人员。

第二节　经理人契约化管理要点二：刚性兑现

刚性兑现就是将考核结果直接应用到经理人的收入分配和聘任（或解聘）上，避免以往考核结果应用偏“软”、严肃性不够，要真联动，真正执行约定业绩指标、约定报酬机制、约定解聘和退出条件。刚性兑现是双重的，该奖励的要说话算话，如果说企业发展了，利润超额不奖励，企业亏损了，却将人解聘，就没道理。

《任期制和契约化指引》关于薪酬管理的规定如下。

1. 薪酬结构。经理层成员薪酬结构一般包括基本年薪、绩效年薪、任期激励等。

（1）基本年薪是年度基本收入，按月固定发放。

（2）绩效年薪是与年度经营业绩考核结果挂钩的浮动收入，原则上占年度薪酬（基本年薪与绩效年薪之和）的比例不低于60%。

（3）任期激励是与任期经营业绩考核结果挂钩的收入。

鼓励“双百企业”综合运用国有控股上市公司股权激励、国有科技型企业股权和分红激励、国有控股混合所有制企业员工持股等中长期激励政策，探索超额利润分享、虚拟股权、跟投等中长期激励方式，不断丰富完善经理层成员的薪酬结构。

2. 薪酬兑现。“双百企业”应根据经营业绩考核结果，合理拉开经理层成员薪酬差距。年度考核不合格的，扣减全部绩效年薪。

“双百企业”应根据有关规定建立薪酬追索扣回制度，在岗位聘任协议中予以明确并严格执行。

有两个要点体现了刚性兑现的要求：一是绩效年薪不低于60%；二是年

度考核不合格的，扣减全部绩效年薪。也就是说，年度考核不合格，60% 的绩效年薪就没有了。

《任期制和契约化指引》关于退出管理，规定如下。

1. 退出条件。“双百企业”应加强对经理层成员任期内的考核和管理，经考核认定不适宜继续任职的，应当中止任期、免去现职。一般包括以下情形：

（1）年度经营业绩考核结果未达到完成底线（如百分制低于 70 分），或年度经营业绩考核主要指标未达到完成底线（如完成率低于 70%）的。

（2）连续两年年度经营业绩考核结果为不合格或任期经营业绩考核结果为不合格的。

（3）任期综合考核评价不称职，或者在年度综合考核评价中总经理得分连续两年靠后、其他经理层成员连续两年排名末位，经分析研判确属不胜任或者不适宜担任现职的。

（4）对违规经营投资造成国有资产损失负有责任的。

（5）因其他原因，董事会（或控股股东及其党组织）认为不适合在该岗位继续工作的。

2. 退出方式。对不胜任或不适宜担任现职的经理层成员，不得以任期未满为由继续留任，应当及时解聘。

这里面涉及的刚性兑现更直接：“经考核认定不适宜继续任职的，应当中止任期、免去现职。”特别是“年度经营业绩考核结果未达到完成底线（如百分制低于 70 分）或年度经营业绩考核主要指标未达到完成底线（如完成率低于 70%）”的规定，是非常刚性的，很有操作性，但一定会面临改革矛盾。同时，也一定会带来指标制订时的博弈问题。

笔者曾列席过华润的经理人年会，会上发言简单直接，没有穿靴戴帽、长篇大论，总经理站着用 PPT 讲各业务板块指标的完成情况，如某板块年初定的行业前三目标实现没实现，实现了就重奖，毫不吝惜；没实现就自动换人，不要谈什么客观原因。刚性兑现是目前国企经理人管理的突出薄弱环节，赏罚不明怎么可能“打胜仗”？

新兴际华集团、中石化润滑油公司等在刚性兑现方面做得很有成效。核心就是将经营指标与岗位的退出直接联系，并落实到文件中。

“两书两办法”——新兴际华集团刚性兑现实施案例

新兴际华集团作为董事会授权试点企业，提出了“两书两办法”，来实现对二、三级企业负责人的契约化管理，即企业与其签订《总经理聘用合同书》《年度经营业绩责任书》，制订下发《业绩考核办法》《薪酬管理办法》，明确考核的利润指标要求及完成情况对应的薪酬待遇及自动免职等边界条件。“两书两办法”的实施，建立了经营层的激励约束机制，明确了责、权、利，实现了能上能下、能增能减的市场化用人机制的落地。

该企业的核心做法是：对于由董事会选聘，实行聘期制和契约化管理的高级管理人员，实行刚性兑现。集团二、三级企业负责人利润预算完成60%以下的自动免职，完成60%~70%的拿基本生活费，完成70%~80%的拿基本工资，完成80%~90%的拿一半薪酬，完成90%以上的按考核规定兑现奖励。

国企能够制订出这样的硬约束机制，实在令人拜服，笔者后续没有跟踪，不知道究竟有多少人因为业绩不好被免职，如果该制度能够真正落实，堪为表率。主要做法如图6-1所示。

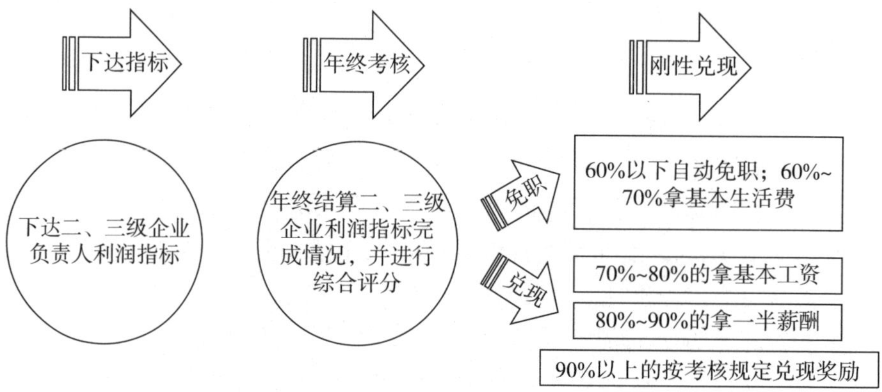

图6-1　新兴际华集团刚性兑现做法

新兴际华集团实施刚性兑现的两个要点：一是契约化管理，所有要求落实到纸面，制订薪酬、考核办法，签署聘用合同书、经营责任书；二是量化联动，而不是虚头巴脑，可进可退，模棱两可。

“前有金山、后有老虎”——中石化润滑油公司刚性兑现案例

中石化润滑油公司是中国石化下属的专业化公司，是国内最大的润滑油公司。该公司通过推进绩效责任契约化、联量联效计酬为核心的机制改革，打破“大锅饭”，营造了“前有金山、后有老虎”的考核分配氛围，企业活力得到了释放。通过刚性兑现，实现了收入“能高能低”。

该公司将所有经营单位领导干部的收入与单位经营业绩的决定关系以契约形式固化下来，明确“完成目标任务80%以下的，按基准薪酬60%兑现；完成目标任务80%~99%的，按基准薪酬80%兑现；完成目标任务100%的，按基准薪酬兑现；超目标任务完成的，按超额比例量化薪酬激励，上不封顶”。

此外，根据“产销研用”各板块特点，在销售、科研、生产操作等岗位探索100%契约到人，实施联量联效计酬，多劳多得。2018年绩效最优单位人均薪酬同比增长15.8%，绩效最差单位下降13.8%。

中石化润滑油公司操作亮点：联动指标针对性强，联动力度大，落到纸面形成契约，真刀真枪见实效，进而形成良性激励与约束机制。

第三节　经理人契约化管理要点三：建立退出配套机制

经理人退出的渠道包括试用期考核不合格、年度考核不胜任、违法违纪、身体出问题、主动离职，等等。实施经理人退出，最大的难点是原有干部退出面临的组织文化和人情因素。实施退出管理的具体操作层面有三个关键点应予以关注。如图6-2所示。

关键点一：有退出渠道，也要有契约条款

不续约或予以解聘要有法理依据。岗位退出后如实施组织退出，要符合解除劳动合同的有关法律规定，要有依据、有事实，不能出现违法解除的情形，应为非本人过错离职人员安排合理出路，寓情于理，化解改革矛盾。

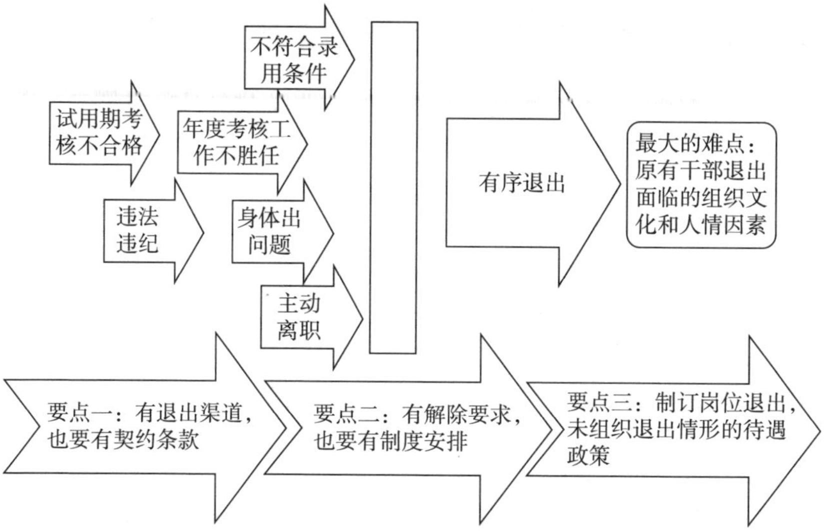

图 6-2 经理人退出渠道及难点示意

关键点二：有解除要求，也要有制度安排

操作要有依据，公示、送达等过程管理符合法律规定。不符合录用条件、不胜任岗位要求、违章违纪等，不能口说无凭，要制订相应的规章制度，并且要有相关事实的获取渠道和记录，旨在维护企业和经理人双方的合法权益。

关键点三：制订岗位退出、未组织退出情形的待遇政策

应制订岗位退出、未组织退出情形的各种待遇政策，不能临时抱佛脚，而应未雨绸缪，做好系统的政策安排，核心是依法依规、合情合理，改革突破重在机制建立和有效运转，不要在小事小钱上纠结。

通过任期考核和日常管理可以实现干部能上能下，特定情形下，也可以通过公开竞聘等方式一次性解决。

下面为某数字家电行业国有企业集团的竞聘案例。

渐进式退出——某数字家电行业国有企业竞聘案例

该公司是数字家电行业的国有企业集团，新老员工的交替与中坚管理层人员青黄不接的问题突出。2014 年该公司正式启动以实施内部竞聘与干部分层退出为核心的劳动用工制度和人事制度改革。主要做法有以下几种。

明确职位资格的准入原则：建立竞聘上岗制度，进行空缺职位公示，规范竞聘上岗程序。明确职位资格要求，所有任职者需满足职位所需的知识、能力要求或者相关资质方可上岗。

实行竞聘上岗：所有干部集体退出职位——发布竞聘职位——竞聘者申报——撰写竞聘材料——竞聘实施与评价——候选人上岗——签署职位——未成功竞聘人员等待其他职位竞聘或者安置所在部门其他职位——在保证固定收入不降的前提下实行薪酬调整——无岗安置退出企业。

实施阶梯式退出计划：通过多次机会——多次选择——多次淘汰的组合计划，逐步降低退出人员的预期，使其关注重点集中到自身不适合新职位要求上来，无岗安置从企业退出。

点评：该企业成功实施竞聘的关键是专业化手段营造公平环境、渐进式推进方式降低诉求、选聘与退出常态化，最终形成竞聘上岗及阶梯退出的文化氛围。

本章小结：解决干部岗位退出，直至组织退出的操作要点是任期制、刚性兑现和退出配套机制，也可以通过公开竞聘等方式一次性解决。难点是组织文化和人情因素，核心是领导者的决心和魄力。

第七章 “双轨运行”还是“并轨运行”?

——职业经理人制度运行的方法论

职业经理人制度是企业干部体制改革的方向。《深化国有企业改革指导意见》明确:“推行职业经理人制度,实行内部培养和外部引进相结合,畅通现有经营管理者与职业经理人身份转换通道,董事会按市场化方式选聘和管理职业经理人,合理增加市场化选聘比例,加快建立退出机制。”

国务院国资委提出,“双百企业”推行职业经理人制度必须按照“市场化选聘、契约化管理、差异化薪酬、市场化退出”原则进行选聘和管理,“四化”原则缺一不可。职业经理人除具有“市场化、职业化、专业化、契约化”等特点外,核心还具有“两高一强”的特质,即职业的高风险性、目标的高挑战性和收入的强激励性。

有些国有企业也在逐步试行职业经理人制度,但从总体上讲,有得有失。主要成效:通过职业经理人制度的推行,营造了国有企业干部体制的市场化氛围,影响和带动了干部体制改革的节奏和步伐。同时也存在不足,核心问题是职业经理人制度推行与整体干部体制改革步调不一致,存在某种程度上的“夹生饭”。总体上讲,目前的职业经理人制度运行属于“双轨运行”,职业经理人与其他经理人之间政策、机制基本不同,各行其道,带来了一系列问题。

职业经理人制度改革去向何处?短期看,应是“并轨运行”,长期看,应是“单轨运行”。因为国有企业不可能让两种干部体制长期共存,政策、机制很难协调,还会带来很多思想与文化问题。也正是因为“单轨运行”——完全市场化干部体制是大势所趋,就更加体现了短期“并轨运行”的重要性,为将来完全过渡到市场化的干部体制奠定基础,减少“双轨运行”带来的换轨成本。

第一节　职业经理人制度运行现状：“双轨运行”

当前，国企职业经理人制度推行处于起步阶段。从实践来看，主要是针对个别岗位实施，主体上采取“双轨运行”，即企业职业经理人与非职业经理人在人选来源、业绩考核、薪酬待遇、退出机制等方面各行其道。如图 7-1 所示。

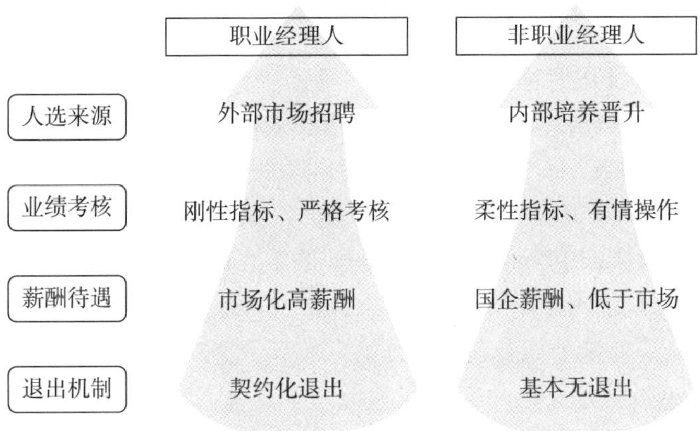

图 7-1　“双轨运行”示意

一、人选来源

职业经理人主要采取外部公开招聘的方式进行，很少对内部人选进行开放，即使公开了，也很少有人报名。而非职业经理人，主要采取内部培养晋升的方式，有的也采取公开招聘的方式，但只是针对个别岗位或者作为阶段性临时方案。

二、业绩考核

一般做法，对于职业经理人和非职业经理人采取完全不同的考核指标体系和目标值。职业经理人业绩压力很大，但企业是一个整体，如果原有干部继续在原来的轨道上运行，个体之间指标体系和目标值的差异，必然会产生业务不协调和工作不好协同的问题。

三、薪酬待遇

职业经理人按市场水平拿薪酬，非职业经理人仍执行原有薪酬体制。大家差距很大，会带来两个问题：一是非职业经理人（原有干部）心理不平衡，积极性受打击，会产生看职业经理人热闹的心态；二是职业经理人由于拿着高薪酬，增加了融入企业的难度，也面临巨大的心理压力。

四、退出机制

两类人员实行完全不同的退出机制。职业经理人业绩不达标，或者合同期满双方无继续合作意愿，就会离开企业。而现有干部除非个别情况，一般情况下很少离职，即使业绩不好，组织也会安排个闲职，且待遇基本不变。

“双轨运行”在一定程度上造成了体制机制上的“夹生饭”和待遇文化上的冲突，影响了职业经理人制度的实施效果。当然，职业经理人市场不成熟、内部改革氛围没有形成也是效果不佳的重要原因。

“双轨运行”产生的问题很多。除了前述问题外，还有职业经理人内部转换通道未打开，外来的职业经理人作为“空降兵”，影响了内部员工的成长阶梯；体制内外环境差异，外来的职业经理人“水土不服”现象也比较普遍，“活下来”的也较难很好地发挥作用。

第二节　职业经理人制度改革方向：“并轨运行”

短期看，完全“单轨运行”还不成熟，一是组织改革“温度”还不够，需要不断“预热”，思想认识转变需要时间，不能太急；二是各种配套机制还没有建立起来，全新轨道处于建设中，无法实现全面“转轨运行”。因此，只能采取旧体制与不成熟的新体制“并轨运行”的做法。

“并轨运行”的主要内涵和要求如下。

一、在人选来源方面，坚持内外并举

内外并举，重在给予均等机会。职业经理人选聘，内部人员可以不参加，但不能不让人参加。国企经理人队伍建设必须重视内部培养，从基层培养适合企业发展需求的职业经理人，形成人才梯队。更要鼓励现有干部转换为职

业经理人，激发内部动力，为将来“单轨运行”铺路。

外部引进，重在引进有突出专业能力和独特资源的人才。可采取公开招聘或与猎头公司合作等方式，引进市场上的人才。应重点引进专业领域内拥有突出能力或独特资源的人才，经营层“一把手”的引入要慎之又慎。

内外并举，在给予原有干部同等机会的同时，也要“去身份”和“真转身”。内部人员通过放弃原有身份、重签劳动合同、人事档案移出等措施，成为真正的“市场人”，禁止出现“假转身”或“转身不彻底”、设置“兜底”保护条款等现象。有些企业假借实施职业经理人制度，在获得市场化高薪的同时又不放弃体制内的职业稳定保护，这是钻改革的空子，应引以为戒。

二、绩效指标设定应协调一致，目标值允许差异化

对于职业经理人的考核，应既顾当下又重长远。既要设定反映短期经营成果的财务硬指标，也要设定反映长期经营成果的研发投入等软指标。但一定要突出重点、简单明了，不要面面俱到，让职业经理人无所适从。

对于职业经理人和其他经理人的考核指标除了特别的政治要求外，应逐步一致，而不是“两张皮”，各唱各的戏，制造隔阂，增加管理成本，这也不符合企业经营业绩管理的一般规律，由于身份不同考核指标就不同，是没有道理的。

但在考核指标的目标值设定上，可以体现差异化，毕竟拿高薪酬，就要承担一定的高挑战和高风险。

职业经理人的业绩目标要跑赢市场、优于同行。即主要以外部对标来确定职业经理人的考核目标，且目标值至少要在行业平均值（50 分位）以上或达到行业的中高值（75 分位），强化目标高挑战性，否则，高薪酬就会带来企业内部的思想混乱，得不偿失。

三、在薪酬待遇上，据实把握市场化接轨程度

在职业经理人激励上，应综合采取年薪（及延期支付）、任期薪酬、长期激励（股权激励或虚拟股权激励）。薪酬激励的方案要具体，与业绩考核结果联动要简单直接，而不是含混不清。

对于职业经理人和非职业经理人的薪酬待遇应统筹实施。薪酬水平可以有差异，但薪酬结构应尽量统一。中长期激励，应该统筹实施，而不是针对职业经理人先搞一套，将来对其他人员再搞一套。

在薪酬水平上，可根据企业实际情况确定与市场接轨程度，可以一步到

位，如果条件不成熟，也可以实施“半市场化”，缓解企业内部分配矛盾，对于职业经理人自身来讲，也有利于化解薪酬落差过大带来的矛盾。

四、契约化管理应一步到位

严格建立契约化关系。对于职业经理人要签订契约化文书，包括《劳动合同书》《岗位聘任合同书》《业绩与报酬责任书》《竞业禁止及保密协议书》等，明确任期、业绩指标、薪酬待遇，以及完不成指标的解聘要求、商业保密、竞业禁止等条款。

真正实施契约化退出。包括主动辞职和被动离职两种方式。允许职业经理人主动辞职，但需按正常程序批准后办理；被动离职是指职业经理人触发退出情形，按约定将被要求退岗退企，即解除聘任关系、解除（终止）劳动合同。

职业经理人的契约化管理应该一步到位，毫不含糊，绝不能心慈手软、“开改革的倒车”，把职业经理人转化为体制内干部。

进退有据——中国建材集团职业经理人制度实施案例

在混改试点企业中，中国建材集团之所以最引人注目，效果最为明显，与其在职业经理人制度建设方面的改革实践是分不开的。他们的主要做法如下。

一、三个来源，以转化为主

职业经理人有三个来源：一是从市场中招聘，如2009年公开招聘南方水泥CEO，2011年全球招聘总会计师；二是由被重组方的经理人转化而来，并且保留一定股权，如北方水泥CEO；三是自我培养，稳步推进现有经理人向职业经理人转变。三个来源中，由重组方的经理人转化为主，既留住了人才，又兼顾了重组方的利益。

二、实施“半市场化”薪酬

强调以经营效益为关键要素，明确职业经理人的岗位职责、绩效责任和任期目标，突出对经营效益等KPI的考核。确定了比市场水平低，比国企现状略高、具有一定竞争力的“半市场化”薪酬激励标准。

三、不胜任的一退到底

退出机制，难在人情。中国建材集团职业经理人档案管理关系转到社会人才机构，解聘后直接退回市场，也可以参加其他招聘，重新上岗，而不是制订什么过渡方案。

中国建材集团的职业经理人制度实施方案契合混改需求，做法客观实际，该突破的突破，该退让的退让，值得后来者深思和借鉴。

总结中国建材集团的做法，主要有以下三点体会。

首先，经理人来源以转化为主，才能够最大限度地调动混改企业的积极性。有一些国有企业搞混改的时候，一门心思算小账，不算大账。不是设身处地地利用好各方资源、使用好各方人才，以调动各方积极性，而是想方设法地下套子、掺沙子，弄得大家离心离德，不欢而散。中国建材集团的做法，可以说是政治视角的决策，非常高明。

其次，实施“半市场化”的薪酬，较好地解决了新人与老人，职业经理人与非职业经理人之间的矛盾。薪酬如果一步到位，可能会带来思想上的巨大波动，形成两类群体之间的巨大隔阂，进而转化为改革的阻力。而且职业经理人的任用与考核机制也不可能一步到位，过渡方案有利于化解阶段矛盾，给大家一个转弯的时间周期。

最后，一退到底是需要魄力的，主要的难点不是方法和政策问题，而是人情问题。改革的最大阻力是人心、人情。中国建材集团的这一做法，不是所有企业都能够做到的。笔者建议，在退出机制方面，大家应量力而行。

中国建材集团结合混改推行职业经理人制度，很好地解决了两种体制下的协调运行问题，有进有退。既考虑了两种体制的协调与共生，也充分发挥了职业经理人制度的积极作用，值得借鉴。

本章小结：职业经理人制度运行的核心问题是“双轨运行”向“并轨运行”转变，未来一定是“单轨运行”。“双轨运行”向“并轨运行”转变的操作要点：一是在人选来源方面，坚持内外并举；二是绩效指标设定应协调一致；三是在薪酬待遇目标值上允许差异化，据实把握市场化接轨程度；四是契约化管理应一步到位。

第八章　总量控制与结构优化如何兼顾?
——企业人力资源规划的方法论

《用工和收入分配指导意见》提出，中央企业应当根据企业战略规划和生产经营需要，合理控制用工总量，优化人员结构，构建员工正常流动机制。《用工和收入分配指导意见》对于地方国有企业同样具有指导意义。

要想实现能进能出，岗位设置、编制及任职资格是基础条件，而企业员工总量和人员结构的动态规划则是重要依据，该项工作实质上属于企业人力资源规划范畴。

国有企业在此方面反映出来的问题包括以下几个。

问题1：业务发展很快，但人才缺口很大，一时找不到合适的人选，让人着急；

问题2：企业经营业绩出现下滑，人员冗余，人工成本居高不下，裁人又下不了手；

问题3：企业一些部门忙得不得了，另一些部门闲得不得了，忙闲不均，或者一线岗位的人少，中、后台的人多，具体干活的人少，指手画脚的人多。

没有远虑，必有近忧。企业之所以会出现这些“火烧眉毛”的情况，就是因为在过去的某一时段，没有做好人力资源的规划和执行。

第一节　人力资源规划制订

人力资源规划的主要内涵是对人力资源总量、人才结构进行系统的谋划，广义的人力资源规划也包括人才激励与约束机制的规划。

一、总量规划

企业人力资源总量规划的基本逻辑是什么？首先确定业务人员规模，然后按比例确定职能人员规模和管理人员规模，进而根据离职及退休人员预测，制订人才引进计划和继任计划。

那么业务人员的增量如何来确定？其依据是什么？主要是两条线，第一条线是价值量，第二条线是任务量。

价值量指标是一个普遍适用的指标，因为业务人员最终目的就是要为企业创造价值。具体来讲，价值指标可以是人均经营毛利、人均利润、人均营收等。

工作量指标是指任务多少，而不是价值数量。具体来讲，工作量指标可以是合同数、项目数、产品数等，制造企业也可以是劳动定额，如工时数量。

一般采用价值量指标测算业务人员的需求总量，也有企业采取工作量指标来进行测算或者二者同时测算、互相印证补充。

二、结构优化

人才结构的基本逻辑包括业务人员与职能人员比例、管理人员与非管理人员比例，以及年龄结构、学历结构、专业结构等。

业务人员与职能人员比例、管理人员与非管理人员比例是结构设计和优化的重点。这里的职能人员是指广义的职能人员，是相对于业务人员而言的，业务人员是由企业的主营业务特点决定的。

例如，汽车销售公司，销售人员就是业务人员；软件开发公司，技术研发人员就是业务人员；冰箱制造公司，生产线工人就是业务人员；等等。

业务人员以外的人员，在此称为职能人员，除了战略、财务、人力、行政等狭义的职能管理人员外，其他人员根据企业业务特点而有所不同。上述两个比例的具体数值很难提供，需要结合行业对标和企业自身的历史数据，以及当前运行情况而定。

在人员结构优化中，管理人员占比是一个重要的指标，如何确定管理人员占比，除了前面讲到的行业对标、岗位分析以外，还有就是根据管理幅度测算，来推算管理人员数量。

下面，介绍一个管理幅度确定的方法。

管理层次与管理幅度是辩证统一的关系，这是组织设计的原则，在控制幅度可及的范围内，尽量压缩管理层次。同时，这也是管理人员数量确定的重要依据，管理幅度越大，管理层次越少，管理人员越少，反之亦然，当然也不是越少越好。这个尺度如何把握？介绍一个量化的方法，供大家参考。影响管理幅度的因素与监督指数的对照如表 8-1 所示。

表8-1　　影响管理幅度的因素与监督的指数对照

影响管理幅度的因素	评估尺度	监督指数
部属职位功能是否一致（工作性质、形态的类似程度）	①完全一致	1
	②相当一致	2
	③部分一致	3
	④一致偏低	4
	⑤基本无一致性	5
部属工作场所的紧密性	①均在同处工作	1
	②大半时间在同处工作	2
	③部分时间在同处工作	3
	④工作处所较为分散	4
	⑤工作处所相距甚远	5
部属工作内容的复杂性（是否多样化或具有标准作业模式）	①单纯且重复	2
	②例行工作偏多	4
	③例行工作与非例行工作相当	6
	④工作富有变化且基本无固定模式	8
	⑤极富变化且复杂	10
部属所需指导与控制之程度（部属可自行处理及决定事务之程度）	①不需要控制	3
	②需少数控制	6
	③需中度控制	9
	④需经常指导与控制	12
	⑤需固定严密控制	15
部属与他人工作协调密度（承办业务是否需要经常与他人沟通，取得共识或了解后才可顺利执行）	①极少需协调	2
	②协调频率较低	4
	③协调频率中等	6
	④需经常协调	8
	⑤紧密协调	10

续表

影响管理幅度的因素	评估尺度	监督指数
部属计划范围之复杂度（承办业务需计划之广度及深度）	①极少需计划之事务	2
	②计划之范围窄且不深	4
	③计划之范围及深度属中等	6
	④需作较广泛且深入之计划	8
	⑤需规划之事务广泛且深入	10

影响管理幅度的因素主要包括以下六个。

（1）部属职位功能是否一致。也就是其工作性质、工作形态的类似程度，部属职位功能越一致，需要监督的程度越低；部属职位功能差异化越大，需要监督的程度越高，管理的工作量和难度就越大。

（2）部属工作场所的紧密性。大家工作越集中，管理的难度越小。反之亦然。

（3）部属工作内容的复杂性。也就是工作内容是多样化，还是具有标准作业模式。工作越复杂多样，管理难度越大；工作越标准化，管理难度越小。

（4）部属所需指导与控制之程度。也就是部属可自行处理及决定事务之程度，越需要指导，对于上级的要求就越高，上级投入的精力就会越多。反之亦然。

（5）部属与他人工作协调密度。这是指承办业务是否需要经常与他人沟通并取得共识后才可顺利执行。下属与他人工作协调越多，上级也就需要投入更多的精力加以关注或协助。反之亦然。

（6）部属计划范围之复杂度。即承办业务需计划之广度及深度，承办工作越需要规划和计划，对上级要求就越高。反之亦然。

通过六个维度的量化计分，得出总的监督指数。根据监督指数，可以查出该岗位的合适的管理幅度，如表 8-2 所示。

表 8-2　　监督指数与管理幅度对照

监督指数	37-39	34-36	31-33	28-30	25-27	22-24	19-21
建议管理幅度	4-5	4-6	5-7	6-8	7-9	8-10	9-11

第二节　人力资源规划落地

人力资源规划制订完了，如何落地？有哪些难点？人力资源规划最大的难点是结构调整。结构调整会面临矛盾，比如转岗、解聘等，都是棘手的事。这些问题在国企里面更棘手，如何引导和激励各级管理者主动优化员工队伍结构呢？

介绍两个方法。

一、目标定员法

该方法的主要操作要点：根据人力资源规划，对各级组织的总体编制进行测算并下达，作为其目标定员。在该组织实际员工总量超过目标定员时，不论退休还是离职，一概不予补充新人，直至达到目标定员。

二、工资奖励法

该方法的主要操作要点是：各级组织在现有员工总量的基础上，如果进行了减员，减人不减工资或少减工资，相应工资给予其他员工。

目标定员法与工资奖励法也可以并行实施，效果更好。以下为某军工制造型企业的实施案例。

减员增薪——某军工制造型企业减员激励机制案例

该企业为某军工央企所属的一家三级制造型企业。公司员工2500人，存在的主要问题是企业管理成本高、管理效率低。主要采取了目标定员和工资奖励的办法，很好地解决了上述问题。

存在问题描述：人员比例结构不合理，管理和辅助人员多，技术和生产人员短缺；管理效率低，管理岗位人员“没事找事”，给一线部门增加负担。

主要做法：

1. 制订目标定员。结合企业历史数据及对标分析，制订各管理部门的编制和生产部门管理与辅助岗位的目标编制。考虑管理规模效应，车间规模越小，管理和辅助人员的占比越大。反之亦然。

2. 实施工资奖励：对于达到目标定员的部门，按空编数，第一年额外发放50%的月份效益工资和50%的年终奖励，第二年额外发放30%的月份效益工资和30%的年终奖励。

实施效果：生产车间管辅人员比例由41%降到35%，大大缓解了一线用人需求问题；管理部门人员总数由450人压缩到360人，管理效率大幅提升，技术人员占比大幅提升；企业面貌发生了很大变化，由于编制为动态管理，在岗管理及辅助人员工作动力显著增加。

案例分析：该企业通过目标定员和工资奖励相结合的方法，较好地激励了各级管理人员的积极性，有效化解了改革矛盾，实现了企业、员工的双赢。

本章小结：能进能出首先要做好人力资源规划，包括总量规划和结构规划。总量规划可以按价值量或任务量，结构规划的核心是各种员工群体的合理比例。人力资源规划落地的策略可以采取目标定员法、工资奖励法等。

第九章　秩序与活力如何实现辩证统一？
——人力资源轨道设计的方法论

秩序就是该高的高，该低的低，以及彼此之间合理的差距，即要有梯度。活力源于流动，流水不腐，户枢不蠹。为什么会流动？人往高处走，水往低处流，也是源于梯度。

所以说，秩序和活力虽然目的不同，但本质上统一于梯度。

企业需要秩序，也需要活力。之所以进行人力资源轨道建设，就是要形成管理梯度，目的就是秩序和活力，具体包含两个方面内容：一个是职位体系设计；另一个是薪酬等级设计。

第一节　职位体系设计

职位体系既是职位晋升、降级的基础，也是建立薪酬体系设计的基础。将组织中的职位和任职者予以分类，针对不同类别的特点和需求，采用不同的人力资源管理策略，提升管理的有效性。职位体系设计过程包括职位序列划分、职位层级划分和任职资格条件三项内容。

一、职位序列划分

职位序列是具有相似工作性质和任职要求的职位的通称。

1. 序列分类

不同组织根据业务特点以及管理需要进行职位序列划分，企业业务特点不同，职位序列也不同，常见的职位序列，总体上一般分为管理序列和专业序列，更细化的分法，比如中高层管理序列、营销序列、技术序列、职能管理序列、操作工人序列等。

2. 序列确定原则划分

通常，在满足人力资源管理需要的情况下，序列越少越好。职位序列划分要从职位的性质出发，也要从应用出发。职位序列主要是用于晋升和定薪，只要这两方面能够相容的职位就可以划为一个序列。

二、职位层级划分

对于管理序列而言，序列定多少层级，意味着有多少层汇报关系，这直接影响组织的效率。组织层级一般根据企业组织规模以及管理者管理幅度而定。组织规模越大，组织层级会越多；管理者管理幅度越大，组织层级就可以减少。划分岗位层级要考虑现有人员状况，同时预留未来发展空间。

对于专业序列而言，序列内部的职位层级之间不一定构成上下级管理关系。但一般来说，职位层级从低到高，数量比例上，也呈现为金字塔结构。在这一点上，与管理序列类似。

典型的管理序列职位层级设计：董事长、总经理、副总经理、总监、部门总经理、主管、专员等，很多企业还加上副总监、部门副总经理、部门副部长等中间层级。典型的技术序列职位层级设计：首席设计师、资深设计师、高级设计师、设计师、助理设计师等。

三、任职资格条件

任职资格条件是对职位层级能力素质要求的具体描述，可以作为招聘、晋升、薪酬管理、培训等的依据。

任职资格条件一般包括学历/经历要求、绩效要求、专业技能要求、业绩成果要求等。不同行业、不同企业要求也不尽相同。

某龙头房地产公司的任职资格描述如表 9-1 所示。

表 9-1 某龙头房地产公司任职资格描述

专业序列标准职务称谓	职责描述	学历/经历要求	绩效要求	专业技能要求	业绩成果要求
资深专业经理	①有效解决本专业领域遇到的技术性、事务性难题 ②就本专业为部门决策提供关键依据 ③开展本专业专题分析和评估完善工作	①在本公司拥有专业经验五年以上，或有同行（公司）相应专业经验六年以上；对不达本科学历者，相应专业经验需超过十年以上或具有相关专业中级（含）以上技术职称 ②集团二星级讲师以上	①上年度绩效成绩为良好（含）以上 ②负责工作领域未出现重大失误	①精通本专业两个以上细分专业领域的知识和主要实践 ②熟练掌握本专业其他领域的运作程序与方法	①至少总结本专业领域的3个最佳实践案例，并在平台共享（以通过部门负责人、知识管理专员发布审核为准） ②担任新人入职引导人或教练 ③开发一门专业课程，并在本公司或区域内讲授3次（如系本次新开发课程，以通过课程备课会认证为准，并应在获得相应专业资格认定后一年内完成授课任务）

续表

专业序列标准职务称谓	职责描述	学历/经历要求	绩效要求	专业技能要求	业绩成果要求
高级专业经理	①有效解决本专业领域遇到的常见技术性、事务性难题 ②独立开展本专业项目性专题工作 ③完善本专业相关业务流程或规范、制度、指引	①在本公司拥有专业经验三年以上，或有同行（公司）相应专业经验四年以上；对不达本科学历者，相应专业经验需超过八年以上或具有相关专业中级（含）以上技术职称 ②集团一星级以上讲师	①上年度各季度的绩效成绩均为合格（含）以上且至少有2次为良好（含）以上 ②项目性工作未出现重大失误	①精通本专业某一领域的知识和主要实践 ②基本掌握本专业其他领域的运作程序与方法 ③熟练掌握公司在本专业的方法论和制度流程	①至少总结本专业领域的2个最佳实践案例，并在平台共享（以通过部门负责人、知识管理专员发布审核为准） ②在本公司或领域内讲授课程2次（如需首次申请讲师资格，以通过课程备课会为准，并应在获得相应专业资格认定后一年内完成授课任务）
专业经理	①有效解决本专业领域内遇到的日常操作性问题 ②根据实际情况优化本专业的运作程序和方法 ③对本专业相关流程和制度提出修改或完善建议	①在本公司专业经验二年以上，或有同行（公司）相应专业经验三年以上 ②对不达本科学历者，相应专业经验需超过三年以上或具有相关专业初级（含）以上技术职称	①上年季度、年度考核成绩为合格（含）以上 ②日常工作未出现明显失误	①熟练掌握本专业某一领域的知识和方法 ②熟练掌握公司在本专业领域的方法论和制度流程	至少总结本专业领域的1个最佳实践案例，并在平台共享（以通过部门负责人、知识管理专员发布审核为准）

企业要设计多少个序列？每个序列设计多少职级？需要结合企业的业务，不好一概而论。

第二节 薪酬等级设计

薪酬管理模块是人力资源管理模块专业性最强的，没有之一。而工资等级设计，即薪级表的设计又是薪酬管理中最复杂的，所以多用些笔墨阐述。当然，这是个人观点，欢迎批评指正。

薪酬等级就是员工之间的相对水平，不同职位群、不同职位、不同员工的薪酬都应该保持合理差距。如果不合理，就会造成不公平，就会影响积极性。当然，合理是相对的，也是动态的。

不合理的薪级设计主要表现有哪些？同一岗位的员工，资历条件也差不多，但工资差距很大，就是不合理。同一职级工资跨度很大，最高的比最低的高好几倍，专业说法叫“带宽过大”，显然也不合理。完全不同的岗位，工作内容、工作责任等完全不同，反而工资相差无几，没有区分度，也是问题。相近、相邻的职级，差距没有规律，比如，第二级比第一级高 20%，第三级比第二级高 50%，缺乏逻辑，专业说法叫“级差不合理”，等等。

合理的薪酬设计，首先要进行薪酬调查和岗位评估。薪酬调查解决的是确定市场定位，锚定与外部市场的相对秩序问题，岗位评估解决的是内部秩序问题，也就是公平性。在此基础上，进行薪级设计。

一、薪酬调查

薪酬调查，就是通过一系列标准、规范和专业的方法，对市场上各职位进行分类、汇总和统计分析，形成能够客观反映市场薪酬现状的调查报告，为企业提供薪酬设计方面的决策依据及参考。

薪酬调查是指企业为了以合理的人力成本吸引所需求的人才而进行的了解竞争对手或同类企业的相同或相似岗位的薪酬水平的行动，薪酬调查的方式有查询权威机构发布的薪酬调查报告、委托专业机构进行薪酬调查等。

二、岗位评估

岗位评估是在岗位描述、岗位分析的基础上，对岗位本身所具有的特性（如岗位对企业的影响、职责范围、任职条件、环境条件等）进行评价，以确定岗位相对价值的过程，是薪酬等级设计的基础。

通过岗位评估，重新确定岗位之间的相对价值，如图 9-1 所示。

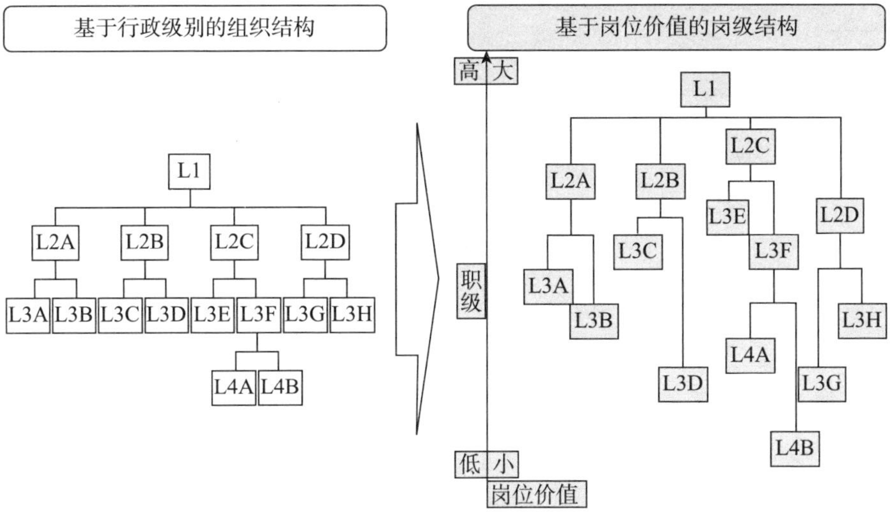

图 9-1　岗位评估前后岗位价值变化示意

1. 岗位评估原则

一是“对岗不对人”。即岗位评估的对象是企业中客观存在的岗位，而不是任职者。

二是一致性原则。一般来说在一个企业内部，所有岗位必须通过同一套评价因素进行评价。

三是针对性原则。评分因素应尽可能结合企业实际，这需要在实际打分之前，对评分小组成员进行培训。项目组与专家组根据企业的实际情况，对岗位评价因素定义与分级表的各类因素的权重和定义进行协商讨论，尽可能切合实际。

四是独立性原则。参加对岗位进行评估的专家组的成员必须独立地对各个岗位进行评估，评估小组的成员之间不应该互相串联，协商打分。

五是保密原则。由于薪酬设计的极度敏感性，岗位评估的工作程序及评估结果在一定的时间内应该是处于保密状态。

2. 岗位评估方法

岗位评估主要方法有职位排序法、职位分类法、因素比较法和因素评分法。其中，职位排序法和职位分类法为定性评价，因素比较法和因素评分法为定量评价。四种方法的异同点如表 9-2 所示。

表 9-2　　岗位评估四种方法异同分析

方法	是否量化	评估对象	比较的方法	优点	缺点
职位排序法	是非量化的方法	对职位整体进行评估	是在职位与职位之间进行比较	简单、容易操作、省时省力	主观性大、无法准确确定相对价值、适用于小型企业
职位分类法	是非量化的方法	对职位整体进行评估	是将职位与特定的级别标准进行比较	灵活性高、可以用于大型组织	对职位等级的划分和界定存在一定的难度、难以确定相对价值
因素比较法	是量化的方法	对职位要素进行评估	是在职位与职位之间进行比较	可以较准确地确定相对价值	因素的选择较困难、市场薪酬随时在变化
因素评分法	是量化的方法	对职位要素进行评估	是将职位与特定的级别标准进行比较	可以较准确地确定相对价值，适用于多类型岗位	工作量大，费时费力

其中，大型企业应用因素评分法较多。因素评分法有海氏三要素评估法、美世国际职位评估法等多种评估方法，每种评估方法都有其特定的评估指标体系及适用的企业特点和测评对象。

三、薪级表设计

简单地讲，薪级表设计就是定六个参数，即薪等、级差、带宽、重叠度、薪档数、薪档差。

1. 薪等与级差

薪等与级差是紧密联系的。企业的最高工资、最低工资定了，级差定了，薪等也就出来了。如果级差大一些，薪等自然就少一些，反之亦然。级差（等比，不是等差）多少合适？一般来讲，20%～30%。薪等多少合适？这个取决于企业工资的高限、低限和级差。一般来讲，员工规模在1000人左右的企业，为13～15个薪等。

2. 带宽和重叠度

带宽就是同一职级的最高数减去最低数，与最低数的比值。带宽大一些的工资方案，就是所谓的“宽带工资”。带宽多大比较合适？一般来讲，0.4~0.6可以做参考，有的“宽带工资”设计一倍多的带宽也没问题，取决于该类岗位本身以外因素（主要指能力）对岗位价值的影响大小。重叠度是指相邻两个职级的重复薪档占总薪档的比例，也很难确定个准数，一般在0.3~0.6。重叠度的本质是为了在不增薪的情况下给个好 Title，如果没有这个需求或相邻两职级的 Title 是一样的，就可以没有重叠度。在其他条件不变的情况下，重叠度越大，带宽越大；重叠度越小，带宽越小。

3. 薪档数和薪档差

薪档数必须是单数，采用 9~13 档的情形较多，实质上取决于级差、重叠度和薪档差。薪档差（等比，而不是等差）多少合适？一般为 3%~5%，薪档差的本质是一次调薪的最小幅度，如太高，无法进行细化调薪；如太低，如 2% 或 1%，调薪了没有感觉，等于没调。一般来讲，薪档数越多，薪档差就越小。

本章小结：秩序和活力是企业管理的内在需求。秩序主要来自人力资源轨道设计：一是职位体系设计；二是薪酬等级设计。人力资源轨道设计是企业人力资源管理的重要基础工作。同时，秩序又是活力的基础，只有建立了轨道，形成了梯度，流动才成为可能，能上能下、能增能减的动力机制才得以建立，员工和组织的活力就激发出来了。

第十章　成本管控为主还是市场竞争力为主？
——薪酬水平管理的方法论

薪酬水平管理的本质是决定企业工资水平与市场水平的相对关系。国企工资水平管理的核心问题，是通过市场化、专业化手段解决企业整体工资和个体工资能上不能下的问题。

国企薪酬水平管理有两个核心痛点。

第一个痛点是工资总额问题。企业想涨工资，但没有工资总额，怎么办？如何实施对下属企业的工资总额管理，既能有效传递上级要求，又能够激发下属企业的积极性。

第二个痛点是面临成本管控和市场竞争力的两难选择。如不涨工资，薪酬没有市场竞争力，人才进不来、留不住；如涨工资，企业成本上升，薪酬有竞争力了，企业产品竞争力没了。这一矛盾如何解决？

第一节　工资总额管理

有这样一些错误认识，认为国有企业薪酬分配的主要矛盾是工资总额管理过死，希望出资人不要管，上级不要管，好像工资总额放开就可以解决企业内部的其他矛盾。实际情况是，很多企业薪酬激励性不高，不是工资总额不够造成的，而是内部分配市场化不足造成的。“大锅饭”的现象依然存在，该低的不低，该高的能高吗？如果所有人都高了，企业成本远远高于市场平均成本，那么企业还能活吗？所以说，工资总额管理的问题，本质上是企业的市场竞争力问题。即使出资人、上级不管（这一天早晚要到来），企业自身也必须管理好工资总额。

工资总额管理最新政策有两个。一是 2018 年 5 月下发的《国务院关于改革国有企业工资决定机制的意见》（以下简称《工资决定意见》）；二是国务院国资委于 2018 年 12 月下发的《中央企业工资总额管理办法》。

《工资决定意见》对于国企工资总额管理的总体要求，可概括为“一适应、两挂钩”，即建立与劳动力市场基本适应、与企业经济效益和劳动生产率挂钩的工资决定和正常增长机制。《工资决定意见》对于国企工资总额确定的具体机制，可以概括为“一联动、三调整”，即与经济效益联动，通过劳动生产率、人工成本投入产出率和员工平均工资水平市场对标进行调整。

一、“一联动、三调整”

1. 工资总额确定总体逻辑

根据《工资决定意见》，国企工资总额确定机制的总体逻辑——“一联动、三调整”如图 10-1 所示。

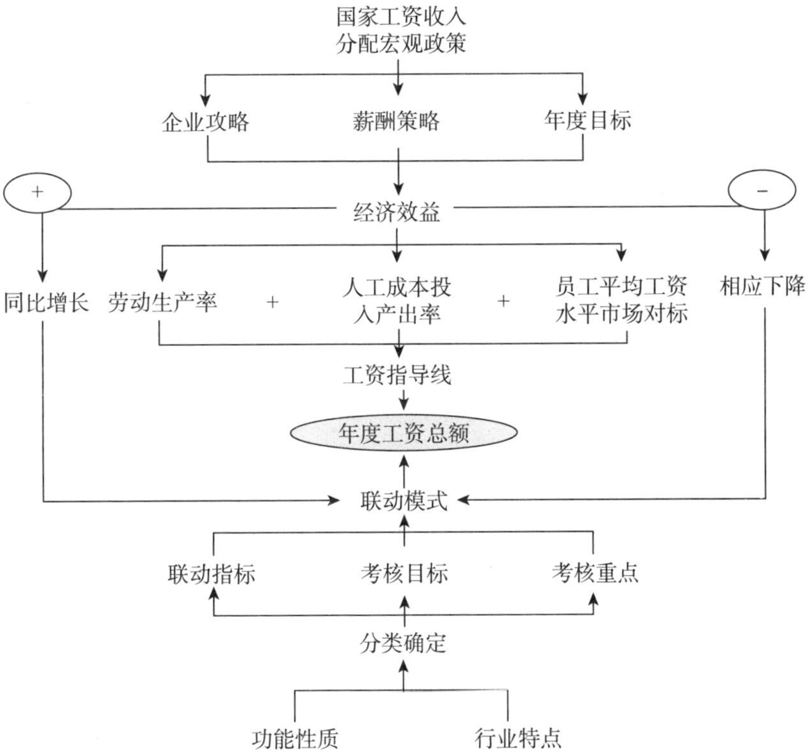

图 10-1　国企工资总额确定机制的总体逻辑

2. 工资决定具体机制

工资决定具体机制分两个层级。第一层级分为两种情况，即经济效益增长与经济效益下降。第二层级，结合劳动生产率、人工成本投入产出率和员工平均工资水平市场对标三个指标变化进行调整，如表10-1所示。

表10-1　　　　工资决定具体机制

<table>
<tr><th colspan="2">第一层级的工资效益联动机制</th><th colspan="4">第二层级的工资效益联动机制</th></tr>
<tr><th>条件</th><th>调整范围</th><th colspan="2">条件</th><th>调整范围</th><th>调整幅度</th></tr>
<tr><td rowspan="3">企业经济效益增长</td><td rowspan="3">当年工资总额增长幅度≤经济效益增长幅度</td><td rowspan="2">①当年劳动生产率未提高
②上年人工成本投入产出率低于行业平均水平
③上年员工平均工资明显高于全国城镇单位就业人员平均工资</td><td>三个条件都不存在</td><td>当年工资总额增长幅度<经济效益增长幅度</td><td rowspan="5">根据综合联动指标和联动机制具体确定</td></tr>
<tr><td>存在之一的</td><td>当年工资总额增长幅度<经济效益增长幅度</td></tr>
<tr><td>①对主业不处于充分竞争行业或者领域内的企业
②上年度员工平均工资达到政府职能部门规定的调控水平及以上</td><td>两个条件均满足</td><td>当年工资总额增长幅度<同期经济效益增长幅度，且员工平均工资增长幅度≤政府职能部门规定的工资增长调控目标</td></tr>
<tr><td rowspan="2">企业经济效益下降</td><td rowspan="2">除受政策调整等非经营性因素影响外，当年工资总额原则上相应下降</td><td rowspan="2">①当年劳动生产率未下降
②上年人工成本投入产出率明显优于行业平均水平
③上年员工平均工资明显低于全国城镇单位就业人员平均工资</td><td>三个条件都不存在</td><td>当年工资总额下降幅度≤经济效益下降幅度</td></tr>
<tr><td>存在之一的</td><td>当年工资总额下降幅度<经济效益下降幅度</td></tr>
</table>

以上两种情况实际上都只是明确了工资总额调整的范围及适用条件，具

体调整幅度仍有待进一步明确，那么应该如何确定具体调整幅度？这就要通过构建严格规范的多联动指标考核体系，并根据工资总额与多联动指标考核所得到的综合经济效益联动来确定，这是工资总额调整和经济效益变动之间的第二个层级的联动机制。

由此可见，确定企业工资总额增长上下线的经济效益是单项经济效益，而确定工资总额增长具体幅度的则是根据多指标考核所体现出来的综合效益指标。总之，经济效益是确定工资最大增幅的唯一依据。

3. 特殊情形下的工资总额调整

企业按照工资效益联动机制确定工资总额，原则上增人不增工资总额、减人不减工资总额，但发生兼并重组、新设企业或机构等情况的，可以合理增加或者减少工资总额。

二、两个重要政策变化

《工资决定意见》对工资总额管理方式进行了规定，有如下两个重要变化。

变化一：充分竞争企业原则上实行备案制。

对主业处于充分竞争行业和领域的商业类国有企业，工资总额预算原则上实行备案制。其中，未建立规范董事会、法人治理结构不完善、内控机制不健全的企业，经履行出资人职责的机构认定，其工资总额预算应实行核准制。

变化二：其他类型企业可以有条件实行备案制。

对其他国有企业，工资总额预算原则上实行核准制。其中，已建立规范董事会、法人治理结构完善、内控机制健全的企业，经履行出资人职责的机构同意，其工资总额预算可实行备案制。

根据主业形态分别采取备案制和核准制，这是政策的重大突破。对主业处于充分竞争行业和领域的商业类国有企业，原则上实行工资总额预算备案制管理，不再需要上报核准。其他类的商业类国有企业，管理规范（法人治理结构健全、“三项制度”改革到位、收入分配管理规范）也可以实行备案制。

《中央企业工资总额管理办法》规定，开展混合所有制改革等试点的中央企业，按照国家收入分配政策要求，根据改革推进情况，经国资委同意，可以探索实行更加灵活高效的工资总额管理方式。

三、极端情形的处置

根据笔者经验，以下问题需要在实践中予以关注。

问题描述：工资总额增长与经济效益增幅保持同步，但当上年度经济效益基数过低或过高时，工资总额增长幅度会大幅波动，造成工资总额增长计算额度失控。

解决建议：简单地讲，总量转增量，等比转增量差。具体地讲，将工资总额增长与经济效益增长幅度挂钩，转变为增量工资总额与增量经济效益挂钩。可以考虑以效益增量为基数，按比例提取工资总额增量，以降低灵敏度，而不是通过调整系数修正，给人感觉主观痕迹太重。

第二节　人工成本管控与市场竞争力

人工成本管控与市场竞争力是互相矛盾又辩证统一的关系。如何解决这一矛盾？有三个维度：一是制订合适的薪酬策略；二是提高薪酬激励性；三是建立薪酬与企业效益联动机制。薪酬策略直接影响人工成本和市场竞争力，薪酬激励性间接影响人工成本和市场竞争力，薪酬与企业效益的联动机制可以让企业实现人工成本与企业效益的动态适应。

一、影响薪酬策略的因素

1. 外部因素

劳动力价格水平。这里指的是市场或区域市场劳动力的总体价格水平。比如不同国家、不同地区的劳动力价格水平，是企业选址，特别是劳动密集型企业选址重点考虑的因素。改革开放初期直至20世纪末期，很多国际企业在中国设立工厂或公司，人工成本低是一个重要因素。目前，很多企业又把工厂或公司设在了东南亚地区，比如越南等国家，也主要是这个因素。

行业薪酬水平。不同的行业的薪酬水平是有差别的，主要是因为行业对于人才能力素质的要求是不同的。这些差别也是企业制订薪酬策略时应予以考虑的。

地区生活指数。反映地区的消费水平，生活指数越高，生活成本越高，对于工资的要求就越高。反之亦然。

经济形势与劳动力供求关系。经济景气度越高，劳动力越紧缺，劳动力价格越高；经济下滑或经济危机时期，失业率攀升，劳动力价格就会大幅下降。

与薪酬相关的政策法规等因素。比如地区最低工资，这是企业工资的底线，不容突破。不同地区的最低工资也不一样，发达地区的高，偏远地区的低，在当地的企业都要遵守。

2. 企业因素

企业经营状况和支付能力。企业想涨工资，吸引人才，但要有对应的支付能力，企业经营状况不好，现金流紧张，就只能采取防守型的薪酬策略。

企业发展阶段。企业不同的发展阶段，应采取不同的薪酬策略。一般来讲，初创期至成长期，重在刺激发展、吸引人才，应采取高基薪、中高等绩效工资、中等福利的薪酬组合，以及股权激励等非付现薪酬；正常发展及成熟期，重在保持利润和保护市场，注重奖励管理技巧，应采取平均基薪，较高绩效工资、中等福利的薪酬组合；无发展和衰退期，实行收割策略，应采取低基薪与成本控制相适应的绩效工资，以及标准的福利。

企业文化与人才价值观等。比如企业重在塑造市场品牌、打造人才高地，可能就需要制订领先型的薪酬策略。

二、制订合适的薪酬策略

核心解决方案是根据企业特点，制订合适的薪酬策略，即市场分位值，来确定整体薪酬水平。这个策略既要兼顾成本，又要保持合适的市场竞争力。薪酬策略包括整体薪酬策略和个体薪酬策略。

1. 整体薪酬策略

首先要通过薪酬水平对比，来判断薪酬策略是否合适。如何判断薪酬水平？主要通过薪酬调查，也可以通过人才的流动方向来辅助判断。企业员工离职率偏高或偏低，很可能就是整体薪酬水平出了问题。在企业内部，一部分岗位人满为患，大家都争先恐后，而另一部分岗位没人愿意干，很可能是岗位薪酬水平的不平衡问题。

薪酬水平也决定企业人工成本。薪酬水平过高、过低都是有问题的。过高，人才趋之若骛，招人是容易了，但是优化岗位、减人又成了问题。同时，企业将付出比别的企业更高的成本，企业的竞争力就会打折扣。超高的薪酬水平定位需要超额利润支撑，没有哪一家企业能够长期维持高于市场平均值的超额利润，这是市场规律决定的。

当然，过低也不行。如果企业规模一般，知名度不高，工资不高，人才怎么会愿意来？即使来了也待不长、留不住。

对标市场薪酬水平，确定适合企业的薪酬策略。什么是适合？与企业的规模、发展阶段、声望等相匹配。一般来讲，规模较小、处于发展初期的企业，薪酬水平要高一些，专业的说法是市场分位值高一些，比如说70~90分位；规模较大、发展成熟、社会声望高的企业，薪酬水平可以相对低一些，因为同时为员工提供了稳定的职业和社会声望，在这样的企业工作，员工会感觉有面子，工资低一些员工也愿意。

但也不是绝对的，有的企业规模很大，就是想要吸引“高人”，也会给高薪。当然，一般这种企业是以高淘汰率做后手的，人才想拿高薪就要冒高风险。

2. 个体薪酬策略

针对企业内部的不同群体，也可以制订差异化的薪酬策略。一般来讲，对于稀缺人才、核心人才，采取有竞争力的薪酬策略；对于辅助性人才、通用性人才，采取市场平均水平或低于市场水平的薪酬策略。如果两类员工薪酬策略不区分，热衷于年年普调工资，给再多的工资总额也不够用，也解决不了核心骨干激励问题。

三、薪酬策略落地

薪酬策略落地有以下几种情形。

第一种情形：企业整体薪酬变革时，要落实薪酬策略要求，将企业自身的薪酬水平与市场水平对比，判断是否符合企业的薪酬策略，如果不符合，就要进行整体水平的适应性调整。

第二种情形：企业年度薪酬调整时，要结合当期企业水平与市场水平进行对比，结合整体薪酬策略，确定企业调薪幅度。

第三种情形：员工个人薪酬调整时，要结合个人的薪酬水平与市场水平进行对比，结合考核等因素，确定调薪幅度。

四、提高薪酬激励性

薪酬激励性是如何影响人工成本和市场竞争力的？如果薪酬激励性不足，即使采取市场领先型薪酬策略，但内部仍是“大锅饭”分配，员工的积极性还是激发不出来，等于花了大价钱，买了个残次品，人工成本投入产出是低效的，市场竞争力也是无法保证的。

那么，薪酬激励性不足体现在哪里？主要体现在薪酬保障性与激励性之间的矛盾问题。具体问题主要反映在两个方面：一是薪酬结构问题；二是薪酬与考核的联动机制。

1. 薪酬结构问题

薪酬结构方面的具体问题表现为两点：一是薪酬中的工资与福利占比；二是工资中的固定工资与浮动工资比例（固浮比）。

薪酬中工资占比越高、福利占比越低，工资激励性越高，反之亦然。为什么？因为工资是差异化的，福利总体上是平均分配的，平均分配的比例越高，薪酬就越平均，激励性肯定就越低。福利的主要作用在于保障功能，指向凝聚力和向心力；工资的主要作用是激励功能，指向是积极性、主动性和创造性的。

固定工资与浮动工资的比例，就是固浮比。固浮比越高，工资激励性越低，反之亦然。固浮比直接影响工资的激励性。这个比例多大比较合理，难以定论。一般来讲，基层人员 8：2，中层人员 7：3，高层人员 6：4，可以参考。同一层级不同类别岗位人员会有所区别，不同的企业文化也可以采取不同的固浮比策略，但大体上不会差太多。

2. 薪酬与考核的联动机制

有些企业薪酬与考核联动很弱，绩效薪酬发放与考核结果几乎没有勾稽关系。考核好与不好，薪酬照发，如此一来谁还重视考核、重视工作绩效？薪酬的激励性就没有了。

薪酬与考核联动的方法一般包括以下几种情形：一是月度（季度、年度）绩效工资的发放，直接与月度（季度、年度）绩效考核结果联动；二是工资调整（增薪或减薪）与考核结果联动；三是职级调整（晋升或降级）与考核结果联动，间接影响薪酬水平。

薪酬与考核联动的关键是联动程度。有的企业固浮比合理，但激励性还是不好，为什么？因为薪酬与考核联动太弱。比如说，考核结果分为四类，即优秀、称职、基本称职、不称职，与绩效薪酬的联动系数分别为 1.2、1.0、0.8、0，这属于常态的联动方式。同样的考核分类，有的企业联动系数为 1.05、1.0、0.95、0.8，联动就比较弱了，激励性就比较低了。在这种情形下，即使浮动工资占比高，但实际的浮动幅度很低，就丧失了激励性。

薪酬激励性问题解决了，工资能增不能减的问题也就基本上解决了。

五、建立薪酬与企业效益联动机制

企业薪酬与企业效益联动，就可以在企业效益波动的情况，实现对工资总额的动态控制，降低企业风险，保证企业必要的市场竞争力。否则，如果企业效益大幅下降，企业人工成本却居高不下，就会把企业拖垮。

企业薪酬与效益联动机制可以考虑以下两个方面。

一是效益工资与企业效益进行联动。效益工资与企业效益联动机制主要适用于企业中高层和业务人员（比如销售人员），不适用于基层岗位人员，特别是职能部门的基层岗位人员。理论上讲，适用于劳动成果与企业效益关联度高的岗位人员。大部分基层人员是对其付出的劳动负责的，不是对企业的效益负责的。

二是企业是否增薪与企业上年度实际完成效益联动。某企业的年度增薪额度测算如表10-2所示。

表10-2　某企业年度增薪额度测算

经济承受能力（净利润达成率）	实际薪酬市场定位（目标薪酬市场定位75~90分位）			
	超过90分位	75~90分位	50~75分位	低于50分位
<80%	0	0	0	0
80%~89%	0	0	2%~4%	4%~6%
90%~99%	0	2%~4%	4%~6%	6%~8%
≥100%	0	4%~6%	6%~8%	8%~15%

该企业年度增薪取决于两个因素，一是企业上年度净利润达成率，二是市场分位值与企业薪酬策略的对比情况。比如：如果企业净利润达成率低于80%，则企业不增薪；如果企业净利润达成率达到100%，可以增薪，具体结合企业薪酬市场定位及与企业的薪酬策略对比，确定具体增薪额度。

本章小结：处于充分竞争行业和领域的企业工资总额实行备案制，其他商业类企业，管理规范的也可以实行备案制，混改企业可以更灵活。成本管控与市场竞争力如何平衡？核心是确定合适的薪酬策略，即制订合适的薪酬策略（包括整体薪酬策略和个体薪酬策略）、薪酬策略落地、提高薪酬激励性、建立薪酬与企业效益联动机制。

第十一章　按劳分配与按要素分配如何有机结合？

——薪酬分配依据的方法论

薪酬分配的依据，大逻辑首先是确定按劳动还是按要素（生产要素）。生产要素包括资本、土地、管理、技术、信息等。实际上，劳动也是生产要素，所以准确地讲，“按劳动还是按要素”应该是“按劳动”与“按其他要素”。更进一步来看，技术是技术人员的劳动，管理是管理人员的劳动，信息也类似，因此这些要素本质上都是劳动。加之土地已经资本化，因此，准确地讲，“按劳分配与按要素分配”应该是“按劳分配与按资分配”，众所周知，采用“按劳分配和按要素分配”更符合我们的通常语境。

第一节　按劳分配与按要素分配结合

劳动创造价值，资本不创造价值，为什么还要按资本进行分配呢？这是大家一直比较纠结的。资本不是价值的创造者，却是经营风险的承担者，按资分配体现的是风险收益。企业盈利了，资本获取剩余价值。那么亏损呢？员工把工资领走了，亏损谁来承担？是资本来承担。因此盈利的时候，也要给资本分配一份价值作为补偿。

根据管理、技术等要素给予员工一定比例的按资分配的权利，这就是通常所说的股权激励的实质内涵。股权激励体现的劳动成果价值最全面、最持久，是简单直接的中长期激励，虚拟股权激励次之。

按劳分配和按要素分配如何有机结合？

要义一：按劳分配为主，按要素分配为辅

因为价值主要是由劳动创造的，所以按劳分配应占主体。如果按资本分配占了主体，就出现了“食利一族”，躺着挣钱，就会丧失斗志。华为为什么不搞股权激励，为什么不上市？据说这是原因之一。按华为的实力和市场号召力，上市后市值肯定在万亿元以上，1万亿元，万分之一的股权，就是1亿元，足以让很多人丧失奋斗精神。

要义二：按劳分配转为按要素分配

前已述及，管理要素是管理者的劳动，技术和专利要素是技术研发人员的劳动。通过管理者业绩股票奖励、技术和专利权入股等方式，将劳动转化为股权，将按劳分配转为按要素分配。这种转化最大的好处是，激励长期化，规避短期行为，留住核心人才，起到“金手铐”的作用。

从国家政策可以看出，按劳分配与按要素分配有机结合不是理论概念，而是真正需要落地的。

比如，根据《关于进一步做好中央企业控股上市公司股权激励工作有关事项的通知》要求，中央企业控股上市公司董事、高级管理人员的权益授予价值，境内外上市公司统一按照不高于授予时薪酬总水平（含权益授予价值）的40%确定。

简单地说，预计资本收益不超过总薪酬的40%，劳动收益占60%，这就是按劳分配为主。顺便说一下，这个文件有个重大政策变化，股权激励的实际收益不再设上限了，按原来的规定，实际收益大于40%以后，就不得再行权或者收益要上交。

综上，国企的薪酬分配总体上应按劳为主、按要素为辅，并且两者应有机结合。具体的方案设计比较复杂，变数较多，但把握核心目的最重要的，就是要最大限度地激发核心骨干的持续斗志。

第二节　决定个体薪酬的要素分析

《国务院关于改革国有企业工资决定机制的意见》规定：

国有企业应建立健全以岗位工资为主的基本工资制度，以岗位价值为依

据，以业绩为导向，参照劳动力市场工资价位并结合企业经济效益，通过集体协商等形式合理确定不同岗位的工资水平，向关键岗位、生产一线岗位和紧缺急需的高层次、高技能人才倾斜，合理拉开工资分配差距，调整不合理过高收入。

国企内部薪酬分配存在的突出问题，除了在上一章中讲到的薪酬结构、薪酬与考核联动机制以外，决定个体薪酬要素的逻辑次序也存在问题，间接造成内部分配不公平及激励性不足。

个体薪酬分配的主要因素包括岗位、绩效、能力、工作态度及价值观等，次要因素包括工龄、学历等。

一、决定个体薪酬要素的内涵

1. 岗位

岗位作为薪酬分配的依据，主要是通过岗位价值评估来衡量的。岗位评估的本质是对抽象劳动，即生理学意义上的劳动力耗费的评估，这些耗费包括体力付出、脑力付出和健康损害。岗位评估方法及维度较多，本书前面已经介绍过，但从中国人思维视角，比较容易理解的还是原劳动部标准的分法：劳动责任、劳动能力、劳动强度和劳动环境四个要素。四个要素还分别设计了二级要素。岗位是确定薪酬的主要因素，一般作为基薪的确定依据。

2. 绩效

对企业贡献的价值大小，可以分为业务指标、重点任务、职责履行等。另一个逻辑，又可以分为工作完成情况（职责履行情况）、工作质量、工作效率、工作饱和度、工作创新等。绩效是薪酬分配的主要因素，奖金（绩效工资）、年终奖励、超额效益分享等，都主要依据绩效。

3. 能力

工作能力的划分维度比较多。

按能力类型分类。比如，决策能力、沟通能力、理解能力、组织协调能力等；又比如，独立工作能力、特殊专业能力等。

按能力层级分类。比如，技术人员职称：研究员级高级工程师、高级工程师、工程师、助理工程师等；又比如，工人技术等级：高级技师、技师、高级工、中级工、初级工等。

对于多数岗位而言，专业能力是岗位、业绩以外的较为重要的分配依据。但对于专业能力要求比较高的岗位，比如研发岗位，则专业能力在分配中的权重要超过岗位。

4. 工作态度与价值观

工作态度与价值观是决定薪酬的辅助因素，根据企业情况，决定是否作为分配依据。工作态度与价值观在概念上不好区分，甚至有些交叉。

一般来讲，工作态度包括责任心、主动性、执行力、严谨性、全局意识、团队协作、客户意识等。工作态度是直接影响工作的思想认识和作风，价值观则更接近于文化理念。有的企业只考核工作态度，而有的企业只考核价值观，也有的企业二者都考核。当然，也可以针对不同的岗位特点来进行选择。

二、决定个体薪酬要素存在的问题与对策

在决定个体薪酬要素方面，国企主要存在两个问题：一是内部分配按职务级别定薪，未充分体现岗位差别；二是业绩因素占比不高，影响了激励作用；三是工龄、学历等次要因素起作用大，造成了不公平。

针对这些问题，企业应采取的措施如下。

（1）推行岗位工资制。通过科学的岗位设置、定员定额和岗位评估，做到以岗定薪，如岗位绩效工资制、岗位薪点工资制、岗位等级工资制等。

（2）增加业绩工资占比。对于不同的岗位人员，业绩工资占比会有所不同。对企业经营业绩影响较大的岗位，业绩比较好度量的岗位，业绩工资应接近、甚至是超过岗位工资。

（3）淡化行政职务、工龄、学历等的影响程度。这些辅助因素可以作为企业内部分配的依据，但一定要控制占比，不能成为主体。

本章小结：薪酬分配的依据是什么？是生产要素，包括劳动、资本、管理、技术、信息等。按劳分配和按要素分配如何有机结合？按劳分配为主，按要素分配为辅；也可以将按劳分配转化为按要素分配。决定个体薪酬分配的主要要素有哪些？除了岗位、绩效、能力，还包括工作态度及价值观，个别情况下也可以考虑工龄、学历等。

第十二章　和为贵文化还是奋斗者文化?
——企业绩效管理文化的方法论

绩效管理的本质是责任传递和价值评价，而不是仅仅把人群分为三六九等。绩效管理的主要方法是基于战略的目标管理，而不是基于流程的任务分解和基于岗位的职责分配。

“三项制度”改革的核心内涵是利益分配，分权（能上能下）、分钱（能增能减）、分机会（能进能出），而绩效管理是利益分配的依据，其重要性不言自明。

绩效管理，也称考核，为什么是世界性难题?

1. 难在不好量化

不是所有的工作考核都能量化，有很多是不好量化的，甚至是不可量化的。这类工作不论如何考核，结果都可能会受质疑。这就是难点。

2. 难在打破既有利益格局

考核结果最直接的应用是晋升、调薪、奖金发放、解除劳动合同等，都与员工的切身利益关联，谁会不在乎考核? 关系太大了，容不得出半点差池。

3. 难在客观条件难以准确预测

考核指标完成情况会受到客观条件变化的影响，客观条件的变化有些可以预测，但有些比较难预测。考核不好，被考核对象就会就客观条件变化找千条万条理由，对考核实施者是个考验。

4. 难在文化不容

企业文化不是一天两天可以形成的，也不可能在一天两天之内改变。如果企业文化缺少对考核的支撑，考核就会面临困难。而文化问题在很大程度上是国有企业绩效考核面临的主要课题。

第一节 绩效管理与文化

什么是文化？按《辞海》定义：“广义指人类在社会实践过程中所获得的物质、精神的生产能力和创造的物质、精神财富的总和。狭义指精神生产能力和精神产品，包括一切社会意识形式：自然科学、技术科学、社会意识形态。有时又专指教育、科学、文学、艺术、卫生、体育等方面的知识与设施。”毛泽东同志在《新民主主义论》中讲道，“一定的文化（当作观念形态的文化）是一定社会的政治和经济的反映，又给予伟大影响和作用于一定社会的政治和经济。”

一、不同文化情境下的理论方法，应用效果不同

“橘生淮南则为橘，生于淮北则为枳”，可见环境的重要性。冯斯·川普涅尔与查尔斯·汉普登-特纳的研究发现：曾经在美国获得成功的目标管理，在南欧的实践中却未取得令人满意的效果。奎因等人则发现文化的差异导致非西方国家在运用一些在西方国家发展起来的人力资源管理理论时效果不如预期。

20世纪70年代初霍夫施泰德提出了文化差异五维度理论，即权力距离、不确定性回避、个人主义与集体主义、事业成功与生活质量、长期取向与短期取向。据此，霍夫施泰德断言，文化问题是国际企业管理的本质。

二、儒道文化与现代人力资源管理

（一）中国传统文化内涵

1. 中国文化的演变脉络

夏商以前的早期宗教自然观为太阳崇拜，在周代转变为北斗崇拜。而其人文因素一为慎终追远的政典文化（尚书），一为敬祖尚亲的人伦文化（三礼）。春秋以后百家兴起，至战国秦汉则大统归入道法两家。孔子试图复兴三代古礼，但长期处于不入官学的非主流地位。直到汉武帝罢黜黄老道法及百家，独尊儒术，儒家上升为官学，才成为主流文化。魏晋玄学在贵族文化中兴起，以虚无为本体而注重尘世享乐，实际是中国的存在主义。隋唐宫廷崇

佛，士人尊儒，民间尚道教，佛、道、儒三足鼎立。宋明新儒学勃兴，主张“名教”，核心是三纲五常。晚明及盛清士人倡导经世致用之实学，经学则以考据语言训诂学而复古（新汉学）。这就是我所理解的两千年中国传统宗教及学术演变之大体脉络。①

就中国传统文化而言，从总体上讲，早期受法家文化影响，更长时间里，儒家文化居于官学主流，道家文化也一直受到推崇，佛学后来影响较大，但毕竟是外来文化，只有唐朝得到官方尊崇。所以从总体上讲，儒道文化为中国传统文化的主流。

2. 儒家文化

儒家文化总体上讲，属于政治伦理学范畴。儒家的核心典籍是五经四书。五经即《诗经》《尚书》《礼记》《周易》《春秋》，四书即《论语》《孟子》《大学》《中庸》。其中，《论语》居首，全文 11705 个字，大约相当于现今对开报纸一个版面的容量，但有“半部论语治天下”的说法。

儒家文化经常包括：三纲（君为臣纲、父为子纲、夫为妻纲）、五常（仁、义、礼、智、信）、三纲领（明明德、亲民、止于至善）、八条目（格物、致知、诚意、正心、修身、齐家、治国、平天下）等。以下就儒家文化的主要观点做简要介绍：

中庸之道。“不偏之谓中，不易之谓庸；中者，天下之正道，庸者，天下之定理。”（《中庸》）“中庸”，是指要求人们为人处世始终保持不偏不倚，是恪守客观规律，不是我们通常所讲的搞折中、和稀泥。

内圣外王。“其身正，不令而行；其身不正，虽令不从。”《论语 · 子路篇》“政者，正也。子帅以正，孰敢不正。”（《论语 · 颜渊》）“诚于中，形于外。”（《礼记 · 大学》）个人修行非常重要，只有个人修行到位了，内心具备了高尚的道德情操，才能有风流儒雅的风度，才能够影响他人，进而成就一番事业。

重义轻利。“君子喻于义，小人喻于利。”（《论语 · 里仁》）“生，亦我所欲也；义，亦我所欲也；二者不可得兼，舍生而取义者也。”（《孟子 · 告子上》）“先义而后利者荣，先利而后义者辱。”（《荀子 · 荣辱》）君子取义而不取利，重义而轻利。

以和为贵。“道不同，不相为谋”“君子矜而不争，群而不党”。（《论语 · 卫灵公篇》）“君子和而不同，小人同而不和。”（《论语 · 子路篇》）君

① 何新．思考：我的哲学与宗教观［M］．北京：时事出版社，2001 年．

子重志同道合，不搞小圈子，重包容、厚道，而不是拉帮结派。

3. 道家文化

道家文化核心典籍《道德经》，是春秋时期老子所作。通行版本81章，前37章是《道篇》，后44章为《德篇》，共5000余字。据联合国教科文组织统计，《道德经》是除了《圣经》以外被译成外国文字发行量最多的文化名著。尼采说，老子思想像一个永不枯竭的井泉，满载宝藏，放下汲桶，唾手可得。《庄子》，战国时期庄子所著，也是道家重要典籍。

以下就道家文化的主要观点做简要介绍：

道法自然。“希言自然。故飘风不终朝，骤雨不终日。孰为此者？天地。天地尚不能久，而况于人乎？”（《道德经·二十三章》）少发指令，顺其自然可能更好，要遵循事物自身的发展规律。

反者道之动。“反者道之动。”（《道德经·四十章》）“有无相生，难易相成，长短相形，高下相倾，音声相和，前后相随。”（《道德经·二章》）“曲则全，枉则直；洼则盈，敝则新；少则得，多则惑。”（《道德经·二十二章》）重点论述了矛盾的观点，矛盾是普遍存在的，同时也是对立统一的，矛盾双方面可以相互转化。

无为无不为。“道常无为而无不为。”（《道德经·三十七章》）无为不是不作为，而是遵循客观规律，不胡来、不妄动，这样就没有成就不了的事。

和光同尘。“为而不争。”（《道德经·八十一章》）“上善若水，水善利万物而不争。”（《道德经·六十六章》）“挫其锐，解其纷，和其光，同其尘。”（《道德经·四章》）和光同尘不是同流合污，是柔，是容，是不争，是纳百川。

（二）儒道文化与西方文化

笔者学习体会，儒道文化与西方文化的差异主要体现为“三重三轻”，即重道轻术、重人轻事、重情轻理。具体差异如下：

（1）思维方式方面：西方人注重思辨、理性、分析、实证，中国人注重直观、感性、整体、经验。

（2）价值取向方面：西方人以自我为中心，中国人注重团队与和谐。

（3）伦理道德方面：西方人注重个人放任、创新发展、张扬荣誉，中国人注重谦虚谨慎、不偏不倚。

（4）行为规范方面：西方人重利、重法，中国人重义、重情。

（三）儒道文化与现代人力资源管理

现代人力资源管理的基本理论和方法主要来自西方，所以儒道文化与西方文化的差异，也自然会影响到现代人力资源管理，特别是影响到企业的绩效文化。

1. 儒道文化与现代人力资源管理高契合之处

（1）大处着眼、系统思维：擅长做人力资源规划，规避模块化弊端。

（2）以人为本、注重诚信：建立心理契约，甘苦共尝，安危与共。

（3）重团队和谐、协同配合：建立团队文化，提升凝聚力和向心力。

（4）内圣外王、修己安人：塑造团队负责人的个人魅力，促进领导力提升。

（5）重视人才、重视知识：人力资源工作受关注、受重视。

2. 儒道文化与现代人力资源管理低契合之处

（1）缺少契约精神：不重视合同订立，订立了也不认真履行。

（2）懂大道理多、求甚解不够：工作研究深入与量化不足。

（3）重做人轻做事：琢磨人多，琢磨事少，人事问题处理不客观。

（4）重和谐轻竞争：喜欢一团和气，不喜欢考核分出三六九等，对个体创造力激发不足。

（5）重人情轻法理：有争议不找法院找领导、找上级机关。

三、国企文化与绩效文化

国企的主流文化离不开中国的传统文化，自然也离不开当今的社会文化。

当今的社会文化，主要体现为社会主义核心价值观，即富强、民主、文明、和谐——国家的建设目标；自由、平等、公正、法治——美好社会的生动描述；爱国、敬业、诚信、友善——公民的基本道德规范。社会主义核心价值观既体现了儒家文化，也体现了道家文化，可见，当今的社会文化与传统文化是一脉相承的。

国企的主流文化是和谐，是以人为本，而考核又要划分三六九等，这正是对国企员工考核的痛点！方法反而退其次。

客观地讲，以人为本作为社会价值观是比较合适的，企业泛泛地提以人为本值得商榷。

以人为本是以什么人为本？是以好人为本，还是以坏人为本？是以价值创造者为本，以雷锋同志为本，还是以南郭先生为本？企业是讲究效率的，国企也不例外，我们需要的是竞争文化！而不是和谐文化，更不是老好人文化！

是否可以下结论：国企应提倡艰苦奋斗，倡导奋斗者文化。

国企由于绩效管理文化方面存在的问题，产生了比较多的考核问题。

问题1：有的企业搞考核，优秀的占20%，其余的全是称职，这样的区分度如何作为利益分配的依据？更有甚者，连考核都省了。

问题2：考核结果与薪酬激励、晋升等不联动，或者联动很弱，表现再差也不会没有饭吃。这样的话，谁还会重视考核？这样的企业，活力从何而来？不表彰先进，就是纵容落后，不打击落后，就是打击先进。

问题3：考核搞平衡，今年你优秀，明年他优秀，好事大家轮着来。

这些问题都属于思想认识问题，属于企业绩效管理文化问题。这些问题不解决，再先进的考核理念、方法也没有用武之地，什么战略导向、结果导向、价值导向等绩效理念，什么MBO、OKR、BSC、KPI等方法方案，什么过程辅导、结果反馈、沟通面谈等管理要求，都是空中楼阁，无法真正落地。

第二节　绩效管理文化塑造

绩效管理的文化如何解决？三句话，靠理想塑造和纪律要求，靠思想碰撞和自我反思，靠管理引导和实践感悟。

一、理想塑造与纪律要求

邓小平同志讲，我们这么大一个国家，怎样才能团结起来、组织起来呢？一靠理想，二靠纪律。中国共产党是我们事业的领导核心，是组织最严密、运转最高效的组织，理想和纪律也是中国共产党的力量源泉。对于企业来讲，理想就是文化，纪律就是行为要求。如果把中国共产党比作一个企业，其文化与行为要求如下：

“发展愿景”（目标）：最低目标——推翻三座大山，解放全中国；最高目标——实现共产主义；

“企业使命”（宗旨）：全心全意为人民服务；

“经营理念”（三大法宝）：武装斗争、统一战线、党的建设；

“决策原则”（组织原则）：民主集中制；

“行为规范”（人民军队行动准则）：三大纪律、八项注意。

企业可以通过使命、愿景、核心价值观等价值理念的宣贯，提升组织的向心力和凝聚力。同时，也需要加强组织纪律要求，提升行动力和执行力，令行禁止，而不是自行其是。通过理想塑造和纪律要求，绩效管理工作就可以更好地被大家所理解，并得以认真贯彻执行。

二、思想碰撞与自我反思

批评与自我批评是中国共产党的三大优良作风之一，也是重要的思想武器。

曾经到访过延安的斯诺回忆说，他在红军营地发现："最使人感兴趣的是红军所办的墙报，里面有黑栏（批评栏）和红栏（表扬栏）。在红栏中，人们称赞个人或者集体的勇敢、无私、勤劳和其他美德；在黑栏中，同志之间互相批评，并指名道姓地批评他们的军官。"朱德告诉斯诺："军队里任何一个战士都可以直接向总司令告状——而且也常常这样做。"1942 年 12 月，一位分区司令员向毛泽东汇报工作时，提到自己被边区的一个老乡提了意见，受批评了。毛泽东高兴地说道：这是天大的好事！这个老乡很有觉悟，中国几千年的历史，都是老百姓受官府的气，受当兵的欺负，他们敢怒不敢言，现在他敢向你一个分区司令提意见，敢批评"长官"，你们看这有多么好！这是多么了不起的变化！

（引自《求是》2019/14——《从延安整风运动说起》，作者：黄一兵 中共中央党史和文献研究院第一研究部主任、研究员，有节选）

孔子讲，吾日三省吾身。海尔讲，日清日高。华为讲，批判和自我批判。同事之间的思想碰撞及自我反思，也是企业文化塑造的主要手段。

三、管理引导与实践感悟

企业文化塑造更为重要的手段是管理引导和实践感悟。人的认识是一个循环反复的过程，有时候呈现螺旋上升的特征。有些变革，大家一开始可能是不理解，但随着变革的逐步推进，慢慢改变了认识，直至认同变革，甚至变为变革的积极推动者。

下面是笔者作为人事部门负责人亲自操盘的一个绩效管理体系建立的案例。

绩效文化是引导出来的——某航天制造企业绩效体系构建案例

该企业为航天的三级单位，主管运载火箭的总体研制，当时（2000年）人员规模5600人。航天企业当时的经济状况已经起底回升，员工队伍整体情况也有所好转，但作为老国企，上班迟到、早退、溜号、出工不出力等情况时有发生，甚至不上班拿工资等恶劣现象也仍然存在。人事管理面临的最大难题：对于大毛病不犯、小毛病不断的人没有什么好办法，扣奖金他不在乎，想解除劳动合同又没有依据。为此，启动了全员绩效考核。

主要做法有以下几条。

1. 细化评分标准

生产一线人员按工时和产品质量量化考核，其余人员按业绩（权重60%，子项包括完成任务、工作饱满、工作质量、工作效率、工作创新）、能力（权重20%，子项包括独立工作、理解能力、业务专长）和态度（权重20%，子项包括合作、积极性、责任心、全局、业务交流、遵章守纪、公益）三个维度共15项指标进行考核评分，每一项指标都给出了典型行为表现作为打分参照。

2. 结果强制分布

分为五档，末位10%（只设末位不强制淘汰），并且结果与加薪、晋升、终止与解除劳动合同紧密联系。

3. 操作简便易行

采取了机读设备进行考核分数采集，编制软件进行分数统计分析并给出建议评语，5000多人考核从评分、统计到写评语、结果反馈，一周时间全部完成。后来回顾，这一点对于考核的推进是至关重要的。

主要体会是八个字：难度很大、效果很好。

主要难度还是文化问题。老国企大家都熟头熟脸，搞末位淘汰面子上过不去，但我们还是顶住了压力。最极端的一件事，有一名考核排末位的员工威胁部门领导要跳楼，也有可能就是吓唬一下。当然，后来末位的比例逐步下调了。

效果也很明显，通过考核大家工作状态一下子紧张起来了，不再松松垮垮，原来不上班拿工资的也来上班了，混日子的也开始着力表现自己。实际上，按规定进行解除劳动合同处理的人并不多，人的状态变了，“坏人”变成了好人，还处理他做什么？这就是机制的力量。

这项全员绩效考核的变革，开始也是广受非议，因为老国企几十年都这样过来了，突然开始进行考核，大家很不适应。但随着考核的实施，大家慢慢转变了认识，一开始是各级管理者认同了，认为这是一个很好的管理工具，通过系统的方法把优良中差各等级的员工鉴别出来了，加薪或解除劳动合同有了依据。后来，表现好的员工也认同了，因为自己的工作得到了认可，收入也有所增加，干劲更足了。这样，接受的人群逐步扩大，变革的阻力越来越小，后续再进行考核就顺理成章了。

第三节　绩效管理基本逻辑

绩效管理是世界性难题，但不等于无解。企业绩效管理的理论、方法庞杂，需要把握其要义。企业绩效管理的基本逻辑是什么？笔者认为，重点是落实“三性”要求，即系统性、重要性、可操作性；把握三条主线，即基于战略、基于流程、基于职能；用好四个方法，即 MBO、BSC、KPI、OKR。这些基本逻辑是根本，其余的理论和方法也不是没用，但如果这些基本逻辑没弄清楚，其他的理论、方法作用就会大打折扣。

一、“三性”要求

1. 系统性

绩效管理的系统性体现在全组织（共同推动）、全局（战略解码）、全员（分层分类施策）、全流程（管理闭环）。

全组织：各级部门和管理者要形成广泛共识，各司其职，而不能是人力资源部门一个部门来操办，其他部门“听招呼、看热闹”。

全局：主线是基于战略目标分解，聚焦主营业务增长，突出重点，而不是面面俱到。

全员：组织绩效考核中，业务单元（含分子公司、事业部）侧重于经营业绩实现，职能部门侧重于对业务发展支持和服务；个人绩效考核中，企业高层侧重于战略绩效达成，企业中层侧重于重要目标推动实施，基层员工侧重于具体任务执行。

全流程：实现结果评价与过程管理相结合。全流程包括绩效目标制定、绩效过程辅导、绩效评价、绩效结果应用等，都要进行规范，形成管理闭环。

2. 重要性

指标选择的重要性原则。选择什么样的指标？选择多少指标？应遵循重要性原则。指标不是越多越好、越全越好，有的企业考核指标定得非常多，有经济指标，有精神文明指标，有各个管理业务领域的指标，错综复杂，大逻辑十几项，细化指标几十项。连制定的人都记不住，让被考核的人如何去落实？什么都考，等于什么都没考，多就意味着无。

企业考核的重要性指标有哪些？对于公司整体或者业务单元来讲，财务指标是重点，这是企业性质决定的。财务指标包括效益类、收入类、费用类等指标。财务指标也要突出重点，不能重复。比如效益类指标，有利润总额、净利润、净资产收益率、国有资产保值增值率、EVA等，这几个指标一致性非常强，没有必要都考，甚至考一个就够了。

考核结果分类的重要性原则。考核结果分为几类？每一类别叫什么？没有定论，一般分为四至五类。具体类别各企业不尽相同，如卓越、优秀、合格、有待改进、不合格，如优秀、良好、称职、基本称职、不称职，都没有问题。

考核结果分类的重要决策之一——是否进行强制分布。为什么要进行强制分布呢？主要是针对考核指标难以量化的岗位，如果考核指标是可以量化的，就没有必要进行强制分布了。对于考核指标不好量化的岗位，如果不进行强制分布，而是按照考核得分确定等级，各个部门由于相互攀比，就会出现部门负责人给自己员工打高分、给予高绩效等级送人情的情况，造成考核区分度低和实质不公平，无法作为薪酬、晋升等的依据。强制分布的比例一般是两头小、中间大，前面20%~30%，后面10%左右。不称职的确定应根据实际工作成果和表现确定，不可强制分布。

3. 可操作性

对于刚刚启动考核的企业，操作原则是简捷、突出重点、结果与利益弱联动，重点在于把考核体系运转起来。对于管理基础较好的企业，操作原则应该是：系统性、过程考核与结果考核兼顾、结果与利益强联动，重点在于解决企业发展的突出问题，必须保证考核的效果。

考核最容易出现的问题是追求完美。想得很好，把指标、流程设计得尽善尽美，但操作过程太复杂了，无法落实或者管理者和员工很反感，导致考核失败。

二、三条主线

绩效指标制订有三条主线，如图12-1所示。

第一条主线：纵向分解，即基于战略和外部客户需求层层分解到具体部门，也就是组织功能分解法（FAST，Function Analysis System Technique）。这是指标分解的主逻辑，战略解码就是基于这个逻辑。企业组织绩效和企业高层、大部分中层，都是主要基于这个逻辑进行指标制订。如图 12-2 所示。

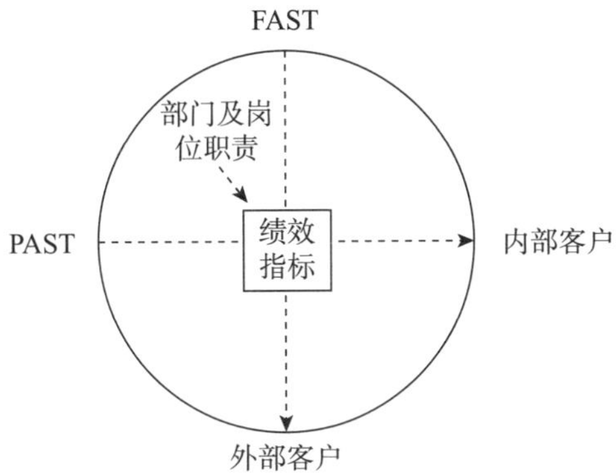

图 12-1　绩效指标制定三条主线

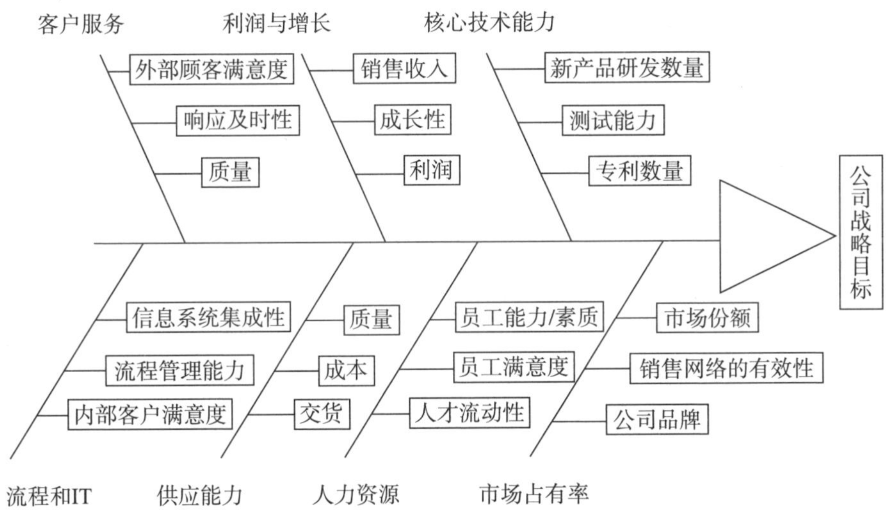

图 12-2　纵向分解示例

第二条主线：横向的分解，即基于内部流程进行分解，也就是工作流程分解法（PAST，Process Analysis System Technique）。生产制造企业的生产、质量、物流、采购等部门，主要是基于这个逻辑进行指标分解。如图 12-3 所示。

第三条主线：基于职责，主要从部门和岗位自身的职责定位进行任务梳理和工作分解，主要用于职能部门，特别是职能部门的基层岗位。

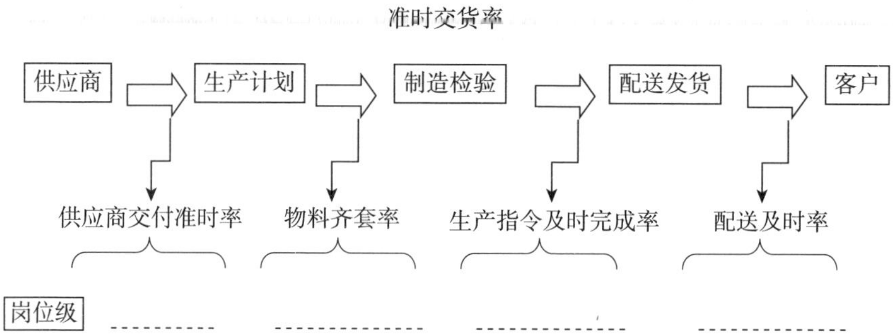

图 12-3　横向分解示例

三条主线逻辑有时会有交叉。必须明确，基于战略是主逻辑。指标与企业和组织的最终成果息息相关，而不是基于部门职责、岗位职责的简单分解；是为企业的发展和战略目标的实现提供支持，哪怕分量不那么重，也不是干一些无关痛痒的事情。

指标制定的逻辑，还包括导向与理念问题。定指标是基于快速发展，还是基于成长惯性？是基于现有资源能力，还是基于战略和挑战性的指标？这是思想认识问题，不是方法问题，有时候思想认识比方法更重要。

三、四个方法

绩效管理的方法很多，但以下四个方法是笔者认为比较重要的方法。

1. MBO（目标管理法）

目标管理就是每一个人根据公司的总目标，建立起特定的工作目标，并自行负责计划、执行、控制、考核的管理方法。

彼得·德鲁克（Peter F. Drucker）于1954年在其名著《管理的实践》中最先提出“目标管理”（MBO，Management By Objectives），认为在目标明确的条件下，人们能够对自己负责。它与传统管理方式相比有鲜明的特点：员工参与管理；以自我管理为中心；强调自我评价；重视成果。

MBO理论涵盖的目标制定、过程监控、评价反馈、结果运用正是现代绩效管理全流程的基础。

2. BSC（平衡计分卡）

BSC（Balanced Score Card），《哈佛商业评论》谓之“过去75年来较具影响力的管理工具”之一，由美国Robert S. Kaplan和Dvaid P. Norton于20世

纪 90 年代提出。BSC 将企业的目标归结为财务、客户、内部运营和学习与成长（或创新与提高）四个基本方面，试图平衡财务与非财务、经营性与非经营性、行动导向与监督性措施间的关系，实现企业整体最优，使之保持与环境的动态协调与平衡。因此，BSC 在本质上为目标制定与目标分解提供了与企业总体战略相契合的路径。

3. KPI（关键绩效指标）

KPI（Key Performance Indicator）是通过对组织内部流程的输入端、输出端的关键参数进行设置、取样、计算、分析，衡量流程绩效的一种目标式量化管理指标，是一种把企业的战略目标分解为可操作的工作目标的工具，也是企业绩效管理的基础。KPI 能够使部门主管明确部门的主要责任，并且以此为基础，来明确部门人员的业绩衡量指标。

KPI 的特点：①有因果关系；②有长期和短期的；③有数量型和质量型；④有结果性的和行为性的；⑤有团队的和个人的；⑥全方位透明的。

KPI 的 SMART（精明）原则：①Specific 具体描述；②Measurable 可以衡量的；③Achievable 可以通过努力实现的；④Result oriented 结果导向性的；⑤Timed 有时间性的。

4. OKR（目标与关键成果）

OKR（Objectives and Key Results）是 1999 年 Intel（英特尔）公司发明了这种方法，被 John Doerr 推广到 Google（谷歌），后来 Oracle（甲骨文）、LinkedIn（领英）等高科技公司逐步流传开来，现在广泛应用于 IT、风险投资、游戏、创意等以项目为主要经营单位的大小企业。近两年，很多人开始拿 OKR 与 KPI 做比较，甚至有人认为“百病缠身”的 KPI 该被 OKR 取代了。

但如果追溯本质，我们会发现 OKR 与 KPI 的核心区别在于：OKR 不是以考核为导向的，而是一个目标牵引工具。它存在的主要目的是时刻提醒所有人，从整个公司的战略角度看，每个人当前最重要的任务是什么。为了去除 KPI 模式下考核结果直接用于奖惩对员工行为产生的强导向作用，OKR 模式下的绩效管理明确把目标管理中的评估过程和绩效评估流程分列开来，从而确保员工愿意挑战更高的目标，因此像 Google（谷歌）的绩效管理体系实际上是 OKR+绩效评估的综合模式。

OKR 适用于战略路径不十分清晰，处于探索阶段的企业或项目。战略确定性强，任务很具体的企业或项目是不适合用 OKR 的，千万不要把 OKR 作为万能工具加以应用。

本章小结：国企绩效管理的核心问题不是方法问题，而是绩效管理的文化问题。如何塑造绩效管理文化？文化传导与行为要求、思想碰撞与自我反思、管理引导与实践感悟。绩效管理的基本逻辑是什么？“三性”要求：系统性、重要性、可操作性；三条主线：基于战略、基于流程、基于职能；四个方法：MBO（目标管理法）、BSC（平衡计分卡）、KPI（关键绩效指标）、OKR（目标与关键成果）。

第十三章　企业人力资源管理的矛盾论

——关于企业人力资源管理决策的哲学思考

“三项制度”改革是企业人力资源管理的核心内容，国有企业推进“三项制度”改革必须厘清企业人力资源管理的主要矛盾，协调好“三项制度”改革与人力资源管理核心模块的关系。

当下，国有企业和部分民营企业的 HR 部门在一定程度上存在如下问题。

企业 HR 部门疲于奔命，工作却无序、无效。

HR 部门精心编制的专业化方案，企业高层却毫无反应。

建了系统化的 HR 体系，企业业绩、员工状态却没有反应。

……

黑格尔提出，事物内部固有的矛盾决定了事物的运动发展和变化。这一观点被恩格斯和列宁高度认同。

毛泽东同志在《矛盾论》中指出：“研究任何过程，如果是存在着两个以上矛盾的复杂过程的话，就要用全力找出它的主要矛盾。捉住了这个主要矛盾，一切问题就迎刃而解了。”

企业人力资源管理过程贯穿了矛盾，这些矛盾也有主要矛盾和次要矛盾之分，对于不同的企业和企业的不同发展阶段，主要矛盾和次要矛盾是变化的，矛盾的主要方面和次要方面又是可以相互转化的。

人力资源管理决策的核心是抓住制约企业发展的人力资源业务领域的主要矛盾，把握主要矛盾的主要方面，以最少的投入解决最根本的问题。如果“眉毛胡子一把抓”，没有把握人力资源问题的本质，没有解决主要矛盾，即使投入得再多，方案规划得再精致，也是舍本逐末、徒劳无功。

现阶段，企业人力资源管理需要重点分析和解决的主要矛盾有哪些？笔者认为，主要有以下十个矛盾。

第一节　能力与机制

员工能力及组织能力是企业人力资源管理的“硬实力”建设，激励与约束机制建设是“软实力”建设，二者是对立统一的关系。

能力建设就是要建立、维系、开发一支为企业发展提供有效的人力、智力支持的人才队伍，进而形成组织能力。机制建设则是为建好这支队伍而采取的选人、用人、育人、激励人的政策导向措施，目的是活力，是积极性和持续斗志。

能力建设是目的，机制建设是手段；能力建设是“肉”，机制建设是“魂”。机制建设为能力建设提供动力牵引和支持保障，能力建设是机制建设实施运用的依托和载体。

企业人力资源管理要注重能力建设和机制建设的有机结合，“有形”管理和“无形”管理的有机结合。只抓能力建设，不抓机制建设，能力建设就是无本之木，就达不到目的；只抓机制建设，不抓能力建设，就丧失了目的性，就是纸上谈兵、空中楼阁。

能力建设的表现形式可以是重点人才引进、梯队建设、领导力培育、专业队伍素质提升等；机制建设的表现形式包括市场化薪酬激励机制、绩效管理方案、淘汰与退出策略等。两者无法割裂，必须融合协调，统筹实施。

企业常犯的错误，只重视能力建设，不重视机制建设。比如，干部领导力培育抓得很紧，客观上能力提升了，但工作中体现不明显，缺乏工作激情，究其原因主要是动力机制或者退出机制没有跟上的缘故，空有一身本事不愿意使出来。

也有部分企业，机制建设未能与能力建设很好地衔接。比如，薪酬激励机制建立起来了，但管理通道和专业通道没有打通，缺乏系统的职位序列设计，管理人才与专业人才薪酬等级不统一，给人才的横向流动和纵向发展带来了障碍，人才的能力培养与能量激发受限。

第二节　秩序与活力

秩序就是按照一定的规则行事，该高的高，该低的低，以及彼此之间合理的差距。企业内部秩序包括职位职级、薪酬等级等相对刚性的关系，也包括劳动纪律、行为规范等工作要求。活力源于流动，企业活力的本质就是要通过贡献导向的价值评价和价值分配政策，形成优胜劣汰、奖勤罚懒、多劳多得的业绩文化，形成能者上、平者让、庸者下的市场化的人才流动机制。

企业需要秩序。敌人已经攻上来了，冲锋号吹响了，你还要去做蛋炒饭，这样的组织能打胜仗吗？一个没有严明秩序和纪律的组织，大家各行其是，怎么能够发起有效的冲锋？

企业也需要活力。打胜仗的不论功行赏，打败仗的不“挥泪斩马谡”，谁还会冲锋陷阵？一个没有活力的组织，怎么能够造出爆款产品，怎么能够实现跨越式的发展？

秩序和活力互相矛盾又辩证统一。

一般来讲，处于初创期、规模较小的企业活力较强，没有那么多的条条框框，但大家齐心协力、各尽所能，企业业绩也往往蒸蒸日上。

企业发展到一定规模，员工多起来了，大家相互攀比，干多了心理不平衡，自觉工作的意识下降，再加上自由发挥惯了，反而会出现组织效率的大幅下降。

企业发展更成熟一些，管理体系建设相对完整，大家各尽其责，工作秩序井然。但也容易出现组织僵化，滋生官僚主义，每个人都不越雷池一步，不多想也不多干，组织活力下降，创造性大幅减弱。

综上，一般来讲，对于中小规模企业，秩序建设是重点；对于较大规模企业，活力建设是重点。企业既需要秩序，也需要活力，不同的企业在不同的发展阶段，侧重点各有不同。

第三节　效率与公平

效率与公平也互相矛盾，在这对矛盾中，效率一般占据着主导地位，是矛盾的主要方面。效率的高低决定着公平的程度，公平的存在体现着效率的价值，因此二者又是统一的。现阶段中国企业总体上讲，应该是效率优先、兼顾公平。

公平一般有两种含义：在社会学上，公平是一种道德规范的要求，是指以人道主义为主要内容的社会救助，因此它有时会和效率发生冲突，影响效率的提高。

在经济学上，公平是指市场经济等价交换原则所体现的平等，也就是人们通常所说的机会均等。这种意义上的公平有利于发挥个人的积极性，一般说来是和效率相一致的，相互促进的。对企业而言，公平重点是经济学意义上的公平，为个人创造平等的竞争条件，给员工提供平等的机会。

企业要发展，必须通过不断变革解决效率不高的问题。不论是“三项制度”改革，还是现代人力资源管理采用的职业通道建设、员工能力与业绩评估、人才的市场化选聘，以及有竞争力的分配制度的建立，核心目的就是提高效率。

但同时也要兼顾公平。如果公平问题解决不好，不仅会影响企业的凝聚力、向心力，而且在一定程度上也影响企业的效率。比如，一味提高少数特殊人才的各种待遇，即使这种提高符合市场供求关系的规律，但对多数员工的不公平感视而不见，挫伤其积极性，反而会制约企业整体效率的提升。

第四节　法理契约与心理契约

法理契约是指通过劳动合同、岗位协议、业绩合同、竞业禁止条款等法律文书约定企业和员工双方的权利义务。心理契约是指尊重员工个人，满足员工的个性化需求，引导员工自我约束、自觉劳动，心理契约的建立也可以认为是文化管理。

企业侧重于建立法理契约，还是心理契约，抑或法理契约和心理契约相结合，要根据企业所处的社会大环境和内部的小环境来决定。

如果企业员工整体素质不高，或者管理基础薄弱，制度不健全，首先要做好规范化、专业化的管理，建立法理契约，建立良好的组织秩序。此种状态下，如果盲目搞什么以人为本，可能的结果就是纵容“南郭先生”，滋生懒人，好人也慢慢变成了“坏人”。

如果企业管理基础好，制度健全，管理规范，人员素质高，就可以重点建立心理契约，通过文化建设激发员工心底善意和内在动力，营造民主、和谐的文化氛围，为员工最大限度地发挥潜能提供文化动力。

从某种意义上讲，法理契约是心理契约的基础和前提，心理契约是企业管理的高阶段和新境界，二者在企业运行中又可以相互促进。

第五节　总量控制与结构优化

企业员工总量，短期要与阶段性业务价值量或任务量相匹配，长期要与发展战略相适应。理论上讲，员工数量的增减可以用劳动力边际收益的方法来确定。但实际情况是，很多企业面临人员冗余与人手不足并存的窘境，一方面是人浮于事，无所事事，另一方面是缺兵短将，无人可用。因此，控制员工总量的同时，必须做好企业内部人员结构的优化工作。

人员结构优化包括人员类别结构（业务与职能，管理与非管理）、专业结构、知识结构（学历）、性格结构、能级结构（专业技术职称）、年龄结构等，目的是实现各种结构科学合理，满足企业的需要。

结构优化的主要手段包括疏通出口，该走的能走；严把进口，不该来的不来；培训转岗，盘活存量。控制员工总量约束了企业的总人工成本，结构优化则提高了人力资源的使用效率。

总量控制与结构优化相结合，既控制总量，又注重内部结构优化，这将有效地提升人力资源管理的水平，提升企业在人力资源方面的投入产出比。

第六节　按劳分配与按要素分配

按劳分配为主，按要素分配为辅。按要素分配是指资本、技术、管理、土地、信息等生产要素按贡献度参与分配，这是企业分配制度的基本原则。

首先，按劳分配与按要素分配是有矛盾的，按劳分配处于矛盾的主要方面，按要素分配处于矛盾的次要方面。按劳分配的比重在薪酬中应占主体、占多数，按要素分配应占少数。

其次，二者又是统一的。按劳分配与按要素分配要统一考虑、相互融合，不能各唱各的戏。按劳分配搞一套，按要素分配再搞一套，各自有逻辑，加起来就没逻辑了。企业分配是总体上平衡、有秩序，而不是局部合理，整体上不合理。

不要把按劳分配与按要素分配对立起来，两者既有区别，又有联系。按劳分配与按要素分配要有机结合，不同的企业性质，企业的不同发展阶段，不同的群体，要灵活应用。

为什么在按劳分配的同时，还要按管理、技术等要素进行分配呢？因为股权激励（员工持股）所体现的劳动成果价值全面、持久，既体现短期成果，也包含长期业绩；既涵盖经济价值，又融入社会效益，较好地解决了按劳分配的价值评估难的问题。

第七节 组织调配与市场化配置

组织配置是应用最多的人才配置方式，简单、直接、高效；市场化配置是市场经济的必然要求。市场化配置就是要在企业内部引入竞争机制，提高选人用人的公平性和公正性，激发人才活力；对于关键、紧缺人才，采用对外公开选聘的方式，广纳天下之才，优选天下之才。

对于不同的群体、不同的岗位，组织配置与市场化配置各有利弊，不可一概而论。组织配置的效率高，对于一般性岗位，在人员状况比较熟悉的情况下，应用效果好一些；市场化配置的质量好，过程虽然烦琐一些，但对于市场化程度高的紧缺人才、关键岗位人才的选配，则是有效的手段。

不可为了博眼球，为了市场化而市场化，假借公开招聘之名，行组织配置之实，选聘之前就锁定了人选，把程序走得轰轰烈烈，而挫伤落选者的积极性。也不可因循守旧，把着任免权不放，个人意志凌驾于组织活力之上，在自己的圈子里选人，按照个人的喜好选人，沿着组织配置一条老路走到黑，让企业错失优秀人才。

市场化配置并不是脱离组织，选人的标准、原则、程序，仍然要规范，要按规则办事。组织配置与市场化配置有机结合，才能够建立有效的企业人才选拔任用机制。

对于企业内部人才选聘而言，企业规模小、人数少，组织配置就够用了，管理者对员工很熟悉，搞市场化选聘也是走形式，除了化解个人决策造成的矛盾之外，没什么正面意义。但大企业就不一样了，决策者接触和了解员工的范围有限，市场化的方式有利于开拓选用人才的视野，也有利于内部人才的脱颖而出。

第八节 人事相宜与人才储备

人事相宜就是追求人与岗位相匹配，岗位与人相协调，人与岗位合二为一的精准用人境界。做好人事相宜的第一步是做好规范化的岗位分析工作，知晓岗位的使命、职责与工作要求，以及聘用者应具备的学历、资历、能力素质等。第二步就是做好候选人的考察和测评工作，通过对候选人工作经历和人才测评结果进行分析，了解其可适应的发展方向和从业岗位。然后，再将岗位分析与人才考察和测评结果进行比较，依据二者的相关性和匹配度作出客观、科学的决策。

人才储备是企业防范人才流失危机，降低人力资源风险的有效手段。一方面有利于减少核心岗位人才突然流失给企业发展带来的不良后果，另一方面也可通过人才储备机制的建设树立企业良好的人力资源品牌，推动企业的招才纳贤工作。

人事相宜不是不要人才储备，相反，没有人才储备做基础，就难以做到人事相宜。人事相宜也是一个动态的过程，没有人才储备，人事相宜就是无源之水，就难以实现动态平衡。

有了人才储备，也要注重人事相宜，注重人才使用效率。人才储备不是把人才束之高阁，在岗位上使用和锻炼人才是最好的人才培养方法，也是最好的人才储备方法。

第九节　体系化与模块化

人力资源管理有管理模块之分，每个模块既相对独立，又相互联系。人力资源管理各模块之间是有勾稽关系的，是一个完整的体系，应建立体系化的思维。

如何兼顾各模块自身能力建设和人力资源体系化建设是人力资源管理的一项重点任务。常常出现的问题是，重视模块建设，忽视体系化建设，侧重于单项模块功能的优化，而对功能模块联动和勾稽的体系化建设考虑不足。

体系化不足有两种表现：一是相同或相似内容各模块之间规定不一致，甚至有冲突，让执行者无所适从；二是各模块之间内容割裂、不衔接，无法形成政策的合力和顺畅的流程。体系化不足的具体表现有很多，本书在前面章节已述及，在此不再赘述。

当然，各模块自身建设也要做到位，如果各模块专业水准不达标，这样形成的体系即使再系统、再协调又有什么用呢？

第十节　专业性与可操作性

现阶段企业人力资源管理既要重视专业性，也要重视可操作性。那么是不是专业性越强越好呢？不可一概而论。

一个规模不大、处于发展初期的企业，搞很多逻辑严密、程序繁多、操作复杂的人力资源管理政策、制度，各级管理者和员工疲于应付，月初制订绩效计划、月中绩效沟通面谈、月末工作总结及考核打分，别的活就不用干了，这样的做法不把企业拖垮，也会把企业的活力打压殆尽。

专业性和可操作性是对立统一的，但作为矛盾的两个方面，谁处于矛盾的主要方面，谁处于矛盾的次要方面，在企业的不同发展阶段是不同的。

以绩效考核为例，对于规模较小、刚刚启动考核的企业，应把可操作性作为重点，绩效考核操作原则应该是简捷、突出重点、考核结果与利益弱联动，重点在于简化工作量，弱化变革矛盾，想办法让考核体系先运转起来。

对于管理基础较好的企业，绩效考核操作原则应该是系统性、过程考核与结果考核兼顾、考核结果与利益强联动，重点在于解决企业发展的突出问题，必须保证考核的效果。

以上十个矛盾，是现阶段企业人力资源管理存在的主要矛盾，当然还有其他矛盾。这些矛盾也有主次之分，每个矛盾又包含矛盾的主要方面和次要方面，但对于不同的企业和企业的不同阶段又有所不同，需要具体问题具体分析。

这些矛盾之间也是有联系的，正确认识和处理这些矛盾，以及这些矛盾之间的矛盾是企业进行人力资源管理决策的哲学基础。

第十四章　“三项制度” 改革推进的策略

企业组织变革的最大难点是利益格局调整带来的人事矛盾。为什么这样讲？一个企业投资损失几百万元、几千万元，可能很多人都不当一回事，但要是给他少发了一百块钱，可能会跟 HR 理论个没完，如果把他解雇了，他甚至会与企业纠缠不清。这是基本人性决定的，无可厚非，但这也正是组织变革的难点所在。

曾有企业 HR 负责人跟笔者讲，他们做的薪酬变革方案非常专业，市场薪酬调查、标杆企业研究、内部各方利益平衡等都考虑得非常周全，但不知道为什么实施起来还是矛盾重重、鸡飞狗跳，最后不得不搁浅、不了了之。

组织变革必然涉及利益再分配，不是钱的事，就是权的事，更有甚者可能要端掉人家的饭碗，推进起来如何能风平浪静、一帆风顺？

组织变革成功的关键要素，除了制订专业化的方案外，还需要注意哪些关键事项？是否有什么策略性的推进“绝招”？笔者结合多年实施组织与人力资源变革的实践，认为以下三点非常重要。

第一节　不能没“文化”：造变革氛围、降心理预期

企业文化氛围对于成功实施组织变革是至关重要的，首要的是要营造有利于变革推动的文化氛围。

只要是变革，大家都是有心理预期的，既心怀忐忑，又抱有厚望。一旦发现实施方案与个人预期出现落差，就会心态失衡，还有可能跳出来对抗变革。这是人之常情，不必大惊小怪。一旦这类人多起来，变革的阻力就会大增。如果企业高层、中层与基层相互呼应起来，事情就更难办了！

降低变革的心理预期很重要。如何降低，为什么要变革，企业面临哪些现实困难，等等，都需要通过各种渠道，向企业各层级员工讲清楚、说透彻。

波音公司曾经做过一个非常有创意的危机教育专题培训。公司培训部门

做了个宣传片，背景是假定波音公司倒闭了，员工垂头丧气地缓步离开公司，把这个场景放给大家看，极大地触动了员工，大家深深地体会到，危机随时可能会到来，企业与个人利益是息息相关的。如果大家对企业面临的危机有一定程度的心理预判，实施变革是不是会更容易接受呢？

反之，如果一贯给员工展示的是形势大好，一片和谐、生机勃勃的景象，突然提出要搞变革、降薪、下岗，不乱才怪。

降低心理预期还有一种做法，就是循序渐进，通过渐进方式降低员工诉求，缓解变革矛盾，给大家理解和认同企业变革的时间。

我们曾做过一个国企的案例。该企业组织变革的主要内容是以实施内部竞聘与干部分层退出为核心的劳动用工制度与人事制度改革。其中一项重要的做法是实施阶梯式退出计划：通过多次机会——多次选择——多次淘汰的组合计划，逐步降低退出人员的预期，使其关注重点集中到自身不适合新职位要求上来，最后因为无岗安置从企业退出，使其感觉企业已经仁至义尽，只好接受。

这个案例并不是试图通过一种策略性的方式引员工“入瓮”，而是真真正正地从员工视角考虑，为其提供多次机会，晓之以情，动之以理，促进变革落地。

第二节　也要讲“政治”：用好民主这把“双刃剑”

组织变革也要讲“政治”。这里的政治是加引号的，不是指国家的政策方针，而是指变革要有“政治头脑”和“政治思维”。

“管理众人的事，便是政治。”企业的组织变革一定会涉及众人，甚至是企业所有员工的事，没有“政治思维”怎么能行？

企业涉及员工切身利益的重大政策，不论是国资背景还是非国资背景的企业，都必须通过职代会（职工大会）审议。很多企业一提起这种事就心惊胆战，老是想糊弄过去。实际上，民主是一把“双刃剑”，有员工对变革不理解而导致方案难以通过的一面，也有积极的一面。

不论事先做了多少工作，变革方案总是难免百密一疏，广泛听取意见正是弥补方案不足的最好渠道。更重要的是，广泛听取大家的意见，也是一个思想统一的过程，后续推进的阻力自然就减小了。

“政治头脑”的另一个视角，以有效推进为目的，具体实施策略可否做些变通？笔者一位曾担任国企人力资源部门负责人的朋友讲过他自己操盘的一个案例。

这是一家军工制造行业的老国企，当时是想推进薪酬改革，方案的核心内容是大幅度提升企业中高层管理人员和技术骨干的待遇，与市场水平基本接轨。但职工代表大会构成人员中工人占主体，这样的方案如果上会投票，被否决的可能性很大。

他跟我讲，企业高层非常焦虑，变革势在必行，但又没有把握。他们采取的策略是，在职工代表大会上公开报告时，把人均加薪 280 元的方案说成是人均加薪 240 元，最后方案在职代会高票通过。这一变通的做法当时只有三个人知晓。

变革方案为什么能够高票通过？因为与会代表一算，大多数人认为自己的薪资增幅超过了平均数，所以就投票同意了。我们暂不讨论这样做是对还是错，但从该企业的后续发展看，此次变革大大推进了其市场化经营机制转化的进程。

当然，并不是鼓励大家去做所谓的善意的欺骗，但适当的“政治思维”和“政治头脑”还是要有的。

第三节　还要设“底线”：坚定“实施到底”之决心

变革意味着利益格局的调整，不论方案如何周全，都会有人不满意。如果所有人都举手同意，那变革很可能也不是什么有价值的变革。

变革，自然会有博弈。国企员工主人翁意识比较强，大家很在意企业高层，特别是“一把手”的决心，员工一旦发现有松动的迹象，就会想方设法予以阻拦，如果处置不当，变革就很可能面临崩盘的危险。

笔者也做过一些民企组织变革的案例，发现民企推进变革也面临同样的问题，员工时时刻刻在揣摩老板的意图，老板一犹豫，就会有人跳出来讲话，想方设法找方案的不足，试图阻止变革。

所以，在变革之前，企业高层一定要充分研讨、统一思想，要把变革的目的想透，把变革的路径研究周全，进而确立坚定实施的决心。只有这样，在变革面临各种非议时，大家的意志才能坚定不移。

有了决心，还要敢亮“绝不妥协”的底线。

笔者曾做过一个军工国企案例，切实体会到推进策略与变革方案同等重要。

该军工国企组织变革的主要内容是将“三产业务”从主体中分离出来，员工自然一百个不愿意。但从国家政策导向及企业长远发展来看，剥离社会化功能是大势所趋。原则方案出台后，员工反对声音很大，纷纷到企业总部“声讨”。

但企业高层意见非常坚决，为了稳妥起见，调整方案事先也报请上级同意。在与员工交流的过程中，企业直接表明底线，调整大思路不容商量，但组织调整后的业务衔接与支持政策、员工待遇及补偿等都可以商量。

为了表明诚意，企业在支持剥离业务发展及员工补偿等方面，做出了非常优惠的政策承诺，员工表示满意。最后，方案如期实施，各方共赢，达到了预期目的。

本章小结：不能没“文化”、也要讲“政治”、还要设“底线”，这三点是推进组织变革的有效策略。当然，变革目的明确、政策边界清晰、方案专业性没问题是重要前提，实施策略只是战术问题，变革目的和方案才是根本。

还有一点，从长远来讲，组织变革必须与企业大多数员工的根本利益保持一致，如果违背了这一基本原则，即使变革成功实施，最终也不会有什么好结果。原因很简单，企业与员工在根本利益上是一致的，组织变革只是推手，人才才是企业发展的原动力。

参考文献

［1］李煜萍．国企改革若干问题研究［M］．北京：中国经济出版社，2017.

［2］彼得·德鲁克．管理的实践［M］．北京：机械工业出版社，2006.

［3］陈璐，廖芳．人才测评好工具——笔迹分析法［J］．科技广场，2008（2），47-48.

［4］张希熠，程建华．大浪淘沙——吉化公司三项制度改革纪实［J］．中国化工，1996（2），6.

［5］国务院国资委改革办，国务院国资委新闻中心．改革实践：国资国企改革试点案例集［M］．北京：机械工业出版社，2019.

［6］何新．思考：我的哲学与宗教观［M］．北京：时事出版社，2001.

［7］姜峰．山东邮政企业人力资源管理三项制度改革实践研究［D］．山东大学硕士学位论文，2006.

［8］焦承尧．深化“三项制度”改革　推动企业跨越式发展［J］．中州煤炭，2007（3），1-3.

［9］李良栋．“不出事”逻辑背离干部制度改革［D］．民主与法制时报，2012.

［10］人力资源社会保障部劳动关系司．《国务院关于改革国有企业工资决定机制的意见》政策解读和实务操作［M］．北京：中国劳动社会保障出版社，2019.

［11］施炜．管理架构师［M］．北京：中国人民大学出版社，2018.

［12］徐怀玉，宋蕊．国企混改理论、操作与案例［M］．北京：企业管理出版社，2019.

［13］佟虎．学好用好两个《操作指引》推动“双百企业”市场化经营机制改革取得新成效［J］．管理会计研究，2020，3（Z1），13-20.

［14］屠华．华润集团6S管理体系的探索与思考［D］．西南财经大学硕士学位论文，2010.

［15］夏凡．完善国有企业收入分配正向激励机制［J］．中国党政干部论坛，2020（4），56-59.

［16］夏惊鸣．企业二次创业成功路线图［M］．北京：中华工商联合出版社，2014.

［17］袁伟飚．试论国有企业人力资源管理的三项改革［D］．武汉科技大学申请管理学硕士学位论文，2002.

［18］张旭．我国国有企业并购动因与并购绩效研究［D］．北京：首都经济贸易大学博士学位论文，2012.

诗化企业管理

事物是普遍联系的。研究国企“三项制度”改革，就要系统分析国企人力资源管理，就要了解和掌握企业管理的知识框架和核心内涵。

企业管理知识非常多，能否以更精练的形式来表达，让人更容易理解和使用呢？笔者尝试以诗词的形式对企业管理进行诠释。

诗词对格律要求甚严。就格律诗来讲，有“七律”之说，即字律、句律、节律、章律、韵律、对律和声律，其中韵律、对律和声律是重点，也是格律诗的难点。特别是声律，即平仄，有“一三五不论、二四六分明、脚分明”“句内相间、联内相对、联间相粘”等要求，比较难做到。

诗化企业管理共计六篇 14 首诗词，包括文化篇 2 首、战略篇 3 首、组织篇 2 首、人才篇 2 首、财务篇 2 首和运营篇 3 首。文化是思想统领，战略是方向指引，组织是管理平台，人才、财务、运营则是企业管理的重要专业领域。企业管理范畴很广，上述分类逻辑不见得是普遍共识，但基本涵盖了企业管理的主要框架。以 14 首诗词来诠释企业管理的要义，用韵平仄方面不一定准确。意在抛砖引玉，表达个人心得体会为主，敬请诸方家斧正。

文化篇

本篇主要对价值理念和工作作风进行诠释。

永遇乐·价值理念

使命愿景，价值观念，文化寓意。事业理论，远景展望，未来之所系。行为标准，利益排序，既往成功逻辑。好资源、难以持续，唯有文化长立。

理念虽好，不用大忌，融合业务落地。宣贯导入，交流互动，提炼好案例。行为考核，认识转化，日久必改习气。好文化，百年老店，不宣秘密。

贺新郎·工作作风

行偏让人恼。混日子、不敢担当，说多干少。推诿扯皮难合作，沟通总是急躁。少钻研、浮皮潦草。自由散漫没规矩，不进取、无功却自傲。难胜举，应改掉。

红线思维应知晓。立山头、拉帮结派，钻营取巧。贪污腐化、吃回扣，滥用职权、私囊中饱。坑企业、监守自盗。严守底线不逾矩，自放纵、出事谁能了？既伸手，已无药。

《永遇乐·价值理念》上阕写的是文化的重要性、价值理念的主要内涵，下阕写的是价值理念如何起作用，以及如何落地。

《贺新郎·工作作风》上阕写的是员工的行为规范要求，下阕写的是企业中高级管理人员的行为规范要求，都是从不良行为表现角度来写的，主要是为了便于大家理解和体会。

企业文化分类逻辑很多，比较广为人知的分法是把文化分为价值理念（VI）、行为规范（BI）和形象标识（VI）。价值理念包括使命、愿景、核心价值观，行为规范一般又分为员工和中高级管理人员两个层面的行为规范。

使命，即企业存在的目的，是企业发展过程中最为重要的命题。愿景，是根据企业现阶段经营与管理发展的需要，对企业未来发展方向的一种期望、预测和定位，也就是长期发展目标。核心价值观，指企业在经营过程中，引导员工必须恪守的信条。它是解决企业在发展中如何处理内外矛盾的一系列准则。不同企业的核心价值观内涵不尽相同。有的是道德与行为标准；有的是企业相关者的利益排序，如对市场、客户、股东、员工等不同主体利益的看法或态度；有的则是企业既往成功逻辑的归纳提炼。如华为核心价值观“以客户为中心”就是企业相关者的利益排序，“以价值创造者为本”“长期坚持艰苦奋斗和自我批判”就是道德与行为标准，同时这些又都是企业的既往成功逻辑。

使命、愿景、核心价值观同时也是企业事业理论的重要组成部分。彼得·德鲁克在《管理的实践》中讲到，事业理论重点是回答三个问题：我们的事业是什么？我们的事业将是什么？我们的事业应该是什么？使命、愿景、核心价值观正是企业所从事事业的核心内涵。

企业文化很重要，但如何起作用？78 岁的稻盛和夫接手申请破产保护的日航后，仅用一年多时间就让它起死回生，有人问他有什么秘籍，稻盛和夫回答就是他的十二条经营哲学。这十二条经营哲学在管理界几乎人人皆知，为什么别人干不成？关键是真用。用文化，重在与业务融合，重在落实到日常经营管理之中，只空喊口号、挂在墙上没用。

企业文化如何落地？首先需要宣贯导入，让大家知晓，这是最基本的；需要交流互动与思想碰撞，形成共识，实现上下同欲；需要提炼好的实践案例，发挥良好的示范作用；也可以通过把文化与价值观的要求纳入绩效考核之中，强化大家的行为导向。久久为功，习惯成自然，最终转化为员工的自觉行动。但最重要的是，在企业进行重大问题决策时，在制订重要规章制度时，要体现价值理念的要求，要融入企业文化的基因。

战略篇

本篇主要概括战略制订、战略内涵和战略执行的基本要义。

战略制订

战略不明难用兵，业务定位要先行。
政治经济与社会，文化技术分析清。
大行大市出大企，细分利基产精英。
供方客户替代品，对手新手要紧盯。
关键要素知多少，核心能力促业兴。
明星金牛多投入，问题瘦狗简又精。
内外环境优劣势，机会威胁应兼听。
供需资源相匹配，扬长补短蓝图明。

战略内涵

山头既定备刀枪，模式策略是大纲。

商业模式居首位，产业生态选一桩。
技术产品产业链，平台代工销售商。
综合战略谋大势，加强防御或扩张。
现有资源潜力大，新品新市或深夯。
形势不妙走为上，收割清算来日长。
扩张捷径一体化，多元发展忌猖狂。
低本差异集中化，竞争战略剿同行。
吃头吃尾看对手，头尾通吃要思量。
穷追猛打非上策，化敌为友亦荣光。
业务战略打市场，职能战略为安邦。
粮草充足战力久，赏罚分明斗志昂。

战略执行

细化解码要共商，上下同欲少周章。
大势不改能行远，左摇右摆活不长。
小修小调正航线，边打边瞄敌难防。
荆棘险滩实难免，复盘优化业恒昌。

对企业而言，没有什么比战略更重要的了。孙子曰：“夫未战而庙算胜者，得算多也；未战而庙算不胜者，得算少也。多算胜，少算不胜，而况于无算乎？”“庙算”就是订战略、订计策。

战略如何制订？战略的主要内涵是什么？以及战略如何落地？这三个问题是企业最关注的具体战略问题，也是大家谈到企业战略时通常会思考和寻求答案的重要命题。

第一个问题，战略如何制订？

战略制订的首要问题是明确业务定位，也就是业务领域，准确地说是增长方向，这是战略制订首先要回答的问题。攻哪个山头都搞不清楚，如何打仗？其次，要明确资源能力要求。这些都需要通过外部环境分析来总结提炼。

外部环境分析首先是PEST分析，从政治（政策）、经济、社会、文化及技术走势等对行业进行综合评判。市场容量是大还是小？市场总量是增长态势还是萎缩态势？所属行业是朝阳行业还是夕阳行业？

要想做成大企业，就要选择大行业，而且是朝阳行业而不是夕阳行业。只有大行业才能孕育大市场，只有好行业才能获得超额利润，企业才能够做强、做大。但也可以选择行业细分市场、利基市场（未被满足的细分市场），主攻这些市场的企业不见得能做大，但可以做成产业精英企业，成为行业隐形冠军，日子也会过得不错。

外部环境分析还包括利益相关者分析，包括供应商、客户、替代品、新进入者、行业竞争者，也就是“波特五力模型”涉及的五个方向：供应商议价能力、购买者议价能力、新进入者威胁、替代品的威胁和行业竞争者的威胁。

同时，还要进行内部环境（资源能力等）分析。梳理企业关键成功要素，分析企业自身的核心竞争力，盘点企业的资源能力。对各业务模块（产品）进行分析，比如“波士顿矩阵分析”，区分哪些是“金牛”“明星”？哪些是“问题儿童”“瘦狗”？并制订针对性策略。

孙子曰：“知彼知己，百战不殆；不知彼而知己，一胜一负；不知彼，不知己，每战必殆。”外部环境分析就是知彼，内部环境分析就是知己。

接着，还要进行内外部环境综合分析。如 SWOT 分析，在此基础上，制订针对性策略。SWOT 分析应客观，既要看到自身的优势，也要看到自身的劣势；既要看到市场的机会，也要关注潜在的威胁。

明确了业务定位和资源能力需求，将其与企业现实资源能力进行对比，就明确了企业的资源能力短板，知晓了资源能力的补充方向，进而绘就企业战略发展蓝图。

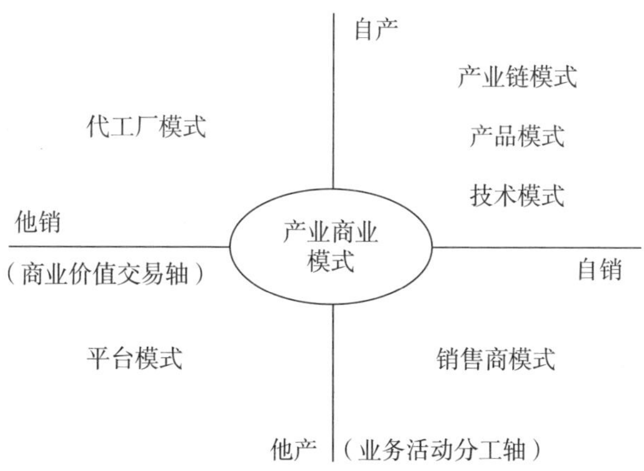

图 1　商业模式示意

第二个问题，战略的主要内涵有哪些？

首先是商业模式（含盈利模式），如图 1 所示。商业模式是指业务活动分工方式与商业价值交易结构。商业模式有哪些？众说纷纭。笔者认为总体上可以分为两大类，一类是产业商业模式，另一类是生态商业模式。笔者提出，产业商业模式可以从业务活动分工和商业价值交易两个维度进行评判，划分为技术、产品、产业链、代工厂、销售商和平台六种模式，如图1所示。产业链是相互关联、功能互补的系列产品，比如中石化，勘探、采油、炼油、化工，全产业链通吃。只搭台、不唱戏，构建的就是平台，如淘宝，自己不卖货，为别人卖货提供平台，自己赚广告费、赚附加值。

生态商业模式，是由以产品为中心转向以用户为中心，构建企业、供应商、用户等多个利益相关方之间的业务活动分工与商业价值交易的内循环。严格意义上的生态模式比较难以做到，有些企业号称做成了产业生态，但实际上大都是流量变现的平台模式。

其次是综合战略。综合战略分为三种，即加强型战略、防御型战略和扩张型战略。加强型战略适用于企业现有资源潜力较大，通过针对现有市场开发新产品，或者把现有产品推向新市场，或者现有产品在现有市场进行深度开发，提高渗透率。这些策略也就是“安索夫要素矩阵”的主要内容。

防御型战略适用于市场衰退或产品老化阶段的企业或项目，已经没有进一步投入的必要了，应进行战略收割，挖掘潜力获取最后的利润，或进行清算，及时撤出，避免不必要的损失。留得青山在，不怕没柴烧，及时收手也是战略，有时还是最明智的战略。

扩张型战略是指开辟新的业务领域，甚至是进入新的行业。扩张型战略之一是一体化策略，包括前向一体化、后向一体化和横向一体化。扩张型战略之二是多元化战略，包括非相关多元化、相关多元化，进入新行业、新业务领域。多元化扩张风险很大，但往往越是不懂的东西越被认为机会很大，实际情况是风险大于收益，多元化投资要慎之又慎。

再次是竞争战略。一般竞争战略包括低成本策略（成本领先）、集中化策略和差异化策略，也可以是三种策略的组合，比如集中化（局部市场）的成本领先策略、集中化（局部市场）的差异化策略等。

与竞争战略对应的是合作战略。没有永久的敌人，只有永久的利益，打得赢就打，打不赢就联手，对手变友商，竞争变合作，也是不错的选择。

此外，竞争战略还包括市场部位的选择，是头部市场，还是尾部市场，也就是具体攻山头的哪个部位。这取决于企业自身的实力，以及敌军在山头不同部位的布阵。

最后，业务战略制订以后，还要制订职能战略。业务战略是为了打市场，为了获得市场份额和效益，职能战略是为前线打仗提供后勤补给，提供“大炮一响、黄金万两”的激励机制。粮草和士气，对于打胜仗同样是非常重要的。

第三个问题，战略如何落地？如何有效执行？

有人讲，规划就是“鬼话”，制订完了束之高阁，这类现象不是个案。如何落地、如何执行，有时候比战略制订更重要。

首先，要进行战略解码。就是要把战略目标细化分解，变成可以执行的战略任务清单，明确责任人、工作时限和成果形态。战略解码的过程重在达成广泛共识，不能是企业领导者个人或者战略部门闭门造车来完成的，而是要通过思想碰撞，实现上下同欲，才能够为战略的真正落地、把蓝图变成大厦奠定思想基础。

其次，要有战略定力，奉行长期主义。很多企业战略订得很好，如果一以贯之的执行，都有机会成为名优企业，但走到半路，就改弦更张了，去搞房地产、搞 P2P 了。为什么？在短期暴利、时尚行业面前，变得不那么淡定了。

最后，战略要动态适应。大的战略方向是不变的，但小的航向需要不断地修正，这也是常态。谁能够一下子把所有问题、所有路径都想清楚呢？长征的路线是走出来的，不是画出来的。况且，你自己想透了，外部环境瞬息万变，战略不调整，岂不是刻舟求剑？战略也会受到挑战和质疑，也会面临荆棘险滩，不断复盘，不断反思，才能够取得最后胜利。

组织篇

《组织架构》诠释组织架构建设的主要内涵和步骤，《责权与流程》诠释职责、权限及流程建设的主要内涵。

组织架构

战略目标层层担，组织能力任在肩。
三会治理重效率，块状高层手相牵。
财控战控与操控，管少管多谋于前。
产品客户或区域，单元划分定营盘。
职能项目矩阵式，形态选择效优先。
层次幅度须兼顾，简洁高效利行权。

前中后台相匹配，分布经营小前端。
生态组织是方向，协同顺畅更无前。

责权与流程

部门精简又精编，责权清朗无牵连。
定岗定责定绩效，协同配合大局观。
该授就授明尺度，当控则控不放宽。
因事授权讲秩序，因人授权避力单。
流程导向重市场，又多又长惹人烦。
风险控制在效果，事后审计严无边。
业务管理两条线，有分有合有要凡。
组织效率何觅处？流程优化是源泉。

战略确定以后，就需要明确组织营盘，一是组织架构，二是责权与流程。通过组织建设，为战略实施奠定系统的能力平台。

组织架构如何构建？

第一步是搭建法人治理结构。即股东会、董事会和监事会的建设。法人治理结构的要点是，通过公司章程明确三会之间的责权界面，在保证必要制衡的前提下，注重提升运转效率，一定要避免组织空转和内耗。

第二步是明确企业经营高层组织分工。大家有分工、有协作，职责不交叉、不重叠，并形成集体决策机制。有些企业高层分工凌乱，各自为政，相互掣肘，无法形成合力。

第三步确立集团企业的管控模式，小企业没有这个问题。管控模式有且只有三种，财务管控、战略管控和操作管控。财务管控管得最少，主要关注投资收益；战略管控次之，管战略方向与投资、管组织绩效、管重要人事、管大额资金等；操作管控管得最细，几乎重要日常经营管理都参与。管控模式的选择跟企业规模没有直接关系，取决于子企业的业务关联度、成熟度、地域分布等。大集团子企业关联度、成熟度高，也应该采取操作管控，如部分大型军工企业。反之亦然。

第四步是业务单元划分，也主要针对规模较大的企业，单一产品、规模较小的企业一般不用考虑这个问题。业务单元划分的逻辑主要有四个：产品、客户类别、客户地域、技术领域。划分的逻辑有时又是分层次的，如主逻辑是按产品，次逻辑是按客户区域。业务单元按什么逻辑划分，取决于业务特点、阶段侧重点、整体效能等，不是一成不变的。

第五步是组织形态的选择。可选项包括直线制、直线职能制、事业部制（项目制）、矩阵制等。选择组织形态的主要考量因素是效率和效益，目标是三个有利于：有利于组织高效运转，有利于业务市场开拓，有利于降低整体管理成本。

第六步需要考虑的是管理层次和管理幅度的平衡。在管理幅度可及的情况下，管理层次越少越好。管理幅度如何确定，一般情形下的管理幅度为7~12人，取决于下属的工作内容差异化、专业复杂程度、所在地域分布、需要决定事项多寡等。按互联网思维建设的企业组织，信息网状沟通，管理幅度可大幅增加。

第七步要研究前、中、后台的结构问题。一般来说，前台规模大一些，中、后台规模小一些。但对于分布式经营的组织，赋能平台分量很重，前端单体小但数量多，自身功能不健全，主要依托平台支撑来实现自身管理功能，因此，此种组织的中、后台可能就会大一些。

关于组织形态有个时尚的提法，叫生态组织，理论上更有利于组织内部的协同和配合，该类组织究竟该如何构建，笔者也没有参透，希冀专业同行补充指教。

组织架构建立以后，责权与流程就摆上了日程。责权与流程建设有哪些要求？

精简高效、合理控编是部门建设的基本要求。部门之间的责权分工清晰，无空白、无重叠。部门责权明确以后，就要进行岗位管理，包括定岗、定责、定绩效指标，同时要考虑岗位之间的协同配合。

授权是个重要命题。敢于授权、不吝授权，组织才能够各司其职、高效运转，只给责任、不给权力，好比让士兵冲锋陷阵却不给枪炮，职责是无法履行的。授权主要是因岗授权、因事授权，但也不排除因人授权，有些人能力没有达到岗位要求或者忠诚度没有经过检验，还是先有限授权比较好。

流程设计的首要问题不是技术问题，而是导向问题。流程设计要贯彻市场导向、经营导向，而不是风险导向、管控导向。这是由企业追求效率的使命决定的。

流程的长短与风险管控没有必然联系，有的企业流程很长，但大家不尽责，除了浪费时间达不到任何管控的效果。效率导向不是不控风险，而是可以通过事后审计等方式严查严惩，以实现效率与风险控制的平衡。

流程分为业务流程和管理流程，各自有不同的要求，也有牵连勾稽。流程优化是企业提高效率的重要手段。

人才篇

《水调歌头·人力资源管理》诠释人力资源管理的要义，《念奴娇·领导者》诠释企业领导者的核心能力素质及形成路径。

水调歌头·人力资源管理

模块须专业，体系来勾连。规模匹配任务，结构应细研。建设多维通道，明确岗位责任，用人德与贤。适配提能效，梯队育高端。

明契约，增活力，秩在前。内外公平兼顾，薪酬效优先。分层分类考核，战略引领航向，价值放心间。机制添动力，能力助飞天。

念奴娇·领导者

蓝图绘就，广厦矗，堪称擎天玉柱。雄鹰展翅，翱天际，胸怀远大抱负。高瞻远瞩，统筹兼顾，穿透世间物。旌旗所指，甘心追随无数。

魅力来自何处？包容异见者，宽厚大度。以上率下，唯公心，身正不令即赴。格局高企，临危而不乱，吉人天助。德智仁勇，定能天翻地覆。

人才是企业的第一资源，人力资源管理最大的价值是如何让人才发挥最大效能。众多人才中，中高级管理人才，亦是企业的领导者，是核心资源，对很多企业而言，甚至没有之一。如何提升领导者能力素质，也是企业人才管理的核心内容。

人力资源管理的要义是什么？

人力资源管理有模块之分，有人说六个模块，也有人说八个模块，这些都无所谓，模块的专业性才是最应关注的。模块之间的勾稽关系也要多加关注，人力资源管理的体系化建设有时比单个模块更重要。

首先是人力资源规划。

规划核心内容：总体规模要与业务发展相匹配，内部人才结构要合理。人才结构是指前、中、后台比例、管理人员与非管理人员比例、学历结构、年龄结构、专业结构等。

其次是专业的职业通道建设。

包括职级体系、岗位设置与职责、任职资格等。紧接着要明确用人标准，德才兼备最好，至少不能缺“德”，在个体能力素质测评的基础上，进行人岗匹配，实现人才使用的高效能。

最后是推进契约化管理，建立内部管理秩序，形成竞争淘汰机制，激发员工活力。

一般来讲，薪酬管理和绩效管理是人力资源管理的两个最重要模块。薪酬管理关键是兼顾市场化竞争力和内部公平，重在效率优先。绩效管理的要点在于绩效文化塑造，在于战略导向和价值导向，在于分层分类管理。

能力建设和机制建设是人力资源管理的一体两翼，能力建设是目的，机制建设是手段；能力建设是“肉”，机制建设是“魂”。从某种程度上讲，人力资源管理体系也就是能力建设和机制建设的辩证统一体。

再说说企业领导者的素质与培养。

企业领导者（中高层管理人员）对于企业的发展至关重要，特别是“一把手”。那么，他们的胜任素质有哪些呢？成就导向，一是有抱负、有“野心”，也就是自驱力，百折不挠，不待扬鞭自奋蹄。二是战略思维，即高于常人的洞察力和运筹帷幄的韬略，发现别人发现不了的机会，识别常人识别不出来的问题。三是团队领导力，能聚人心，有人追随，身处困境大家也对他不离不弃。既然是胜任素质，就不是大而全的要求，从能力素质而言还可以罗列很多，但跟前面的比起来，就不那么重要了。

职位赋予的权力是领导力的基础，但远远不够。领导力还来自哪里？主要来自个人魅力和影响力。个人魅力和影响力体现在能容人，能包容多少人就能够管理多少人，换句话讲，度量小肯定带不了大队伍；公心至上，身先士卒，清正廉洁，有才不见得能服人，有德才可能服人，其身不正，虽令不从，是也；还要有格局，临危不乱，每临大事有静气；等等。有了这些优良的品质，还愁没人追随吗？

财务篇

财务篇两首，《满江红·财务管理》是对财务管理进行诠释，《雨霖铃·投融资管理》对投融资管理进行诠释。

满江红·财务管理

经营分析，曝短板，各方关切。精预算，量入为出，纷争激烈。成本控制增效益，税务筹划枉钱却。做好账，不差半分毫，心不怯。

收付制，行政列。权责制，企业界。盯紧现金流，严防缺血。三项费用管控好，四张报表瑕疵灭。慎决算，过去看未来，从头越。

企业的一切经营活动和管理行为，都离不开财务管理，最终都归集和体现在财务报表之中。财务管理有哪些具体业务领域？主要的管理逻辑是什么？

从重要性出发，经营分析排在首位。

经营分析属于管理会计范畴。通过财务视角的季度和年度经营分析暴露企业短板，进而采取针对性策略。经营分析也是高层决策的重要依据。

其次是预算管理。

制订预算并不难，严格执行预算也不难，最难的是制订一个值得严格执行的预算。预算的难点不仅在于利益纷争，更难的是对业务活动和管理活动的准确预测，这些不单单是财务部门的事。

还有就是成本控制和税务筹划。

企业效益来自增收节支，成本控制最重要，税务筹划也不容忽视。成本控制除了控制好生产成本外，还要管好三项费用，即管理费用、财务费用和销售费用。税务筹划是争取、用好财税政策，减少不必要的税费支出，而不是避税、逃税，给企业后续经营“埋雷”。

财务管理的基本逻辑是什么？核算收入与费用时的核算原则。行政事业单位一般采用的是收付实现制，企业采用的是权责发生制。

记账、做账是财务管理的基本功。做到完全合法合规、准确无误并不容易，朱镕基同志题词“不做假账”用意很深，做不做假账，主要难点不是复杂的专业问题，而是管理者的业绩观问题。

完整的财务报表至少包括“四表一注”，即资产负债表、利润表、现金流量表、所有者权益变动表，以及会计报表附注。没有什么比现金流更重要的了，很多企业本来业务发展不错，就是由于投资融资节奏没有把握好，导致现金流断了，最后破产倒闭，着实可惜。

与预算相对应的是决算。预算是对经营活动和财务收支的预判，决算是对预算执行情况的总结，是经营成果的综合反映。决算在反映经营成果的同时，也可以发现企业经营管理存在的问题，为后续经营计划和下一周期财务预算的制订提供依据。

雨霖铃·投融资管理

投资指向，产业、财务，单剑出鞘。产业重视协同，补强短板，能力配套。财务关注收益，发展前景妙。慎融资，扩股发债，成本低廉多渠道。

市盈市净市销率，重置法，估值最重要。财务、风险窥豹，不能缺、法律尽调。交易结构、章程协议合规可靠。若设定、回购条款，做梦都在笑。

说说投融资管理。广义上讲，投融资管理属于财务管理范畴。投融资管理简单地讲就是四个字：融、投、管、退。

如何融资？一是股权融资，二是债权融资。股权融资可以是老股东增资，也可以通过增发扩股引入新股东来增资。债权融资可以是发企业债，也可以是贷款。股权融资与债权融资的主要差别在于，前者无利息、无需还本。但如果预期收益超好，债权融资有放大效应，股东收益自然就大；如果预期风险较大，引入新股东，分摊些风险对老股东也是个不错的选项。

投资管理从目的角度分类有两个方向，一是产业性投资，二是财务性投资。产业性投资注重与现有产业的协同配合，主要是为了强化主业、补齐短板，完善自身能力和产业链。财务性投资主要关注未来收益，只要项目前景好、能赚钱、风险可控就可以了。

投资管理最重要的命题是估值。估值方法有市盈率、市净率、市销率、重置法、折现法等，对于不同业务性质和处于不同发展阶段的企业（项目），采用不同的估值方法。同时，要做好尽职调查工作，小心各种陷阱，包括财务尽调、风险尽调、法律尽调等都是必不可少的。

最后就是交易结构设计问题。具体包括收购方式（资产/股权）、支付方式（现金/股权互换）、对赌机制、退出机制等，这些内容与要求都应通过修改章程、签订协议予以明确。对于预估风险较大的投资项目，如果能够设计回购条款，那就万无一失了。

运营篇

企业“运营管理”的概念不是十分清晰，涉及管理专业领域较多，这里主要就产品研发、精益生产和市场营销进行诠释。

水调歌头·产品研发

市场为导向，需求端到端。多方联合作战，阻隘化云烟。技术造就壁垒，性能锚定价值，勠力求领先。半步盈高利，两步入险滩。

清架构，精设计，造无眠。验证暴露问题，容错登云端。试销迭代优化，累量降本提质，效益吐幽兰。世上有爆款，只要肯登攀。

如何做好产品研发？

以市场为导向，而不是闭门造车。从客户需求出发，到满足客户需求终了，这是产品研发的基本逻辑，即所谓的“端到端”。同时，产品研发也不是研发部门一个部门的事，需要市场、供应、生产、质量，甚至人资、财务等多个部门的协同配合。

产品研发的价值体现在哪里？性能满足客户，技术形成壁垒，性价比领先对手。技术领先对手多少合适？领先半步就可以获得超额利润，但如果领先两步，市场还没预热、没有启动，可能就会把企业带入死路。

产品研发如何开展？首先是产品架构和产品设计，然后是生产环节、验证与测试，通过反复试错、修改，产品才能够趋于完善，才能够推向市场。

优化永无止境，还要结合市场反馈对产品进行再改进、再提升。

产品研发的成功不但取决于好产品、大销量，还要推进低成本。当然，这些都是相对的。如何实现降成本？主要是通过量的积累——学习曲线来实现，各种费用的节约也可以降成本，但不是主渠道。

大家都在追求爆款，但可遇不可求，量变到质变，只要坚持就有机会，没准儿哪天就实现了。

水调歌头·精益生产

生产求效率，精益致非凡。推动资源优化，低耗凯歌还。需求拉动生产，准时交付客户，降本一剑悬。取效于何处？人机料法环。

减工序，少动作，控时严。设备状态完好，供应行于前。优化布局物流，保证均衡生产，库存细如绵。累计小改进，掀起大波澜。

精益生产是怎么回事？

精益生产是生产的一种理想形态，也是目前制造企业广泛推行的一种生产方式，最早是由丰田提出来的。

精益生产的主要目标是提升效率，进而提升效益。其主要思想是通过优化资源配置提升资源使用效能，以订单需求拉动生产，通过准时交付、降低库存来降低生产成本。优化资源配置和降本的维度主要有哪些？人、机（设备、工装、工具等）、料（材料、外购件等）、法（设计文件、工艺规程等）、环（厂房布局、环境条件等）。

精益生产还有哪些具体策略？通过优化工艺流程，减少不必要的工序和不必要的动作来缩短生产时间。同时，保持设备状态良好，保证物流供应及时，实现均衡生产，不提前也不滞后，实现低库存，甚至零库存。

精益生产不一定轰轰烈烈，而是通过润物细无声地改进，积跬步以至千里，最后实现降本增效的目的。

沁园春·市场营销

创造客户，传递价值，锁定目标。明产品策略，或凡或异；价格定位，或低或高。分直经代，渠道优选，通路顺畅架虹桥。研市场，看现状走势，精准促销。

市场如此多妖，引无数精英亮绝招。惜关系、广告，难以持久；社群、网络，非消量凋。整合营销，文攻武治，无惧客群痛点飘。重黏性，想客户所想，业绩滔滔。

市场营销对于企业来讲很重要，与产品研发处于同等地位。彼得·德鲁克讲，企业的目标是创造客户，有两个并且只有两个基本功能：市场营销和创新，可见市场营销的重要性。

市场营销的主要功能是向特定客户传递和宣导产品的价值。

市场营销的策略一般概括为4P，即产品、价格、促销、渠道，也有5P、6P、8P的提法，这些提法拼凑的痕迹比较重，笔者认为还是4P最重要。产品策略体现在是大众化还是标新立异？应从特定客户群的偏好出发进行决策。价格策略是高定价还是低定价？取决于产品，取决于客户，也取决于产品的价格弹性。渠道很重要，采取分销还是直销，分销是采取经销商模式还是代理商模式，需要结合产品属性、市场状态和对手情况而定。4P策略，特别是促销策略，能够真正生效的重要前提是要做好市场调研，准确定义市场，准确把握客户需求。

从市场营销方式的发展趋势看，既往更多的是采用关系营销、广告营销，近些年比较时髦的是社群营销、网络营销，但每一种营销手段都不是万能的。上述四种广为传播、大受赞誉的营销方式很好，但也主要作用于消费品营销，对于非消品，特别是to B产品基本是无效的。长远看，整合营销、多管齐下才是营销的发展方向，综合施策，文公武略，不论客户痛点如何变幻，至少都会有一招管用。

市场营销策略纷呈，其底层逻辑是什么？是花样百出的营销手段吗？非也，是黏性，是不断满足客户需求，是自身的产品底蕴，是给客户带来的实打实的价值。以客户为中心的营销理念是“道”，具体营销策略是“术”。绝不能本末倒置，忽悠客户，甚至是欺瞒客户。不择手段枉顾客户价值，可以赢得一单两单，可以取得短期收益，甚至是超额收益，但注定是长久不了的。

附录　政策汇编

中共中央、国务院关于深化国有企业改革的指导意见

（2015 年 8 月 24 日）

国有企业属于全民所有，是推进国家现代化、保障人民共同利益的重要力量，是我们党和国家事业发展的重要物质基础和政治基础。改革开放以来，国有企业改革发展不断取得重大进展，总体上已经同市场经济相融合，运行质量和效益明显提升，在国际国内市场竞争中涌现出一批具有核心竞争力的骨干企业，为推动经济社会发展、保障和改善民生、开拓国际市场、增强我国综合实力作出了重大贡献，国有企业经营管理者队伍总体上是好的，广大职工付出了不懈努力，成就是突出的。但也要看到，国有企业仍然存在一些亟待解决的突出矛盾和问题，一些企业市场主体地位尚未真正确立，现代企业制度还不健全，国有资产监管体制有待完善，国有资本运行效率需进一步提高；一些企业管理混乱，内部人控制、利益输送、国有资产流失等问题突出，企业办社会职能和历史遗留问题还未完全解决；一些企业党组织管党治党责任不落实、作用被弱化。面向未来，国有企业面临日益激烈的国际竞争和转型升级的巨大挑战。在推动我国经济保持中高速增长和迈向中高端水平、完善和发展中国特色社会主义制度、实现中华民族伟大复兴中国梦的进程中，国有企业肩负着重大历史使命和责任。要认真贯彻落实党中央、国务院战略决策，按照“四个全面”战略布局的要求，以经济建设为中心，坚持问题导向，继续推进国有企业改革，切实破除体制机制障碍，坚定不移做强做优做大国有企业。为此，提出以下意见。

一、总体要求

（一）指导思想

高举中国特色社会主义伟大旗帜，认真贯彻落实党的十八大和十八届三中、四中全会精神，深入学习贯彻习近平总书记系列重要讲话精神，坚持和完善基本经济制度，坚持社会主义市场经济改革方向，适应市场化、现代化、国际化新形势，以解放和发展社会生产力为标准，以提高国有资本效率、增强国有企业活力为中心，完善产权清晰、权责明确、政企分开、管理科学的现代企业制度，完善国有资产监管体制，防止国有资产流失，全面推进依法治企，加强和改进党对国有企业的领导，做强做优做大国有企业，不断增强国有经济活力、控制力、影响力、抗风险能力，主动适应和引领经济发展新常态，为促进经济社会持续健康发展、实现中华民族伟大复兴中国梦作出积极贡献。

（二）基本原则

——坚持和完善基本经济制度。这是深化国有企业改革必须把握的根本要求。必须毫不动摇巩固和发展公有制经济，毫不动摇鼓励、支持、引导非公有制经济发展。坚持公有制主体地位，发挥国有经济主导作用，积极促进国有资本、集体资本、非公有资本等交叉持股、相互融合，推动各种所有制资本取长补短、相互促进、共同发展。

——坚持社会主义市场经济改革方向。这是深化国有企业改革必须遵循的基本规律。国有企业改革要遵循市场经济规律和企业发展规律，坚持政企分开、政资分开、所有权与经营权分离，坚持权利、义务、责任相统一，坚持激励机制和约束机制相结合，促使国有企业真正成为依法自主经营、自负盈亏、自担风险、自我约束、自我发展的独立市场主体。社会主义市场经济条件下的国有企业，要成为自觉履行社会责任的表率。

——坚持增强活力和强化监管相结合。这是深化国有企业改革必须把握的重要关系。增强活力是搞好国有企业的本质要求，加强监管是搞好国有企业的重要保障，要切实做到两者的有机统一。继续推进简政放权，依法落实企业法人财产权和经营自主权，进一步激发企业活力、创造力和市场竞争力。进一步完善国有企业监管制度，切实防止国有资产流失，确保国有资产保值增值。

——坚持党对国有企业的领导。这是深化国有企业改革必须坚守的政治方向、政治原则。要贯彻全面从严治党方针，充分发挥企业党组织政治核心作用，加强企业领导班子建设，创新基层党建工作，深入开展党风廉政建设，坚持全心全意依靠工人阶级，维护职工合法权益，为国有企业改革发展提供坚强有力的政治保证、组织保证和人才支撑。

——坚持积极稳妥统筹推进。这是深化国有企业改革必须采用的科学方法。要正确处理推进改革和坚持法治的关系，正确处理改革发展稳定关系，正确处理搞好顶层设计和尊重基层首创精神的关系，突出问题导向，坚持分类推进，把握好改革的次序、节奏、力度，确保改革扎实推进、务求实效。

（三）主要目标

到2020年，在国有企业改革重要领域和关键环节取得决定性成果，形成更加符合我国基本经济制度和社会主义市场经济发展要求的国有资产管理体制、现代企业制度、市场化经营机制，国有资本布局结构更趋合理，造就一大批德才兼备、善于经营、充满活力的优秀企业家，培育一大批具有创新能力和国际竞争力的国有骨干企业，国有经济活力、控制力、影响力、抗风险能力明显增强。

——国有企业公司制改革基本完成，发展混合所有制经济取得积极进展，法人治理结构更加健全，优胜劣汰、经营自主灵活、内部管理人员能上能下、员工能进能出、收入能增能减的市场化机制更加完善。

——国有资产监管制度更加成熟，相关法律法规更加健全，监管手段和方式不断优化，监管的科学性、针对性、有效性进一步提高，经营性国有资产实现集中统一监管，国有资产保值增值责任全面落实。

——国有资本配置效率显著提高，国有经济布局结构不断优化、主导作用有效发挥，国有企业在提升自主创新能力、保护资源环境、加快转型升级、履行社会责任中的引领和表率作用充分发挥。

——企业党的建设全面加强，反腐倡廉制度体系、工作体系更加完善，国有企业党组织在公司治理中的法定地位更加巩固，政治核心作用充分发挥。

二、分类推进国有企业改革

（四）划分国有企业不同类别。根据国有资本的战略定位和发展目标，结合不同国有企业在经济社会发展中的作用、现状和发展需要，将国有企业分为商业类和公益类。通过界定功能、划分类别，实行分类改革、分类发展、分类监管、分类定责、分类考核，提高改革的针对性、监管的有效性、考核评价的科学性，推动国有企业同市场经济深入融合，促进国有企业经济效益和社会效益有机统一。按照谁出资谁分类的原则，由履行出资人职责的机构负责制订所出资企业的功能界定和分类方案，报本级政府批准。各地区可结合实际，划分并动态调整本地区国有企业功能类别。

（五）推进商业类国有企业改革。商业类国有企业按照市场化要求实行商业化运作，以增强国有经济活力、放大国有资本功能、实现国有资产保值增值为主要目标，依法独立自主开展生产经营活动，实现优胜劣汰、有序进退。

主业处于充分竞争行业和领域的商业类国有企业，原则上都要实行公司制股份制改革，积极引入其他国有资本或各类非国有资本实现股权多元化，国有资本可以绝对控股、相对控股，也可以参股，并着力推进整体上市。对这些国有企业，重点考核经营业绩指标、国有资产保值增值和市场竞争能力。

主业处于关系国家安全、国民经济命脉的重要行业和关键领域、主要承担重大专项任务的商业类国有企业，要保持国有资本控股地位，支持非国有资本参股。对自然垄断行业，实行以政企分开、政资分开、特许经营、政府监管为主要内容的改革，根据不同行业特点实行网运分开、放开竞争性业务，促进公共资源配置市场化；对需要实行国有全资的企业，也要积极引入其他国有资本实行股权多元化；对特殊业务和竞争性业务实行业务板块有效分离，独立运作、独立核算。对这些国有企业，在考核经营业绩指标和国有资产保值增值情况的同时，加强对服务国家战略、保障国家安全和国民经济运行、发展前瞻性战略性产业以及完成特殊任务的考核。

（六）推进公益类国有企业改革。公益类国有企业以保障民生、服务社会、提供公共产品和服务为主要目标，引入市场机制，提高公共服务效率和能力。这类企业可以采取国有独资形式，具备条件的也可以推行投资主体多元化，还可以通过购买服务、特许经营、委托代理等方式，鼓励非国有企业参与经营。对公益类国有企业，重点考核成本控制、产品服务质量、营运效率和保障能力，根据企业不同特点有区别地考核经营业绩指标和国有资产保值增值情况，考核中要引入社会评价。

三、完善现代企业制度

（七）推进公司制股份制改革。加大集团层面公司制改革力度，积极引入各类投资者实现股权多元化，大力推动国有企业改制上市，创造条件实现集团公司整体上市。根据不同企业的功能定位，逐步调整国有股权比例，形成股权结构多元、股东行为规范、内部约束有效、运行高效灵活的经营机制。允许将部分国有资本转化为优先股，在少数特定领域探索建立国家特殊管理股制度。

（八）健全公司法人治理结构。重点是推进董事会建设，建立健全权责对等、运转协调、有效制衡的决策执行监督机制，规范董事长、总经理行权行为，充分发挥董事会的决策作用、监事会的监督作用、经理层的经营管理作用、党组织的政治核心作用，切实解决一些企业董事会形同虚设、“一把手”说了算的问题，实现规范的公司治理。要切实落实和维护董事会依法行使重大决策、选人用人、薪酬分配等权利，保障经理层经营自主权，法无授权任何政府部门和机构不得干预。加强董事会内部的制衡约束，国有独资、全资公司的董事会和监事会均应有职工代表，董事会外部董事应占多数，落实一人一票表决制度，董事对董事会决议承担责任。改进董事会和董事评价办法，强化对董事的考核评价和管理，对重大决策失误负有直接责任的要及时调整或解聘，并依法追究责任。进一步加强外部董事队伍建设，拓宽来源渠道。

（九）建立国有企业领导人员分类分层管理制度。坚持党管干部原则与董事会依法产生、董事会依法选择经营管理者、经营管理者依法行使用人权相结合，不断创新有效实现形式。上级党组织和国有资产监管机构按照管理权限加强对国有企业领导人员的管理，广开推荐渠道，依规考察提名，严格履行选用程序。根据不同企业类别和层级，实行选任制、委任制、聘任制等不同选人用人方式。推行职业经理人制度，实行内部培养和外部引进相结合，畅通现有经营管理者与职业经理人身份转换通道，董事会按市场化方式选聘和管理职业经理人，合理增加市场化选聘比例，加快建立退出机制。推行企业经理层成员任期制和契约化管理，明确责任、权利、义务，严格任期管理和目标考核。

（十）实行与社会主义市场经济相适应的企业薪酬分配制度。企业内部的薪酬分配权是企业的法定权利，由企业依法依规自主决定，完善既有激励又有约束、既讲效率又讲公平、既符合企业一般规律又体现国有企业特点的分配机制。建立健全与劳动力市场基本适应、与企业经济效益和劳动生产率挂钩的工资决定和正常增长机制。推进全员绩效考核，以业绩为导向，科学评价不同岗位员工的贡献，合理拉开收入分配差距，切实做到收入能增能减和奖惩分明，充分调动广大职工积极性。对国有企业领导人员实行与选任方式相匹配、与企业功能性质相适应、与经营业绩相挂钩的差异化薪酬分配办法。对党中央、国务院和地方党委、政府及其部门任命的国有企业领导人员，合理确定基本年薪、绩效年薪和任期激励收入。对市场化选聘的职业经理人实行市场化薪酬分配机制，可以采取多种方式探索完善中长期激励机制。健全与激励机制相对称的经济责任审计、信息披露、延期支付、追索扣回等约束机制。严格规范履职待遇、业务支出，严禁将公款用于个人支出。

（十一）深化企业内部用人制度改革。建立健全企业各类管理人员公开招聘、竞争上岗等制度，对特殊管理人员可以通过委托人才中介机构推荐等方式，拓宽选人用人视野和渠道。建立分级分类的企业员工市场化公开招聘制度，切实做到信息公开、过程公开、结果公开。构建和谐劳动关系，依法规范企业各类用工管理，建立健全以合同管理为核心、以岗位管理为基础的市场化用工制度，真正形成企业各类管理人员能上能下、员工能进能出的合理流动机制。

四、完善国有资产管理体制

（十二）以管资本为主推进国有资产监管机构职能转变。国有资产监管机构要准确把握依法履行出资人职责的定位，科学界定国有资产出资人监管的边界，建立监管权力清单和责任清单，实现以管企业为主向以管资本为主的转变。该管的要科学管理、绝不缺位，重点管好国有资本布局、规范资本运作、提高资本回报、维护资本安全；不该管的要依法放权、决不越位，将依法应由企业自主经营决策的事项归位于企业，将延伸到子企业的管理事项原则上归位于一级企业，将配合承担的公共管理职能归位于相关政府部门和单位。大力推进依法监管，着力创新监管方式和手段，改变行政化管理方式，改进考核体系和办法，提高监管的科学性、有效性。

（十三）以管资本为主改革国有资本授权经营体制。改组组建国有资本投资、运营公司，探索有效的运营模式，通过开展投资融资、产业培育、资本整合，推动产业集聚和转型升级，优化国有资本布局结构；通过股权运作、价值管理、有序进退，促进国有资本合理流动，实现保值增值。科学界定国有资本所有权和经营权的边界，国有资产监管机构依法对国有资本投资、运营公司和其他直接监管的企业履行出资人职责，并授权国有资本投资、运营公司对授权范围内的国有资本履行出资人职责。国有资本投资、运营公司作为国有资本市场化运作的专业平台，依法自主开展国有资本运作，对所出资企业行使股东职责，按照责权对应原则切实承担起国有资产保值增值责任。开展政府直接授权国有资本投资、运营公司履行出资人职责的试点。

（十四）以管资本为主推动国有资本合理流动优化配置。坚持以市场为导向、以企业为主体，有进有退、有所为有所不为，优化国有资本布局结构，增强国有经济整体功能和效率。紧紧围绕服务国家战略，落实国家产业政策和重点产业布局调整总体要求，优化国有资本重点投资方向和领域，推动国有资本向关系国家安全、国民经济命脉和国计民生的重要行业和关键领域、重点基础设施集中，向前瞻性战略性产业集中，向具有核心竞争力的优势企业集中。发挥国有资本投资、运营公司的作用，清理退出一批、重组整合一批、创新发展一批国有企业。建立健全优胜劣汰市场化退出机制，充分发挥失业救济和再就业培训等的作用，解决好职工安置问题，切实保障退出企业依法实现关闭或破产，加快处置低效无效资产，淘汰落后产能。支持企业依法合规通过证券交易、产权交易等资本市场，以市场公允价格处置企业资产，实现国有资本形态转换，变现的国有资本用于更需要的领域和行业。推动国有企业加快管理创新、商业模式创新，合理限定法人层级，有效压缩管理层级。发挥国有企业在实施创新驱动发展战略和制造强国战略中的骨干和表率作用，强化企业在技术创新中的主体地位，重视培养科研人才和高技能人才。支持国有企业开展国际化经营，鼓励国有企业之间以及与其他所有制企业以资本为纽带，强强联合、优势互补，加快培育一批具有世界一流水平的跨国公司。

（十五）以管资本为主推进经营性国有资产集中统一监管。稳步将党政机关、事业单位所属企业的国有资本纳入经营性国有资产集中统一监管体系，具备条件的进入国有资本投资、运营公司。加强国有资产基础管理，按照统一制度规范、统一工作体系的原则，抓紧制定企业国有资产基础管理条例。建立覆盖全部国有企业、分级管理的国有资本经营预算管理制度，提高国有资本收益上缴公共财政比例，2020 年提高到 30%，更多用于保障和改善民生。划转部分国有资本充实社会保障基金。

五、发展混合所有制经济

（十六）推进国有企业混合所有制改革。以促进国有企业转换经营机制，放大国有资本功能，提高国有资本配置和运行效率，实现各种所有制资本取长补短、相互促进、共同发展为目标，稳妥推动国有企业发展混合所有制经济。对通过实行股份制、上市等途径已经实行混合所有制的国有企业，要着力在完善现代企业制度、提高资本运行效率上下功夫；对于适宜继续推进混合所有制改革的国有企业，要充分发挥市场机制作用，坚持因地施策、因业施策、因企施策，宜独则独、宜控则控、宜参则参，不搞拉郎配，不搞全覆盖，不设时间表，成熟一个推进一个。改革要依法依规、严格程序、公开公正，切实保护混合所有制企业各类出资人的产权权益，杜绝国有资产流失。

（十七）引入非国有资本参与国有企业改革。鼓励非国有资本投资主体通过出资入股、收购股权、认购可转债、股权置换等多种方式，参与国有企业改制重组或国有控股上市公司增资扩股以及企业经营管理。实行同股同权，切实维护各类股东合法权益。在石油、天然气、电力、铁路、电信、资源开发、公用事业等领域，向非国有资本推出符合产业政策、有利于转型升级的项目。依照外商投资产业指导目录和相关安全审查规定，完善外资安全审查工作机制。开展多类型政府和社会资本合作试点，逐步推广政府和社会资本合作模式。

（十八）鼓励国有资本以多种方式入股非国有企业。充分发挥国有资本投资、运营公司的资本运作平台作用，通过市场化方式，以公共服务、高新技术、生态环保、战略性产业为重点领域，对发展潜力大、成长性强的非国有企业进行股权投资。鼓励国有企业通过投资入股、联合投资、重组等多种方式，与非国有企业进行股权融合、战略合作、资源整合。

（十九）探索实行混合所有制企业员工持股。坚持试点先行，在取得经验基础上稳妥有序推进，通过实行员工持股建立激励约束长效机制。优先支持人才资本和技术要素贡献占比较高的转制科研院所、高新技术企业、科技服务型企业开展员工持股试点，支持对企业经营业绩和持续发展有直接或较大影响的科研人员、经营管理人员和业务骨干等持股。员工持股主要采取增资扩股、出资新设等方式。完善相关政策，健全审核程序，规范操作流程，严格资产评估，建立健全股权流转和退出机制，确保员工持股公开透明，严禁暗箱操作，防止利益输送。

六、强化监督防止国有资产流失

（二十）强化企业内部监督。完善企业内部监督体系，明确监事会、审计、纪检监察、巡视以及法律、财务等部门的监督职责，完善监督制度，增强制度执行力。强化对权力集中、资金密集、资源富集、资产聚集的部门和岗位的监督，实行分事行权、分岗设权、分级授权，定期轮岗，强化内部流程控制，防止权力滥用。建立审计部门向董事会负责的工作机制。落实企业内部监事会对董事、经理和其他高级管理人员的监督。进一步发挥企业总法律顾问在经营管理中的法律审核把关作用，推进企业依法经营、合规管理。集团公司要依法依规、尽职尽责加强对子企业的管理和监督。大力推进厂务公开，健全以职工代表大会为基本形式的企业民主管理制度，加强企业职工民主监督。

（二十一）建立健全高效协同的外部监督机制。强化出资人监督，加快国有企业行为规范法律法规制度建设，加强对企业关键业务、改革重点领域、国有资本运营重要环节以及境外国有资产的监督，规范操作流程，强化专业检查，开展总会计师由履行出资人职责机构委派的试点。加强和改进外派监事会制度，明确职责定位，强化与有关专业监督机构的协作，加强当期和事中监督，强化监督成果运用，建立健全核查、移交和整改机制。健全国有资本审计监督体系和制度，实行企业国有资产审计监督全覆盖，建立对企业国有资本的经常性审计制度。加强纪检监察监督和巡视工作，强化对企业领导人员廉洁从业、行使权力等的监督，加大大案要案查处力度，狠抓对存在问题的整改落实。整合出资人监管、外派监事会监督和审计、纪检监察、巡视等监督力量，建立监督工作会商机制，加强统筹，创新方式，共享资源，减少重复检查，提高监督效能。建立健全监督意见反馈整改机制，形成监督工作的闭环。

（二十二）实施信息公开加强社会监督。完善国有资产和国有企业信息公开制度，设立统一的信息公开网络平台，依法依规、及时准确披露国有资本整体运营和监管、国有企业公司治理以及管理架构、经营情况、财务状况、关联交易、企业负责人薪酬等信息，建设阳光国企。认真处理人民群众关于国有资产流失等问题的来信、来访和检举，及时回应社会关切。充分发挥媒体舆论监督作用，有效保障社会公众对企业国有资产运营的知情权和监督权。

（二十三）严格责任追究。建立健全国有企业重大决策失误和失职、渎职责任追究倒查机制，建立和完善重大决策评估、决策事项履职记录、决策过错认定标准等配套制度，严厉查处侵吞、贪污、输送、挥霍国有资产和逃废金融债务的行为。建立健全企业国有资产的监督问责机制，对企业重大违法违纪问题敷衍不追、隐匿不报、查处不力的，严格追究有关人员失职渎职责任，视不同情形给予纪律处分或行政处分，构成犯罪的，由司法机关依法追究刑事责任。

七、加强和改进党对国有企业的领导

（二十四）充分发挥国有企业党组织政治核心作用。把加强党的领导和完善公司治理统一起来，将党建工作总体要求纳入国有企业章程，明确国有企业党组织在公司法人治理结构中的法定地位，创新国有企业党组织发挥政治核心作用的途径和方式。在国有企业改革中坚持党的建设同步谋划、党的组织及工作机构同步设置、党组织负责人及党务工作人员同步配备、党的工作同步开展，保证党组织工作机构健全、党务工作者队伍稳定、党组织和党员作用得到有效发挥。坚持和完善双向进入、交叉任职的领导体制，符合条件的党组织领导班子成员可以通过法定程序进入董事会、监事会、经理层，董事会、监事会、经理层成员中符合条件的党员可以依照有关规定和程序进入党组织领导班子；经理层成员与党组织领导班子成员适度交叉任职；董事长、总经理原则上分设，党组织书记、董事长一般由一人担任。

国有企业党组织要切实承担好、落实好从严管党治党责任。坚持从严治党、思想建党、制度治党，增强管党治党意识，建立健全党建工作责任制，聚精会神抓好党建工作，做到守土有责、守土负责、守土尽责。党组织书记要切实履行党建工作第一责任人职责，党组织班子其他成员要切实履行“一岗双责”，结合业务分工抓好党建工作。中央企业党组织书记同时担任企业其他主要领导职务的，应当设立1名专职抓企业党建工作的副书记。加强国有企业基层党组织建设和党员队伍建设，强化国有企业基层党建工作的基础保障，充分发挥基层党组织战斗堡垒作用、共产党员先锋模范作用。加强企业党组织对群众工作的领导，发挥好工会、共青团等群团组织的作用，深入细致做好职工群众的思想政治工作。把建立党的组织、开展党的工作，作为国有企业推进混合所有制改革的必要前提，根据不同类型混合所有制企业特点，科学确定党组织的设置方式、职责定位、管理模式。

（二十五）进一步加强国有企业领导班子建设和人才队伍建设。根据企业改革发展需要，明确选人用人标准和程序，创新选人用人方式。强化党组织在企业领导人员选拔任用、培养教育、管理监督中的责任，支持董事会依法选择经营管理者、经营管理者依法行使用人权，坚决防止和整治选人用人中的不正之风。加强对国有企业领导人员尤其是主要领导人员的日常监督管理和综合考核评价，及时调整不胜任、不称职的领导人员，切实解决企业领导人员能上不能下的问题。以强化忠诚意识、拓展世界眼光、提高战略思维、增强创新精神、锻造优秀品行为重点，加强企业家队伍建设，充分发挥企业家作用。大力实施人才强企战略，加快建立健全国有企业集聚人才的体制机制。

（二十六）切实落实国有企业反腐倡廉“两个责任”。国有企业党组织要切实履行好主体责任，纪检机构要履行好监督责任。加强党性教育、法治教育、警示教育，引导国有企业领导人员坚定理想信念，自觉践行“三严三实”要求，正确履职行权。建立切实可行的责任追究制度，与企业考核等挂钩，实行“一案双查”。推动国有企业纪律检查工作双重领导体制具体化、程序化、制度化，强化上级纪委对下级纪委的领导。加强和改进国有企业巡视工作，强化对权力运行的监督和制约。坚持运用法治思维和法治方式反腐败，完善反腐倡廉制度体系，严格落实反“四风”规定，努力构筑企业领导人员不敢腐、不能腐、不想腐的有效机制。

八、为国有企业改革创造良好环境条件

（二十七）完善相关法律法规和配套政策。加强国有企业相关法律法规立改废释工作，确保重大改革于法有据。切实转变政府职能，减少审批、优化制度、简化手续、提高效率。完善公共服务体系，推进政府购买服务，加快建立稳定可靠、补偿合理、公开透明的企业公共服务支出补偿机制。完善和

落实国有企业重组整合涉及的资产评估增值、土地变更登记和国有资产无偿划转等方面税收优惠政策。完善国有企业退出的相关政策，依法妥善处理劳动关系调整、社会保险关系接续等问题。

（二十八）加快剥离企业办社会职能和解决历史遗留问题。完善相关政策，建立政府和国有企业合理分担成本的机制，多渠道筹措资金，采取分离移交、重组改制、关闭撤销等方式，剥离国有企业职工家属区“三供一业”和所办医院、学校、社区等公共服务机构，继续推进厂办大集体改革，对国有企业退休人员实施社会化管理，妥善解决国有企业历史遗留问题，为国有企业公平参与市场竞争创造条件。

（二十九）形成鼓励改革创新的氛围。坚持解放思想、实事求是，鼓励探索、实践、创新。全面准确评价国有企业，大力宣传中央关于全面深化国有企业改革的方针政策，宣传改革的典型案例和经验，营造有利于国有企业改革的良好舆论环境。

（三十）加强对国有企业改革的组织领导。各级党委和政府要统一思想，以高度的政治责任感和历史使命感，切实履行对深化国有企业改革的领导责任。要根据本指导意见，结合实际制定实施意见，加强统筹协调、明确责任分工、细化目标任务、强化督促落实，确保深化国有企业改革顺利推进，取得实效。

金融、文化等国有企业的改革，中央另有规定的依其规定执行。

国务院关于国有企业发展混合所有制经济的意见

国发〔2015〕54号

各省、自治区、直辖市人民政府，国务院各部委、各直属机构：

发展混合所有制经济，是深化国有企业改革的重要举措。为贯彻党的十八大和十八届三中、四中全会精神，按照“四个全面”战略布局要求，落实党中央、国务院决策部署，推进国有企业混合所有制改革，促进各种所有制经济共同发展，现提出以下意见。

一、总体要求

（一）改革出发点和落脚点。国有资本、集体资本、非公有资本等交叉持股、相互融合的混合所有制经济，是基本经济制度的重要实现形式。多年来，一批国有企业通过改制发展成为混合所有制企业，但治理机制和监管体制还需要进一步完善；还有许多国有企业为转换经营机制、提高运行效率，正在积极探索混合所有制改革。当前，应对日益激烈的国际竞争和挑战，推动我国经济保持中高速增长、迈向中高端水平，需要通过深化国有企业混合所有制改革，推动完善现代企业制度，健全企业法人治理结构；提高国有资本配置和运行效率，优化国有经济布局，增强国有经济活力、控制力、影响力和抗风险能力，主动适应和引领经济发展新常态；促进国有企业转换经营机制，放大国有资本功能，实现国有资产保值增值，实现各种所有制资本取长补短、相互促进、共同发展，夯实社会主义基本经济制度的微观基础。在国有企业混合所有制改革中，要坚决防止因监管不到位、改革不彻底导致国有资产流失。

（二）基本原则。

——政府引导，市场运作。尊重市场经济规律和企业发展规律，以企业为主体，充分发挥市场机制作用，把引资本与转机制结合起来，把产权多元化与完善企业法人治理结构结合起来，探索国有企业混合所有制改革的有效途径。

——完善制度，保护产权。以保护产权、维护契约、统一市场、平等交换、公平竞争、有效监管为基本导向，切实保护混合所有制企业各类出资人的产权权益，调动各类资本参与发展混合所有制经济的积极性。

——严格程序，规范操作。坚持依法依规，进一步健全国有资产交易规则，科学评估国有资产价值，完善市场定价机制，切实做到规则公开、过程公开、结果公开。强化交易主体和交易过程监管，防止暗箱操作、低价贱卖、利益输送、化公为私、逃废债务，杜绝国有资产流失。

——宜改则改，稳妥推进。对通过实行股份制、上市等途径已经实行混合所有制的国有企业，要着力在完善现代企业制度、提高资本运行效率上下功夫；对适宜继续推进混合所有制改革的国有企业，要充分发挥市场机制作用，坚持因地施策、因业施策、因企施策，宜独则独、宜控则控、宜参则参，不搞拉郎配，不搞全覆盖，不设时间表，一企一策，成熟一个推进一个，确保改革规范有序进行。尊重基层创新实践，形成一批可复制、可推广的成功做法。

二、分类推进国有企业混合所有制改革

（三）稳妥推进主业处于充分竞争行业和领域的商业类国有企业混合所有制改革。按照市场化、国际化要求，以增强国有经济活力、放大国有资本功能、实现国有资产保值增值为主要目标，以提高经济效益和创新商业模式为导向，充分运用整体上市等方式，积极引入其他国有资本或各类非国有资本实现股权多元化。坚持以资本为纽带完善混合所有制企业治理结构和管理方式，国有资本出资人和各类非国有资本出资人以股东身份履行权利和职责，使混合所有制企业成为真正的市场主体。

（四）有效探索主业处于重要行业和关键领域的商业类国有企业混合所有制改革。对主业处于关系国家安全、国民经济命脉的重要行业和关键领域、主要承担重大专项任务的商业类国有企业，要保持国有资本控股地位，支持非国有资本参股。对自然垄断行业，实行以政企分开、政资分开、特许经营、政府监管为主要内容的改革，根据不同行业特点实行网运分开、放开竞争性业务，促进公共资源配置市场化，同时加强分类依法监管，规范营利模式。

——重要通信基础设施、枢纽型交通基础设施、重要江河流域控制性水利水电航电枢纽、跨流域调水工程等领域，实行国有独资或控股，允许符合条件的非国有企业依法通过特许经营、政府购买服务等方式参与建设和运营。

——重要水资源、森林资源、战略性矿产资源等开发利用，实行国有独资或绝对控股，在强化环境、质量、安全监管的基础上，允许非国有资本进入，依法依规有序参与开发经营。

——江河主干渠道、石油天然气主干管网、电网等，根据不同行业领域特点实行网运分开、主辅分离，除对自然垄断环节的管网实行国有独资或绝

对控股外，放开竞争性业务，允许非国有资本平等进入。

——核电、重要公共技术平台、气象测绘水文等基础数据采集利用等领域，实行国有独资或绝对控股，支持非国有企业投资参股以及参与特许经营和政府采购。粮食、石油、天然气等战略物资国家储备领域保持国有独资或控股。

——国防军工等特殊产业，从事战略武器装备科研生产、关系国家战略安全和涉及国家核心机密的核心军工能力领域，实行国有独资或绝对控股。其他军工领域，分类逐步放宽市场准入，建立竞争性采购体制机制，支持非国有企业参与武器装备科研生产、维修服务和竞争性采购。

——对其他服务国家战略目标、重要前瞻性战略性产业、生态环境保护、共用技术平台等重要行业和关键领域，加大国有资本投资力度，发挥国有资本引导和带动作用。

（五）引导公益类国有企业规范开展混合所有制改革。在水电气热、公共交通、公共设施等提供公共产品和服务的行业和领域，根据不同业务特点，加强分类指导，推进具备条件的企业实现投资主体多元化。通过购买服务、特许经营、委托代理等方式，鼓励非国有企业参与经营。政府要加强对价格水平、成本控制、服务质量、安全标准、信息披露、营运效率、保障能力等方面的监管，根据企业不同特点有区别地考核其经营业绩指标和国有资产保值增值情况，考核中要引入社会评价。

三、分层推进国有企业混合所有制改革

（六）引导在子公司层面有序推进混合所有制改革。对国有企业集团公司二级及以下企业，以研发创新、生产服务等实体企业为重点，引入非国有资本，加快技术创新、管理创新、商业模式创新，合理限定法人层级，有效压缩管理层级。明确股东的法律地位和股东在资本收益、企业重大决策、选择管理者等方面的权利，股东依法按出资比例和公司章程规定行权履职。

（七）探索在集团公司层面推进混合所有制改革。在国家有明确规定的特定领域，坚持国有资本控股，形成合理的治理结构和市场化经营机制；在其他领域，鼓励通过整体上市、并购重组、发行可转债等方式，逐步调整国有股权比例，积极引入各类投资者，形成股权结构多元、股东行为规范、内部约束有效、运行高效灵活的经营机制。

（八）鼓励地方从实际出发推进混合所有制改革。各地区要认真贯彻落实中央要求，区分不同情况，制订完善改革方案和相关配套措施，指导国有企

业稳妥开展混合所有制改革，确保改革依法合规、有序推进。

四、鼓励各类资本参与国有企业混合所有制改革

（九）鼓励非公有资本参与国有企业混合所有制改革。非公有资本投资主体可通过出资入股、收购股权、认购可转债、股权置换等多种方式，参与国有企业改制重组或国有控股上市公司增资扩股以及企业经营管理。非公有资本投资主体可以货币出资，或以实物、股权、土地使用权等法律法规允许的方式出资。企业国有产权或国有股权转让时，除国家另有规定外，一般不在意向受让人资质条件中对民间投资主体单独设置附加条件。

（十）支持集体资本参与国有企业混合所有制改革。明晰集体资产产权，发展股权多元化、经营产业化、管理规范化的经济实体。允许经确权认定的集体资本、资产和其他生产要素作价入股，参与国有企业混合所有制改革。研究制定股份合作经济（企业）管理办法。

（十一）有序吸收外资参与国有企业混合所有制改革。引入外资参与国有企业改制重组、合资合作，鼓励通过海外并购、投融资合作、离岸金融等方式，充分利用国际市场、技术、人才等资源和要素，发展混合所有制经济，深度参与国际竞争和全球产业分工，提高资源全球化配置能力。按照扩大开放与加强监管同步的要求，依照外商投资产业指导目录和相关安全审查规定，完善外资安全审查工作机制，切实加强风险防范。

（十二）推广政府和社会资本合作（PPP）模式。优化政府投资方式，通过投资补助、基金注资、担保补贴、贷款贴息等，优先支持引入社会资本的项目。以项目运营绩效评价结果为依据，适时对价格和补贴进行调整。组合引入保险资金、社保基金等长期投资者参与国家重点工程投资。鼓励社会资本投资或参股基础设施、公用事业、公共服务等领域项目，使投资者在平等竞争中获取合理收益。加强信息公开和项目储备，建立综合信息服务平台。

（十三）鼓励国有资本以多种方式入股非国有企业。在公共服务、高新技术、生态环境保护和战略性产业等重点领域，以市场选择为前提，以资本为纽带，充分发挥国有资本投资、运营公司的资本运作平台作用，对发展潜力大、成长性强的非国有企业进行股权投资。鼓励国有企业通过投资入股、联合投资、并购重组等多种方式，与非国有企业进行股权融合、战略合作、资源整合，发展混合所有制经济。支持国有资本与非国有资本共同设立股权投资基金，参与企业改制重组。

（十四）探索完善优先股和国家特殊管理股方式。国有资本参股非国有企

业或国有企业引入非国有资本时，允许将部分国有资本转化为优先股。在少数特定领域探索建立国家特殊管理股制度，依照相关法律法规和公司章程规定，行使特定事项否决权，保证国有资本在特定领域的控制力。

（十五）探索实行混合所有制企业员工持股。坚持激励和约束相结合的原则，通过试点稳妥推进员工持股。员工持股主要采取增资扩股、出资新设等方式，优先支持人才资本和技术要素贡献占比较高的转制科研院所、高新技术企业和科技服务型企业开展试点，支持对企业经营业绩和持续发展有直接或较大影响的科研人员、经营管理人员和业务骨干等持股。完善相关政策，健全审核程序，规范操作流程，严格资产评估，建立健全股权流转和退出机制，确保员工持股公开透明，严禁暗箱操作，防止利益输送。混合所有制企业实行员工持股，要按照混合所有制企业实行员工持股试点的有关工作要求组织实施。

五、建立健全混合所有制企业治理机制

（十六）进一步确立和落实企业市场主体地位。政府不得干预企业自主经营，股东不得干预企业日常运营，确保企业治理规范、激励约束机制到位。落实董事会对经理层成员等高级经营管理人员选聘、业绩考核和薪酬管理等职权，维护企业真正的市场主体地位。

（十七）健全混合所有制企业法人治理结构。混合所有制企业要建立健全现代企业制度，明晰产权，同股同权，依法保护各类股东权益。规范企业股东（大）会、董事会、经理层、监事会和党组织的权责关系，按章程行权，对资本监管，靠市场选人，依规则运行，形成定位清晰、权责对等、运转协调、制衡有效的法人治理结构。

（十八）推行混合所有制企业职业经理人制度。按照现代企业制度要求，建立市场导向的选人用人和激励约束机制，通过市场化方式选聘职业经理人依法负责企业经营管理，畅通现有经营管理者与职业经理人的身份转换通道。职业经理人实行任期制和契约化管理，按照市场化原则决定薪酬，可以采取多种方式探索中长期激励机制。严格职业经理人任期管理和绩效考核，加快建立退出机制。

六、建立依法合规的操作规则

（十九）严格规范操作流程和审批程序。在组建和注册混合所有制企业时，要依据相关法律法规，规范国有资产授权经营和产权交易等行为，健全清产核资、评估定价、转让交易、登记确权等国有产权流转程序。国有企业

产权和股权转让、增资扩股、上市公司增发等，应在产权、股权、证券市场公开披露信息，公开择优确定投资人，达成交易意向后应及时公示交易对象、交易价格、关联交易等信息，防止利益输送。国有企业实施混合所有制改革前，应依据本意见制订方案，报同级国有资产监管机构批准；重要国有企业改制后国有资本不再控股的，报同级人民政府批准。国有资产监管机构要按照本意见要求，明确国有企业混合所有制改革的操作流程。方案审批时，应加强对社会资本质量、合作方诚信与操守、债权债务关系等内容的审核。要充分保障企业职工对国有企业混合所有制改革的知情权和参与权，涉及职工切身利益的要做好评估工作，职工安置方案要经过职工代表大会或者职工大会审议通过。

（二十）健全国有资产定价机制。按照公开公平公正原则，完善国有资产交易方式，严格规范国有资产登记、转让、清算、退出等程序和交易行为。通过产权、股权、证券市场发现和合理确定资产价格，发挥专业化中介机构作用，借助多种市场化定价手段，完善资产定价机制，实施信息公开，加强社会监督，防止出现内部人控制、利益输送造成国有资产流失。

（二十一）切实加强监管。政府有关部门要加强对国有企业混合所有制改革的监管，完善国有产权交易规则和监管制度。国有资产监管机构对改革中出现的违法转让和侵吞国有资产、化公为私、利益输送、暗箱操作、逃废债务等行为，要依法严肃处理。审计部门要依法履行审计监督职能，加强对改制企业原国有企业法定代表人的离任审计。充分发挥第三方机构在清产核资、财务审计、资产定价、股权托管等方面的作用。加强企业职工内部监督。进一步做好信息公开，自觉接受社会监督。

七、营造国有企业混合所有制改革的良好环境

（二十二）加强产权保护。健全严格的产权占有、使用、收益、处分等完整保护制度，依法保护混合所有制企业各类出资人的产权和知识产权权益。在立法、司法和行政执法过程中，坚持对各种所有制经济产权和合法利益给予同等法律保护。

（二十三）健全多层次资本市场。加快建立规则统一、交易规范的场外市场，促进非上市股份公司股权交易，完善股权、债权、物权、知识产权及信托、融资租赁、产业投资基金等产品交易机制。建立规范的区域性股权市场，为企业提供融资服务，促进资产证券化和资本流动，健全股权登记、托管、做市商等第三方服务体系。以具备条件的区域性股权、产权市场为载体，探索建立统一结算制度，完善股权公开转让和报价机制。制定

场外市场交易规则和规范监管制度，明确监管主体，实行属地化、专业化监管。

（二十四）完善支持国有企业混合所有制改革的政策。进一步简政放权，最大限度取消涉及企业依法自主经营的行政许可审批事项。凡是市场主体基于自愿的投资经营和民事行为，只要不属于法律法规禁止进入的领域，且不危害国家安全、社会公共利益和第三方合法权益，不得限制进入。完善工商登记、财税管理、土地管理、金融服务等政策。依法妥善解决混合所有制改革涉及的国有企业职工劳动关系调整、社会保险关系接续等问题，确保企业职工队伍稳定。加快剥离国有企业办社会职能，妥善解决历史遗留问题。完善统计制度，加强监测分析。

（二十五）加快建立健全法律法规制度。健全混合所有制经济相关法律法规和规章，加大法律法规立、改、废、释工作力度，确保改革于法有据。根据改革需要抓紧对合同法、物权法、公司法、企业国有资产法、企业破产法中有关法律制度进行研究，依照法定程序及时提请修改。推动加快制定有关产权保护、市场准入和退出、交易规则、公平竞争等方面法律法规。

八、组织实施

（二十六）建立工作协调机制。国有企业混合所有制改革涉及面广、政策性强、社会关注度高。各地区、各有关部门和单位要高度重视，精心组织，严守规范，明确责任。各级政府及相关职能部门要加强对国有企业混合所有制改革的组织领导，做好把关定向、配套落实、审核批准、纠偏提醒等工作。各级国有资产监管机构要及时跟踪改革进展，加强改革协调，评估改革成效，推广改革经验，重大问题及时向同级人民政府报告。各级工商联要充分发挥广泛联系非公有制企业的组织优势，参与做好沟通政企、凝聚共识、决策咨询、政策评估、典型宣传等方面工作。

（二十七）加强混合所有制企业党建工作。坚持党的建设与企业改革同步谋划、同步开展，根据企业组织形式变化，同步设置或调整党的组织，理顺党组织隶属关系，同步选配好党组织负责人，健全党的工作机构，配强党务工作者队伍，保障党组织工作经费，有效开展党的工作，发挥好党组织政治核心作用和党员先锋模范作用。

（二十八）开展不同领域混合所有制改革试点示范。结合电力、石油、天然气、铁路、民航、电信、军工等领域改革，开展放开竞争性业务、推进混合所有制改革试点示范。在基础设施和公共服务领域选择有代表性的政府投融资项目，开展多种形式的政府和社会资本合作试点，加快形成可复制、可推广的模式和经验。

（二十九）营造良好的舆论氛围。以坚持“两个毫不动摇”（毫不动摇巩固和发展公有制经济，毫不动摇鼓励、支持、引导非公有制经济发展）为导向，加强国有企业混合所有制改革舆论宣传，做好政策解读，阐释目标方向和重要意义，宣传成功经验，正确引导舆论，回应社会关切，使广大人民群众了解和支持改革。

各级政府要加强对国有企业混合所有制改革的领导，根据本意见，结合实际推动改革。

金融、文化等国有企业的改革，中央另有规定的依其规定执行。

国务院

2015 年 9 月 23 日

北京市工资支付规定

（2004年1月22日）

第一章　总　则

第一条　为规范工资支付行为，维护劳动者的合法权益，根据《中华人民共和国劳动法》及有关法律、法规的规定，结合本市实际情况，制定本规定。

第二条　本规定适用于本市行政区域内的企业、个体工商户以及民办非企业单位（以下统称用人单位）和与之形成劳动关系的劳动者。

本市国家机关、事业单位、社会团体和与之建立劳动合同关系的劳动者，依照本规定执行。

第三条　政府根据本市社会经济发展和劳动力供求状况，及时制定和发布本市工资水平宏观指导政策。

用人单位根据政府宏观指导政策和本单位的经济效益，在与劳动者平等协商的基础上，合理确定和调整工资支付水平。

第四条　市和区、县劳动和社会保障行政部门（以下简称劳动保障部门）负责本行政区域内工资支付的管理和监督检查工作。

市和区、县人事部门按照职责，依法对本市国家机关、事业单位和社会团体的工资支付进行管理和监督。

第五条　各级工会组织依法对用人单位遵守有关工资支付法律、法规、规章的情况进行监督，有权对用人单位违法支付工资行为提出意见或者向有关部门反映，并支持和帮助劳动者依法维护其合法权益。

第二章　一般规定

第六条　用人单位应当依法制定本单位的工资支付制度；制定工资支付制度应当征求工会或者职工代表的意见，并向本单位的全体劳动者公布。

工资支付制度应当主要规定下列事项：

（一）工资支付的项目、标准和形式；

（二）工资支付的周期和日期；

（三）工资扣除事项。

第七条　用人单位与劳动者应当在劳动合同中约定工资标准；工资标准可以根据劳动者所在岗位或者所从事的工作确定。

用人单位与劳动者可以在劳动合同中约定有关工资标准调整、变更的事项。

用人单位与工会或者职工代表可以在集体合同中约定工资支付事项。

第八条　用人单位应当以货币形式支付工资，不得以实物、有价证券等代替货币支付。

用人单位应当将工资直接支付给劳动者本人。本市鼓励和逐步推行用人单位为劳动者在银行开立个人账户，通过银行按月支付给劳动者工资。

用人单位支付劳动者工资应当向其提供一份其本人的工资支付清单。

第九条　用人单位应当自用工之日起计算劳动者工资。

用人单位可以按照小时、日、周、月为周期支付工资。以完成一定工作任务计发工资的，应当在工作任务完成后即时支付劳动者工资。但用人单位应当至少每月向劳动者支付一次工资。

用人单位支付劳动者工资应当按照规定的日期足额支付，不得克扣或者无故拖欠。工资支付日期遇法定休假日或者休息日的，应当提前在最近的工作日支付。

第十条　用人单位应当遵守本市最低工资的规定，支付劳动者工资不得低于最低工资标准。

第十一条　用人单位不得随意扣除劳动者工资。

除法律、法规、规章规定的事项外，用人单位扣除劳动者工资应当符合集体合同、劳动合同的约定或者本单位规章制度的规定。

因劳动者本人原因给用人单位造成经济损失，用人单位按照前款规定扣除劳动者工资的，扣除后的余额不得低于本市最低工资标准。

第十二条　用人单位与劳动者双方依法终止、解除劳动合同的，用人单位应当一次性付清劳动者工资。

第十三条　用人单位应当按照工资支付周期编制工资支付记录表，并至少保存二年备查。工资支付记录表应当主要包括用人单位名称、劳动者姓名、支付时间以及支付项目和金额、加班工资金额、应发金额、扣除项目和金额、实发金额等事项。

劳动者有权查询本人的工资支付记录。

第三章 特别规定

第十四条 用人单位依法安排劳动者在标准工作时间以外工作的，应当按照下列标准支付劳动者加班工资：

（一）在日标准工作时间以外延长工作时间的，按照不低于小时工资基数的150%支付加班工资；

（二）在休息日工作的，应当安排其同等时间的补休，不能安排补休的，按照不低于日或者小时工资基数的200%支付加班工资；

（三）在法定休假日工作的，应当按照不低于日或者小时工资基数的300%支付加班工资。

第十五条 实行计件工资制的，劳动者在完成计件定额任务后，用人单位安排其在标准工作时间以外工作的，应当根据本规定第十四条的原则，分别按照不低于计件单价的150%、200%、300%支付加班工资。

第十六条 用人单位经批准实行综合计算工时工作制的，在综合计算工时周期内，用人单位应当按照劳动者实际工作时间计算其工资；劳动者总实际工作时间超过总标准工作时间的部分，视为延长工作时间，应当按照本规定第十四条第（一）项的规定支付加班工资；安排劳动者在法定休假日工作的，应当按照本规定第十四条第（三）项的规定支付加班工资。

第十七条 用人单位经批准实行不定时工作制度的，不适用本规定第十四条的规定。

第十八条 从事非全日制工作的劳动者，实行小时工资制。小时工资由用人单位与劳动者协商确定，但不得低于本市规定的非全日制从业人员小时最低工资标准。

用人单位招用非全日制工作的劳动者，可以不执行本规定第十四条的规定，但用人单位安排其在法定休假日工作的，其小时工资不得低于本市规定的非全日制从业人员法定休假日小时最低工资标准。

非全日制从业人员小时最低工资标准和法定休假日小时最低工资标准由市劳动保障部门确定、调整和公布。

第十九条 劳动者依法享受年休假、探亲假、婚假、丧假等休假期间，用人单位应当支付其工资。

第二十条 妇女节、青年节等部分公民节日期间，用人单位安排劳动者休息、参加节日活动的，应当视同其正常劳动支付工资；劳动者照常工作的，可以不支付加班工资。

第二十一条　劳动者患病或者非因工负伤的，在病休期间，用人单位应当根据劳动合同或集体合同的约定支付病假工资。用人单位支付病假工资不得低于本市最低工资标准的 80%。

第二十二条　劳动者在事假期间，用人单位可以不支付其工资。

第二十三条　劳动者生育或者施行计划生育手术依法享受休假期间，用人单位应当支付其工资。

劳动者因产前检查和哺乳依法休假的，用人单位应当视同其正常劳动支付工资。

第二十四条　劳动者在工作时间内依法参加社会活动，或者担任集体协商代表履行代表职责、参加集体协商活动期间，用人单位应当视同其正常劳动支付工资。

第二十五条　劳动者被人民法院判处管制或者拘役适用缓刑、有期徒刑适用缓刑或者被假释、监外执行、取保候审期间，用人单位未与其解除劳动合同，劳动者继续在原单位正常劳动的，用人单位应当按照劳动合同的约定以及本单位规章制度的规定支付其工资。

第二十六条　用人单位因生产经营困难暂时无法按时支付工资的，应当向劳动者说明情况，并经与工会或者职工代表协商一致后，可以延期支付工资，但最长不得超过 30 日。

第二十七条　非因劳动者本人原因造成用人单位停工、停业的，在一个工资支付周期内，用人单位应当按照提供正常劳动支付劳动者工资；超过一个工资支付周期的，可以根据劳动者提供的劳动，按照双方新约定的标准支付工资，但不得低于本市最低工资标准；用人单位没有安排劳动者工作的，应当按照不低于本市最低工资标准的 70% 支付劳动者基本生活费。国家或者本市另有规定的从其规定。

第二十八条　用人单位破产、终止或者解散的，经依法清算后的财产应当按照有关法律、法规、规章的规定优先用于支付欠付的劳动者工资和社会保险费。

第二十九条　建设单位、施工总承包企业、专业承包企业（以下统称为发包单位）或者劳务分包企业，有发包、分包或者转包给不具备用工主体资格的组织或者个人的违法行为，该组织或者个人拖欠劳动者工资时，发包单位或者劳务分包企业应当直接向劳动者支付所拖欠的工资。

建设单位、施工总承包企业或者专业承包企业未按合同约定支付工程款或者分包价款，专业承包企业或者劳务分包企业拖欠劳动者工资的，在拖欠的工程款或者分包价款支付后，专业承包企业和劳务分包企业应当将所得款项优先用于支付拖欠的劳动者工资。

第四章　保障与救济

第三十条　本市建立企业欠薪应急保障制度。在本市重点行业的企业中试行设立工资预留账户制度，企业预留部分资金专项用于发生欠薪时支付劳动者工资的应急保障。

试行设立工资预留账户的行业由市人民政府批准，具体管理办法由市劳动保障部门会同有关行政主管部门制定并公布。

第三十一条　用人单位有下列情形之一的，劳动者有权向劳动保障部门举报，也可以依法申请调解、仲裁和提起诉讼：

（一）未按照约定支付工资的；

（二）低于本市最低工资标准支付工资的；

（三）克扣或者无故拖欠工资的；

（四）拒不支付或者不按规定支付加班工资的；

（五）违反工资支付规定的其他情形。

本市国家机关、事业单位和社会团体与劳动者发生有关工资支付争议申请仲裁的，由人事争议仲裁机构受理并依法裁决；对其裁决不服的，可以依法向人民法院提起诉讼。

第三十二条　劳动保障部门应当建立健全工资支付违法行为的举报处理制度，公布举报电话，为劳动者举报提供便利条件。

劳动保障部门接到举报后，应当在7个工作日内作出是否立案的决定；立案后应当及时依法调查处理，并在60日内将处理结果告知举报人。

第三十三条　劳动争议仲裁委员会审理劳动争议案件时，对其中工资支付争议事实清楚且不及时支付会造成劳动者生活困难的，可以部分裁决先予支付。

第三十四条　市劳动保障行政部门和有关行政管理部门应当按照《北京市行政机关归集和公布企业信用信息管理办法》的规定，将用人单位及其主要负责人克扣、拖欠劳动者工资以及严重干扰、阻挠、抗拒监督检查等违法行为和处理情况，记入北京市企业信用信息系统。

第五章　法律责任

第三十五条　用人单位违反本规定有下列侵害劳动者合法权益情形之一

的，用人单位应当全额支付劳动者应得工资，同时支付所欠工资25%的补偿金：

（一）克扣或者无故拖欠劳动者工资的；

（二）拒不支付劳动者加班工资的；

（三）低于本市规定的非全日制从业人员小时最低工资标准和法定休假日小时最低工资标准支付工资的。

有前款情形之一情节严重的，劳动保障行政部门可以责令用人单位向劳动者支付所欠工资数额与25%补偿金总和的二倍以内赔偿金。

第三十六条　用人单位制定工资支付制度违反法律、法规、规章规定的，由劳动保障部门给予警告，并责令改正；给劳动者造成损失的，应当承担赔偿责任。

第三十七条　用人单位违反本规定，低于本市最低工资标准支付劳动者工资的，按照《北京市最低工资规定》处理。

第三十八条　用人单位在接受劳动保障部门监督检查时，隐瞒事实真相，出具虚假工资报表，隐匿、毁灭工资支付记录、拒绝提供相关资料，以及其他严重干扰、阻挠、抗拒劳动保障部门监督检查的，劳动保障部门视其情节轻重，可以处1000元以上1万元以下的罚款；构成犯罪的，依法追究刑事责任。

第三十九条　劳动保障部门工作人员接到举报或者对用人单位违反工资支付规定、侵害劳动者权益的行为不及时查处，玩忽职守、徇私舞弊，给劳动者造成损失的，按照国家和本市有关规定给予行政处分；构成犯罪的，依法追究刑事责任。

第六章　附　则

第四十条　本规定所称工资是指用人单位以货币形式支付给劳动者的劳动报酬，包括计时工资、计件工资、奖金、津贴和补贴、加班工资以及特殊情况下支付的工资等。

第四十一条　本规定中所称正常劳动是指劳动者按照劳动合同的约定，在法定工作时间内从事的劳动。

第四十二条　克扣工资是指除本规定第十一条规定的行为外，用人单位扣减劳动者工资的行为。

无故拖欠工资是指除自然灾害、战争等不可抗力以及本规定第二十六条规定情形以外，用人单位延期支付工资的行为。

第四十三条 劳动者的日工资按照国家工时制度的规定，每月以平均工作时间20.92天折算，小时工资按日工资除以8小时折算。

第四十四条 根据本规定第十四条计算加班工资的日或者小时工资基数、根据第十九条支付劳动者休假期间工资，以及根据第二十三条第一款支付劳动者产假、计划生育手术假期间工资，应当按照下列原则确定：

（一）按照劳动合同约定的劳动者本人工资标准确定；

（二）劳动合同没有约定的，按照集体合同约定的加班工资基数以及休假期间工资标准确定；

（三）劳动合同、集体合同均未约定的，按照劳动者本人正常劳动应得的工资确定。

依照前款确定的加班工资基数以及各种假期工资不得低于本市规定的最低工资标准。

第四十五条 本规定自2004年1月22日起施行。1994年11月16日市人民政府第25号令发布、根据1997年12月31日市人民政府第12号令修改的《北京市最低工资规定》第九条同时废止。

关于上市公司实施员工持股计划试点的指导意见

（证监会 2014 年 6 月）

为了贯彻《中共中央关于全面深化改革若干重大问题的决定》中关于“允许混合所有制经济实行企业员工持股，形成资本所有者和劳动者利益共同体”的精神，落实《国务院关于进一步促进资本市场健康发展的若干意见》（国发〔2014〕17 号）中关于“允许上市公司按规定通过多种形式开展员工持股计划”的要求，经国务院同意，中国证监会依照《公司法》《证券法》相关规定，在上市公司中开展员工持股计划实施试点。上市公司实施员工持股计划试点，有利于建立和完善劳动者与所有者的利益共享机制，改善公司治理水平，提高职工的凝聚力和公司竞争力，使社会资金通过资本市场实现优化配置。为稳妥有序开展员工持股计划试点，现提出以下指导意见。

一、员工持股计划基本原则

（一）依法合规原则

上市公司实施员工持股计划，应当严格按照法律、行政法规的规定履行程序，真实、准确、完整、及时地实施信息披露。任何人不得利用员工持股计划进行内幕交易、操纵证券市场等证券欺诈行为。

（二）自愿参与原则

上市公司实施员工持股计划应当遵循公司自主决定，员工自愿参加，上市公司不得以摊派、强行分配等方式强制员工参加本公司的员工持股计划。

（三）风险自担原则

员工持股计划参与人盈亏自负，风险自担，与其他投资者权益平等。

二、员工持股计划的主要内容

（四）员工持股计划是指上市公司根据员工意愿，通过合法方式使员工获得本公司股票并长期持有，股份权益按约定分配给员工的制度安排。员工持股计划的参加对象为公司员工，包括管理层人员。

（五）员工持股计划的资金和股票来源

1. 员工持股计划可以通过以下方式解决所需资金：

（1）员工的合法薪酬；（2）法律、行政法规允许的其他方式。

2. 员工持股计划可以通过以下方式解决股票来源：

（1）上市公司回购本公司股票；（2）二级市场购买；（3）认购非公开发行股票；（4）股东自愿赠与；（5）法律、行政法规允许的其他方式。

（六）员工持股计划的持股期限和持股计划的规模

1. 每期员工持股计划的持股期限不得低于12个月，以非公开发行方式实施员工持股计划的，持股期限不得低于36个月，自上市公司公告标的股票过户至本期持股计划名下时起算；上市公司应当在员工持股计划届满前6个月公告到期计划持有的股票数量。

2. 上市公司全部有效的员工持股计划所持有的股票总数累计不得超过公司股本总额的10%，单个员工所获股份权益对应的股票总数累计不得超过公司股本总额的1%。员工持股计划持有的股票总数不包括员工在公司首次公开发行股票上市前获得的股份、通过二级市场自行购买的股份及通过股权激励获得的股份。

（七）员工持股计划的管理

1. 参加员工持股计划的员工应当通过员工持股计划持有人会议选出代表或设立相应机构，监督员工持股计划的日常管理，代表员工持股计划持有人行使股东权利或者授权资产管理机构行使股东权利。

2. 上市公司可以自行管理本公司的员工持股计划，也可以将本公司员工持股计划委托给下列具有资产管理资质的机构管理：（1）信托公司；（2）保险资产管理公司；（3）证券公司；（4）基金管理公司；（5）其他符合条件的资产管理机构。

3. 上市公司自行管理本公司员工持股计划的，应当明确持股计划的管理方，制定相应的管理规则，切实维护员工持股计划持有人的合法权益，避免产生上市公司其他股东与员工持股计划持有人之间潜在的利益冲突。

4. 员工享有标的股票的权益；在符合员工持股计划约定的情况下，该权益可由员工自身享有，也可以转让、继承。员工通过持股计划获得的股份权益的占有、使用、收益和处分的权利，可以依据员工持股计划的约定行使；参加员工持股计划的员工离职、退休、死亡以及发生不再适合参加持股计划事由等情况时，其所持股份权益依照员工持股计划约定方式处置。

5. 上市公司委托资产管理机构管理本公司员工持股计划的，应当与资产管理机构签订资产管理协议。资产管理协议应当明确当事人的权利义务，切实维护员工持股计划持有人的合法权益，确保员工持股计划的财产安全。资产管理机构应当根据协议约定管理员工持股计划，同时应当遵守资产管理业务相关规则。

6. 员工持股计划管理机构应当为员工持股计划持有人的最大利益行事，不得与员工持股计划持有人存在利益冲突，不得泄露员工持股计划持有人的个人信息。

7. 员工持股计划管理机构应当以员工持股计划的名义开立证券交易账户。员工持股计划持有的股票、资金为委托财产，员工持股计划管理机构不得将委托财产归入其固有财产。员工持股计划管理机构因依法解散、被依法撤销或者被依法宣告破产等原因进行清算的，委托财产不属于其清算财产。

三、员工持股计划的实施程序及信息披露

（八）上市公司实施员工持股计划前，应当通过职工代表大会等组织充分征求员工意见。

（九）上市公司董事会提出员工持股计划草案并提交股东大会表决，员工持股计划草案至少应包含如下内容：

1. 员工持股计划的参加对象及确定标准、资金、股票来源；2. 员工持股计划的存续期限、管理模式、持有人会议的召集及表决程序；3. 公司融资时员工持股计划的参与方式；4. 员工持股计划的变更、终止，员工发生不适合参加持股计划情况时所持股份权益的处置办法；5. 员工持股计划持有人代表或机构的选任程序；6. 员工持股计划管理机构的选任、管理协议的主要条款、管理费用的计提及支付方式；7. 员工持股计划期满后员工所持有股份的处置办法；8. 其他重要事项。

非金融类国有控股上市公司实施员工持股计划应当符合相关国有资产监督管理机构关于混合所有制企业员工持股的有关要求。

金融类国有控股上市公司实施员工持股计划应当符合财政部关于金融类国有控股上市公司员工持股的规定。

（十）独立董事和监事会应当就员工持股计划是否有利于上市公司的持续发展，是否损害上市公司及全体股东利益，公司是否以摊派、强行分配等方式强制员工参加本公司持股计划发表意见。上市公司应当在董事会审议通过员工持股计划草案后的 2 个交易日内，公告董事会决议、员工持股计划草案摘要、独立董事及监事会意见及与资产管理机构签订的资产管理协议。

（十一）上市公司应当聘请律师事务所对员工持股计划出具法律意见书，并在召开关于审议员工持股计划的股东大会前公告法律意见书。员工持股计划拟选任的资产管理机构为公司股东或股东关联方的，相关主体应当在股东大会表决时回避；员工持股计划涉及相关董事、股东的，相关董事、股东应当回避表决；公司股东大会对员工持股计划作出决议的，应当经出席会议的

股东所持表决权的半数以上通过。

（十二）股东大会审议通过员工持股计划后2个交易日内，上市公司应当披露员工持股计划的主要条款。

（十三）采取二级市场购买方式实施员工持股计划的，员工持股计划管理机构应当在股东大会审议通过员工持股计划后6个月内，根据员工持股计划的安排，完成标的股票的购买。上市公司应当每月公告一次购买股票的时间、数量、价格、方式等具体情况。

上市公司实施员工持股计划的，在完成标的股票的购买或将标的股票过户至员工持股计划名下的2个交易日内，以临时公告形式披露获得标的股票的时间、数量等情况。

（十四）员工因参加员工持股计划，其股份权益发生变动，依据法律应当履行相应义务的，应当依据法律履行；员工持股计划持有公司股票达到公司已发行股份总数的5%时，应当依据法律规定履行相应义务。

（十五）上市公司至少应当在定期报告中披露报告期内下列员工持股计划实施情况：

1. 报告期内持股员工的范围、人数；2. 实施员工持股计划的资金来源；3. 报告期内员工持股计划持有的股票总额及占上市公司股本总额的比例；4. 因员工持股计划持有人处分权利引起的计划股份权益变动情况；5. 资产管理机构的变更情况；6. 其他应当予以披露的事项。

四、员工持股计划的监管

（十六）除非公开发行方式外，中国证监会对员工持股计划的实施不设行政许可，由上市公司根据自身实际情况决定实施。

（十七）上市公司公布、实施员工持股计划时，必须严格遵守市场交易规则，遵守中国证监会关于信息敏感期不得买卖股票的规定，严厉禁止利用任何内幕信息进行交易。

（十八）中国证监会对上市公司实施员工持股计划进行监管，对利用员工持股计划进行虚假陈述、操纵证券市场、内幕交易等违法行为的，中国证监会将依法予以处罚。

（十九）法律禁止特定行业公司员工持有、买卖股票的，不得以员工持股计划的名义持有、买卖股票。

（二十）证券交易所在其业务规则中明确员工持股计划的信息披露要求；证券登记结算机构在其业务规则中明确员工持股计划登记结算业务的办理要求。

国有科技型企业股权和分红激励暂行办法

（财资〔2016〕4号）

第一章 总 则

第一条 为加快实施创新驱动发展战略，建立国有科技型企业自主创新和科技成果转化的激励分配机制，调动技术和管理人员的积极性和创造性，推动高新技术产业化和科技成果转化，依据《中华人民共和国促进科技成果转化法》《中华人民共和国公司法》《中华人民共和国企业国有资产法》等国家法律法规，制定本办法。

第二条 本办法所称国有科技型企业，是指中国境内具有公司法人资格的国有及国有控股未上市科技企业（含全国中小企业股份转让系统挂牌的国有企业），具体包括：

（一）转制院所企业、国家认定的高新技术企业。

（二）高等院校和科研院所投资的科技企业。

（三）国家和省级认定的科技服务机构。

第三条 本办法所称股权激励，是指国有科技型企业以本企业股权为标的，采取股权出售、股权奖励、股权期权等方式，对企业重要技术人员和经营管理人员实施激励的行为。

分红激励，是指国有科技型企业以科技成果转化收益为标的，采取项目收益分红方式；或者以企业经营收益为标的，采取岗位分红方式，对企业重要技术人员和经营管理人员实施激励的行为。

第四条 国有科技型企业实施股权和分红激励应当遵循以下原则：

（一）依法依规，公正透明。严格遵守国家法律法规和本办法的规定，有序开展激励工作，操作过程公开、公平、公正，坚决杜绝利益输送，防止国有资产流失。

（二）因企制宜，多措并举。统筹考虑企业规模、行业特点和发展阶段，采取一种或者多种激励方式，科学制订激励方案。建立合理激励、有序流转、动态调整的机制。

（三）利益共享，风险共担。激励对象按照自愿原则，获得股权和分红激励，应当诚实守信，勤勉尽责，自觉维护企业和全体股东利益，共享改革发展成果，共担市场竞争风险。

（四）落实责任，强化监督。建立健全企业内部监督机制，依法维护企业股东和员工的权益。履行国有资产监管职责单位及同级财政、科技部门要加强监管，依法追责。

第五条 国有科技型企业负责拟订股权和分红激励方案，履行内部审议和决策程序，报经履行出资人职责或国有资产监管职责的部门、机构、企业审核后，对符合条件的激励对象实施激励。

第二章 实施条件

第六条 实施股权和分红激励的国有科技型企业应当产权明晰、发展战略明确、管理规范、内部治理结构健全并有效运转，同时具备以下条件：

（一）企业建立了规范的内部财务管理制度和员工绩效考核评价制度。年度财务会计报告经过中介机构依法审计，且激励方案制订近3年（以下简称近3年）没有因财务、税收等违法违规行为受到行政、刑事处罚。成立不满3年的企业，以实际经营年限计算。

（二）对于本办法第二条中的（一）、（二）类企业，近3年研发费用占当年企业营业收入均在3%以上，激励方案制定的上一年度企业研发人员占职工总数10%以上。成立不满3年的企业，以实际经营年限计算。

（三）对于本办法第二条中的（三）类企业，近3年科技服务性收入不低于当年企业营业收入的60%。

上款所称科技服务性收入是指国有科技服务机构营业收入中属于研究开发及其服务、技术转移服务、检验检测认证服务、创业孵化服务、知识产权服务、科技咨询服务、科技金融服务、科学技术普及服务等收入。

企业成立不满3年的，不得采取股权奖励和岗位分红的激励方式。

第七条 激励对象为与本企业签订劳动合同的重要技术人员和经营管理人员，具体包括：

（一）关键职务科技成果的主要完成人，重大开发项目的负责人，对主导产品或者核心技术、工艺流程做出重大创新或者改进的主要技术人员。

（二）主持企业全面生产经营工作的高级管理人员，负责企业主要产品（服务）生产经营的中、高级经营管理人员。

（三）通过省、部级及以上人才计划引进的重要技术人才和经营管理人才。

企业不得面向全体员工实施股权或者分红激励。

企业监事、独立董事不得参与企业股权或者分红激励。

第三章　股权激励

第八条　企业可以通过以下方式解决激励标的股权来源：

（一）向激励对象增发股份。

（二）向现有股东回购股份。

（三）现有股东依法向激励对象转让其持有的股权。

第九条　企业可以采取股权出售、股权奖励、股权期权等一种或多种方式对激励对象实施股权激励。

大、中型企业不得采取股权期权的激励方式。

企业的划型标准，按照国家统计局《关于印发统计上大中小微型企业划分办法的通知》（国统字〔2011〕75 号）等有关规定执行。

第十条　大型企业的股权激励总额不超过企业总股本的 5%；中型企业的股权激励总额不超过企业总股本的 10%；小、微型企业的股权激励总额不超过企业总股本的 30%，且单个激励对象获得的激励股权不得超过企业总股本的 3%。

企业不能因实施股权激励而改变国有控股地位。

第十一条　企业实施股权出售，应按不低于资产评估结果的价格，以协议方式将企业股权有偿出售给激励对象。资产评估结果，应当根据国有资产评估的管理规定，报相关部门、机构或者企业核准或者备案。

第十二条　企业实施股权奖励，除满足本办法第六条规定外，近 3 年税后利润累计形成的净资产增值额应当占近 3 年年初净资产总额的 20% 以上，实施激励当年年初未分配利润为正数。

近 3 年税后利润累计形成的净资产增值额，是指激励方案制定上年末账面净资产相对于近 3 年首年初账面净资产的增加值，不包括财政及企业股东以各种方式投资或补助形成的净资产和已经向股东分配的利润。

第十三条　企业用于股权奖励的激励额不超过近 3 年税后利润累计形成的净资产增值额的 15%。企业实施股权奖励，必须与股权出售相结合。

股权奖励的激励对象，仅限于在本企业连续工作 3 年以上的重要技术人员。单个获得股权奖励的激励对象，必须以不低于 1∶1 的比例购买企业股权，且获得的股权奖励按激励实施时的评估价值折算，累计不超过 300 万元。

第十四条　企业用于股权奖励的激励额，应当依据经核准或者备案的资产评估结果折合股权，并确定向每个激励对象奖励的股权。

第十五条 企业股权出售或者股权奖励原则上应一次实施到位。

第十六条 小、微型企业采取股权期权方式实施激励的，应当在激励方案中明确规定激励对象的行权价格。

确定行权价格时，应当综合考虑科技成果成熟程度及其转化情况、企业未来至少5年的盈利能力、企业拟授予全部股权数量等因素，且不低于制定股权期权激励方案时经核准或者备案的每股评估价值。

第十七条 企业应当与激励对象约定股权期权授予和行权的业绩考核目标等条件。

业绩考核指标可以选取净资产收益率、主营业务收入增长率、现金营运指数等财务指标，但应当不低于企业近3年平均业绩水平及同行业平均业绩水平。成立不满3年的企业，以实际经营年限计算。

第十八条 企业应当在激励方案中明确股权期权的授权日、可行权日和行权有效期。

股权期权授权日与获授股权期权首次可行权日之间的间隔不得少于1年，股权期权行权的有效期不得超过5年。

企业应当规定激励对象在股权期权行权的有效期内分期行权。有效期过后，尚未行权的股权期权自动失效。

第十九条 企业以股权期权方式授予的股权，激励对象分期缴纳相应出资额的，以实际出资额对应的股权参与企业利润分配。

第二十条 企业不得为激励对象购买股权提供贷款以及其他形式的财务资助，包括为激励对象向其他单位或者个人贷款提供担保。企业要坚持同股同权，不得向激励对象承诺年度分红回报或设置托底回购条款。

第二十一条 激励对象可以采用直接或间接方式持有激励股权。采用间接方式的，持股单位不得与企业存在同业竞争关系或发生关联交易。

第二十二条 股权激励的激励对象，自取得股权之日起，5年内不得转让、捐赠，特殊情形按以下规定处理：

（一）因本人提出离职或者个人原因被解聘、解除劳动合同，取得的股权应当在半年内全部退回企业，其个人出资部分由企业按上一年度审计后净资产计算退还本人。

（二）因公调离本企业的，取得的股权应当在半年内全部退回企业，其个人出资部分由企业按照上一年度审计后净资产计算与实际出资成本孰高的原则返还本人。

在职激励对象不得以任何理由要求企业收回激励股权。

第四章　分红激励

第二十三条　企业实施项目收益分红，应当依据《中华人民共和国促进科技成果转化法》，在职务科技成果完成、转化后，按照企业规定或者与重要技术人员约定的方式、数额和时限执行。企业制定相关规定，应当充分听取本企业技术人员的意见，并在本企业公开相关规定。

企业未规定、也未与重要技术人员约定的，按照下列标准执行：

（一）将该项职务科技成果转让、许可给他人实施的，从该项科技成果转让净收入或者许可净收入中提取不低于50%的比例；

（二）利用该项职务科技成果作价投资的，从该项科技成果形成的股份或者出资比例中提取不低于50%的比例；

（三）将该项职务科技成果自行实施或者与他人合作实施的，应当在实施转化成功投产后连续3至5年，每年从实施该项科技成果的营业利润中提取不低于5%的比例。

转让、许可净收入为企业取得的科技成果转让、许可收入扣除相关税费和企业为该项科技成果投入的全部研发费用及维护、维权费用后的金额。企业将同一项科技成果使用权向多个单位或者个人转让、许可的，转让、许可收入应当合并计算。

第二十四条　企业实施项目收益分红，应当按照具体项目实施财务管理，并按照国家统一的会计制度进行核算，反映具体项目收益分红情况。

第二十五条　企业实施岗位分红，除满足本办法第六条规定外，近3年税后利润累计形成的净资产增值额应当占企业近3年年初净资产总额的10%以上，且实施激励当年年初未分配利润为正数。

第二十六条　企业年度岗位分红激励总额不高于当年税后利润的15%。企业应当按照岗位在科技成果产业化中的重要性和贡献，确定不同岗位的分红标准。

第二十七条　激励对象应当在该岗位上连续工作1年以上，且原则上每次激励人数不超过企业在岗职工总数的30%。

激励对象获得的岗位分红所得不高于其薪酬总额的2/3。激励对象自离岗当年起，不再享有原岗位分红权。

第二十八条　岗位分红激励方案有效期原则上不超过3年。激励方案中应当明确年度业绩考核指标，原则上各年度净利润增长率应当高于企业实施岗位分红激励近3年平均增长水平。

企业未达到年度考核要求的，应当终止激励方案的实施，再次实施岗位分红激励需重新申报。

激励对象未达到年度考核要求的，应当按约定的条款扣减、暂缓或停止分红激励。

第二十九条 企业实施分红激励所需支出计入工资总额，但不受当年本单位工资总额限制、不纳入本单位工资总额基数，不作为企业职工教育经费、工会经费、社会保险费、补充养老及补充医疗保险费、住房公积金等的计提依据。

第五章 激励方案的管理

第三十条 企业总经理班子或者董事会（以下统称企业内部决策机构）负责拟订企业股权和分红激励方案（格式参见附件）。

第三十一条 对同一激励对象就同一职务科技成果或者产业化项目，企业只能采取一种激励方式、给予一次激励。对已按照本办法实施股权激励的激励对象，企业在5年内不得再对其实施股权激励。

第三十二条 激励方案涉及的财务数据和资产评估结果，应当经具有相关资质的会计师事务所审计和资产评估机构评估，并按有关规定办理核准或备案手续。

第三十三条 企业内部决策机构拟订激励方案时，应当通过职工代表大会或者其他形式充分听取职工的意见和建议。

第三十四条 企业内部决策机构应当将激励方案及听取职工意见情况，先行报履行出资人职责或国有资产监管职责的部门、机构、企业（以下简称审核单位）批准。

中央企业集团公司相关材料报履行出资人职责的部门或机构批准；中央企业集团公司所属子企业，相关材料报中央企业集团公司批准。履行出资人职责的国有资本投资、运营公司所属子企业，相关材料报国有资本投资、运营公司批准。

中央部门及事业单位所属企业，按国有资产管理权属，相关材料报中央主管部门或机构批准。

地方国有企业相关材料，按现行国有资产管理体制，报同级履行国有资产监管职责的部门或机构批准。

第三十五条 审核单位应当严格审核企业申报的激励方案，必要时要求企业法律事务机构或者外聘律师对激励方案出具法律意见书，对以下事项发表专业意见：

（一）激励方案是否符合有关法律、法规和本办法的规定。

（二）激励方案是否存在明显损害企业及现有股东利益的情形。

（三）激励方案是否充分披露影响激励结果的重大信息。

（四）激励方案可能引发的法律纠纷等风险，以及应对风险的法律建议。

（五）其他重要事项。

审核单位自受理企业股权和分红激励方案之日起 20 个工作日内，提出书面审定意见。

第三十六条　审核单位批准企业实施股权和分红激励后，企业内部决策机构应将批准的激励方案提请股东（大）会审议。

在股东（大）会审议激励方案时，国有股东代表应当按照审批单位书面审定意见发表意见。

未设立股东（大）会的企业，按照审批单位批准的方案实施。

第三十七条　除国家另有规定外，企业应当在股东（大）会审议通过激励方案后 5 个工作日内，将以下材料报送审核单位备案：

（一）经股东（大）会审议通过的激励方案。

（二）相关批准文件、股东（大）会决议。

企业股东应当依法行使股东权利，督促企业内部决策机构严格按照激励方案实施激励。

第三十八条　在激励方案实施期间内，企业应于每年 1 月底前向审核单位报告上一年度激励方案实施情况：

（一）实施激励涉及的业绩条件、净收益等财务信息。

（二）激励对象在报告期内各自获得的激励情况。

（三）报告期内的股权激励数量及金额，引起的股本变动情况，以及截至报告期末的累计额。

（四）报告期内的分红激励金额，以及截至报告期末的累计额。

（五）激励支出的列支渠道和会计核算情况。

（六）其他应报告的事项。

中央主管部门、机构和中央企业集团公司，应当对所属企业年度股权和分红激励实施情况进行总结，包括实施股权和分红激励企业户数、激励方式、激励人数、激励落实情况、存在的突出问题以及有关政策建议等，并于 3 月底前将上一年度实施情况的总结报告报送财政部、科技部。

地方省级财政部门、科技部门，负责对本省地方国有企业年度股权和分红激励实施情况进行总结，并于 3 月底前将上一年度实施情况的总结报告报送财政部、科技部。

第三十九条 企业实施股权或者分红激励，应当按照《企业财务通则》（财政部令第41号）和国家统一会计制度的规定，规范财务管理和会计核算。

第四十条 企业实施激励导致注册资本规模、股权结构或者组织形式变动的，应当按照有关规定，根据相关批准文件、股东（大）会决议等，及时办理国有资产产权登记和工商变更登记手续。

第四十一条 因出现特殊情形需要调整激励方案的，企业应当重新履行内部审议和外部审核的程序。

因出现特殊情形需要终止实施激励的，企业内部决策机构应当向审核单位报告并向股东（大）会说明情况。

第四十二条 企业实施激励过程中，应当接受审核单位及财政、科技部门监督。对违反有关法律法规及本办法规定、损害国有资产合法权益的情形，审核单位应当责令企业中止方案实施，并追究相关人员的法律责任。

第六章 附 则

第四十三条 企业不符合本办法规定激励条件而向管理者转让国有产权的，应当通过产权交易市场公开进行，并按照国家关于产权交易监督管理的有关规定执行。

第四十四条 尚未实施公司制改革的全民所有制企业可参照本办法，实施项目收益分红和岗位分红激励政策。

第四十五条 本办法由财政部、科技部负责解释。各地方、部门可根据本办法制定具体实施细则。

第四十六条 本办法自2016年3月1日起施行。企业依据《财政部 科技部关于印发〈中关村国家自主创新示范区企业股权和分红激励实施办法〉的通知》（财企〔2010〕8号）、《财政部 科技部关于〈中关村国家自主创新示范区企业股权和分红激励实施办法〉的补充通知》（财企〔2011〕1号）制定并正在实施的激励方案，可继续执行，实施期满，新的激励方案统一按本办法执行。

附件：“企业股权和分红激励方案”提纲

附件："企业股权和分红激励方案"提纲

企业拟订的激励方案应包括但不限于以下内容：

一、基本情况

（一）企业基本情况及其发展战略。

（二）企业近3年的业务发展和财务状况。

（三）企业产权是否清晰，目前的股权结构。

（四）激励方案拟订和实施的管理机构及其成员。

（五）企业未来三年技术创新规划，包括企业技术创新目标，以及为实现技术创新目标在体制机制、创新人才、创新投入、创新能力、创新管理等方面将采取的措施。

（六）其他重要事项。

二、激励方案

（一）企业符合本办法规定实施激励条件的情况说明。

（二）激励对象的确定依据、具体名单及其职位和主要贡献。

（三）激励方式的选择及考虑因素。

（四）实施股权激励的，说明所需股权来源、数量及其占企业实收资本（股本）总额的比例，与激励对象约定的业绩条件；拟分次实施的，说明每次拟授予股权的来源、数量及其占比。

（五）实施股权激励的，说明股权出售价格或者股权期权行权价格的确定依据。

（六）实施分红激励的，说明具体激励水平及考虑因素。

（七）每个激励对象预计可获得的股权数量、激励金额。

（八）企业与激励对象各自的权利、义务。

（九）激励对象通过其他方式间接持股的，说明必要性、直接持股单位的基本情况，必要时应当出具直接持股单位与企业不存在同业竞争关系或者不发生关联交易的书面承诺。

（十）发生企业控制权变更、合并、分立，激励对象职务变更、离职、被解聘、被解除劳动合同、死亡等特殊情形时的调整性规定。

（十一）激励方案的审批、变更、终止程序。

（十二）其他重要事项。

三、其他需说明的特殊事项说明

关于进一步深化中央企业劳动用工和收入分配制度改革的指导意见

（2016年6月24日）

为深入贯彻党的十八大和十八届三中、四中、五中全会精神，落实《中共中央　国务院深化国有企业改革指导意见》（中发〔2015〕22号）的要求，进一步深化中央企业劳动用工和收入分配制度改革，构建市场化劳动用工和收入分配机制，实现企业内部管理人员能上能下、员工能进能出、收入能增能减，增强中央企业活力和竞争力，现提出以下指导意见。

一、统一思想，充分认识深化劳动用工和收入分配制度改革的重要性和紧迫性

深化劳动用工和收入分配制度改革是全面深化国有企业改革的重要内容，是开展供给侧结构性改革，促进企业瘦身健体、提质增效的重要举措，是增强中央企业活力和竞争力的迫切需要。近年来，中央企业在深化改革过程中，不断完善劳动用工和收入分配制度，积极探索和实践，取得了一定成效，但是随着改革的不断深入，中央企业用工分配管理方面存在的体制机制僵化问题没有得到根本性改变，部分企业内部改革不到位，市场化选人用人机制还未真正形成，激励约束机制还不健全，内部管理人员能上不能下、员工能进不能出、收入能增不能减等问题仍然存在。当前，解决这些问题的关键是要坚持问题导向，切实推进企业内部机制转换，进一步深化中央企业劳动用工和收入分配制度改革，促进企业持续健康发展。

中央企业深化劳动用工和收入分配制度改革的核心任务是，建立与社会主义市场经济相适应、与企业功能定位相配套的市场化劳动用工和收入分配管理体系，构建形成企业内部管理人员能上能下、员工能进能出、收入能增能减的机制，用工结构更加优化，人员配置更加高效，激励约束机制更加健全，收入分配秩序更加规范，企业市场化程度显著提高，为做强做优做大中央企业提供保障。

二、强化任职条件和考核评价，实现管理人员能上能下

（一）完善以岗位职责和任职条件为核心的管理人员职级体系。中央企业

要建立健全管理人员岗位体系，明确各层级管理岗位职责和任职条件，合理使用不同层次人才。不断完善管理人员职业发展通道，为管理人员能上能下搭建平台。按照集团化管控、专业化管理、集约化运营的要求，科学调整组织结构，合理设置内设机构和配置管理人员提高管理效率。

（二）健全以综合考核评价为基础的管理人员选拔任用机制。中央企业应当建立管理人员综合考核评价体系，以综合考核评价为基础，通过竞争上岗、公开选聘等多种方式，公开、公平、公正地选拔优秀管理人员。强化管理人员考核评价的日常监督管理，将考核评价结果与职务升降、薪酬调整紧密挂钩。对于经考核评价不能胜任工作的，应当调整岗位、降职降薪，真正做到管理人员能上能下。

（三）探索推行职业经理人制度。中央企业要扩大选人用人视野，合理增加企业内部管理人员市场化选聘比例。对市场化选聘的职业经理人，要签订聘任和绩效协议，明确聘任期限和业绩目标要求，建立与业绩考核紧密挂钩的激励约束和引进退出机制，实现选聘市场化、管理契约化、退出制度化。

三、加强劳动用工契约化管理，实现员工能进能出

（一）全面推行公开招聘制度。中央企业要按照公开、公正、竞争、择优的原则，公开招录企业员工。要制订公开招聘办法，面向社会公开招聘，做到信息公开、过程公开和结果公开。招聘信息应当面向社会公开发布，不得设置歧视性录用条件，不得降低条件定向招录本企业员工亲属。拟录用人员有关信息应当通过适当形式在一定范围内公示，确保公开招聘工作的公平、公正，提高员工招聘质量。国家法律法规政策另有规定的，从其规定。

（二）加强劳动合同管理。中央企业应当打破身份界限，建立健全以合同管理为核心、以岗位管理为基础的市场化用工制度。要依法与员工签订劳动合同，做到劳动合同应签尽签。强化劳动合同对实现员工能进能出的重要作用，细化劳动合同期限、工作内容、劳动纪律、绩效要求以及续签、解除合同条件等条款，明确双方的权利义务。要依法规范使用劳动合同制、劳务派遣等各类用工，完善管理制度，履行法定程序，确保用工管理依法合规。

（三）构建员工正常流动机制。中央企业应当根据企业战略规划和生产经营需要，合理控制用工总量，优化人员结构，构建员工正常流动机制。要建立企业内部人力资源市场，盘活人力资源存量，提高人力资源使用效率。要畅通员工退出渠道，细化员工行为规范、劳动纪律和奖惩标准，明确劳动合同期满续签标准和员工不胜任岗位要求的认定标准。对违法违规、违反企业规章制度或不胜任岗位要求等符合解聘条件的员工，要严格履行法律法规要

求的相关程序，依法解除劳动合同。

四、推进收入分配市场化改革，实现收入能增能减

（一）加强工资总额能增能减机制建设。不断完善与财务预算和业绩考核目标挂钩的工资总额预算管理办法，健全工资效益同向联动机制，切实做到工资总额与企业效益紧密挂钩。强化全口径人工成本预算管理制度体系，逐步将工资总额以外的其他人工成本项目纳入预算管理范围，严格控制人工成本不合理增长，不断提高人工成本投入产出效率。

（二）推进与效益紧密挂钩的内部薪酬制度改革。中央企业应当根据企业实际，实行与社会主义市场经济相适应的薪酬分配制度，建立健全与劳动力市场基本适应、与企业经济效益和劳动生产力挂钩的工资决定和正常增长机制，优化薪酬结构，合理拉开收入分配差距。推进全员绩效考核，根据劳动力市场价位、人工成本承受能力、岗位价值评估和员工个人能力等因素合理确定员工薪酬，同时要与企业效益、个人绩效紧密挂钩。原则上，企业效益下降或个人绩效考核不达标时，员工薪酬应当相应下降，确保收入能增能减。要建立员工薪酬市场对标机制，结合企业薪酬战略和人工成本承受能力，逐步提高核心骨干员工薪酬的市场竞争力，同时调整不合理的偏高、过高收入，做到薪酬水平该高的高，该低的低。

（三）规范员工福利保障制度。中央企业应当结合自身实际，统筹规范所属企业福利保障制度，加强福利项目和费用管理，严格清理规范工资外收入。社会保险、住房公积金、企业年金、福利费等国家和地方有明确政策规定的，要严格执行相关规定，不得超标准列支。已经建立企业年金制度的企业，不得提高建立年金制度前已退休人员统筹外补贴水平和临近退休人员的企业年金补偿标准。企业效益下降的，福利费不得增长，企业年金缴费标准可以适当降低；企业出现亏损的，企业年金应当暂停缴费。

五、统筹规划，积极稳妥推进中央企业劳动用工和收入分配制度改革

（一）加强组织领导。中央企业要高度重视新形势下深化劳动用工和收入分配制度改革工作，充分发挥企业党组织的政治核心作用和党员干部的先锋模范作用，发挥工会依法维护劳动者合法权益的桥梁纽带作用，切实加强组织领导。成立专项领导小组，明确主要负责人是第一责任人，建立工作制度和运行机制，以上率下切实推进改革。主动加强与地方政府和相关部门的沟通联系，为改革创造良好的环境和氛围。

（二）精心组织实施。中央企业要制订符合企业实际的深化用工分配制度

改革方案，明确分阶段目标任务，提出具体改革办法和措施，完善相关配套文件。强化人力资源信息化建设、对标管理等基础工作，建立社会风险、舆情风险、法律风险评估机制。加强对所属企业的督促指导，强化企业用工分配责权利的统一，逐级落实管理责任。统筹协调与其他各项改革的关系，同步推进，重点突破，务求实效。

（三）稳步推进改革。中央企业劳动用工和收入分配制度改革关系到员工的切身利益，在推动改革的过程中要处理好改革发展与稳定的关系。加强政策宣传和培训，引导全体员工形成改革共识，积极参与改革。要开展深入细致的思想工作，发动员工、依靠员工，形成改革合力。涉及员工利益的改革方案，应当依法履行内部民主程序。妥善解决改革过程中遇到的突出问题，积极履行社会责任，切实保障员工的合法权益，确保企业和社会和谐稳定。

中央企业推进劳动用工和收入分配制度改革的工作进展情况，要及时报送国资委。国资委将加强对企业推进改革的监督指导，及时总结企业的做法和成效，推广典型经验，引导中央企业锐意改革，务求实效，助推中央企业提质增效。

关于国有控股混合所有制企业开展员工持股试点的意见

（国资发改革〔2016〕133号）

为全面贯彻党的十八大和十八届三中、四中、五中全会精神，落实“四个全面”战略布局和创新、协调、绿色、开放、共享的发展理念，根据《中共中央　国务院深化国有企业改革指导意见》（中发〔2015〕22号）有关要求，经国务院同意，现就国有控股混合所有制企业开展员工持股试点提出以下意见。

一、试点原则

（一）坚持依法合规，公开透明。依法保护各类股东权益，严格遵守国家有关法律法规和国有企业改制、国有产权管理等有关规定，确保规则公开、程序公开、结果公开，杜绝暗箱操作，严禁利益输送，防止国有资产流失。不得侵害企业内部非持股员工合法权益。

（二）坚持增量引入，利益绑定。主要采取增资扩股、出资新设方式开展员工持股，并保证国有资本处于控股地位。建立健全激励约束长效机制，符合条件的员工自愿入股，入股员工与企业共享改革发展成果，共担市场竞争风险。

（三）坚持以岗定股，动态调整。员工持股要体现爱岗敬业的导向，与岗位和业绩紧密挂钩，支持关键技术岗位、管理岗位和业务岗位人员持股。建立健全股权内部流转和退出机制，避免持股固化僵化。

（四）坚持严控范围，强化监督。严格试点条件，限制试点数量，防止“一哄而起”。严格审批程序，持续跟踪指导，加强评价监督，确保试点工作目标明确、操作规范、过程可控。

二、试点企业条件

（一）主业处于充分竞争行业和领域的商业类企业。

（二）股权结构合理，非公有资本股东所持股份应达到一定比例，公司董事会中有非公有资本股东推荐的董事。

（三）公司治理结构健全，建立市场化的劳动人事分配制度和业绩考核评价体系，形成管理人员能上能下、员工能进能出、收入能增能减的市场化机制。

（四）营业收入和利润 90% 以上来源于所在企业集团外部市场。

优先支持人才资本和技术要素贡献占比较高的转制科研院所、高新技术企业、科技服务型企业（以下统称科技型企业）开展员工持股试点。中央企业二级（含）以上企业以及各省、自治区、直辖市及计划单列市和新疆生产建设兵团所属一级企业原则上暂不开展员工持股试点。违反国有企业职工持股有关规定且未按要求完成整改的企业，不开展员工持股试点。

三、企业员工入股

（一）员工范围。参与持股人员应为在关键岗位工作并对公司经营业绩和持续发展有直接或较大影响的科研人员、经营管理人员和业务骨干，且与本公司签订了劳动合同。

党中央、国务院和地方党委、政府及其部门、机构任命的国有企业领导人员不得持股。外部董事、监事（含职工代表监事）不参与员工持股。如直系亲属多人在同一企业时，只能一人持股。

（二）员工出资。员工入股应主要以货币出资，并按约定及时足额缴纳。按照国家有关法律法规，员工以科技成果出资入股的，应提供所有权属证明并依法评估作价，及时办理财产权转移手续。上市公司回购本公司股票实施员工持股，须执行有关规定。

试点企业、国有股东不得向员工无偿赠与股份，不得向持股员工提供垫资、担保、借贷等财务资助。持股员工不得接受与试点企业有生产经营业务往来的其他企业的借款或融资帮助。

（三）入股价格。在员工入股前，应按照有关规定对试点企业进行财务审计和资产评估。员工入股价格不得低于经核准或备案的每股净资产评估值。国有控股上市公司员工入股价格按证券监管有关规定确定。

（四）持股比例。员工持股比例应结合企业规模、行业特点、企业发展阶段等因素确定。员工持股总量原则上不高于公司总股本的 30%，单一员工持股比例原则上不高于公司总股本的 1%。企业可采取适当方式预留部分股权，用于新引进人才。国有控股上市公司员工持股比例按证券监管有关规定确定。

（五）股权结构。实施员工持股后，应保证国有股东控股地位，且其持股比例不得低于公司总股本的 34%。

（六）持股方式。持股员工可以个人名义直接持股，也可通过公司制企业、合伙制企业、资产管理计划等持股平台持有股权。通过资产管理计划方式持股的，不得使用杠杆融资。持股平台不得从事除持股以外的任何经营活动。

四、企业员工股权管理

（一）股权管理主体。员工所持股权一般应通过持股人会议等形式选出代表或设立相应机构进行管理。该股权代表或机构应制定管理规则，代表持股员工行使股东权利，维护持股员工合法权益。

（二）股权管理方式。公司各方股东应就员工股权的日常管理、动态调整和退出等问题协商一致，并通过公司章程或股东协议等予以明确。

（三）股权流转。实施员工持股，应设定不少于36个月的锁定期。在公司公开发行股份前已持股的员工，不得在公司首次公开发行时转让股份，并应承诺自上市之日起不少于36个月的锁定期。锁定期满后，公司董事、高级管理人员每年可转让股份不得高于所持股份总数的25%。

持股员工因辞职、调离、退休、死亡或被解雇等原因离开本公司的，应在12个月内将所持股份进行内部转让。转让给持股平台、符合条件的员工或非公有资本股东的，转让价格由双方协商确定；转让给国有股东的，转让价格不得高于上一年度经审计的每股净资产值。国有控股上市公司员工转让股份按证券监管有关规定办理。

（四）股权分红。员工持股企业应处理好股东短期收益与公司中长期发展的关系，合理确定利润分配方案和分红率。企业及国有股东不得向持股员工承诺年度分红回报或设置托底回购条款。持股员工与国有股东和其他股东享有同等权益，不得优先于国有股东和其他股东取得分红收益。

（五）破产重整和清算。员工持股企业破产重整和清算时，持股员工、国有股东和其他股东应以出资额为限，按照出资比例共同承担责任。

五、试点工作实施

（一）试点企业数量。选择少量企业开展试点。各省、自治区、直辖市及计划单列市和新疆生产建设兵团可分别选择5~10户企业，国务院国资委可从中央企业所属子企业中选择10户企业，开展首批试点。

（二）试点企业确定。开展员工持股试点的地方国有企业，由省级人民政府国有资产监督管理机构协调有关部门，在审核申报材料的基础上确定。开展试点的中央企业所属子企业，由国有股东单位在审核有关申报材料的基础上，报履行出资人职责的机构确定。

（三）员工持股方案制定。企业开展员工持股试点，应深入分析实施员工持股的必要性和可行性，以适当方式向员工充分提示持股风险，严格按照有关规定制定员工持股方案，并对实施员工持股的风险进行评估，制定应对预案。员工持股方案应对持股员工条件、持股比例、入股价格、出资方式、持股方式、股权分红、股权管理、股权流转及员工岗位变动调整股权等操作细节作出具体规定。

（四）员工持股方案审批及备案。试点企业应通过职工代表大会等形式充分听取本企业职工对员工持股方案的意见，并由董事会提交股东（大）会进行审议。地方试点企业的员工持股方案经股东（大）会审议通过后，报履行出资人职责的机构备案，同时抄报省级人民政府国有资产监督管理机构；中央试点企业的员工持股方案经股东（大）会审议通过后，报履行出资人职责的机构备案。

（五）试点企业信息公开。试点企业应将持股员工范围、持股比例、入股价格、股权流转、中介机构以及审计评估等重要信息在本企业内部充分披露，切实保障员工的知情权和监督权。国有控股上市公司执行证券监管有关信息披露规定。

（六）规范关联交易。国有企业不得以任何形式向本企业集团内的员工持股企业输送利益。国有企业购买本企业集团内员工持股企业的产品和服务，或者向员工持股企业提供设备、场地、技术、劳务、服务等，应采用市场化方式，做到价格公允、交易公平。有关关联交易应由一级企业以适当方式定期公开，并列入企业负责人经济责任审计和财务审计内容。

六、组织领导

实施员工持股试点，事关国有企业改革发展大局，事关广大员工切身利益，各地区、各有关部门要高度重视，加强领导，精心组织，落实责任，确保试点工作规范有序开展。国务院国资委负责中央企业试点工作，同时负责指导地方国有资产监督管理机构做好试点工作，重要问题应及时向国务院国有企业改革领导小组报告。首批试点原则上在 2016 年启动实施，各有关履行出资人职责的机构要严格审核试点企业申报材料，成熟一户开展一户，2018 年年底进行阶段性总结，视情况适时扩大试点。试点企业要按照要求规范操作，严格履行有关决策和审批备案程序，扎实细致开展员工持股试点工作，积极探索员工持股有效模式，切实转换企业经营机制，激发企业活力。各有关履行出资人职责的机构要对试点企业进行定期跟踪检查，及时掌握情况，发现问题，纠正不规范行为。试点过程中出现制度不健全、程序不规范、管理不到位等问题，致使国有资产流失、损害有关股东合法权益或严重侵害企业职工合法权益的，要依法依纪追究相关责任人的责任。

金融、文化等国有企业实施员工持股，中央另有规定的依其规定执行。国有科技型企业的股权和分红激励，按国务院有关规定执行。已按有关规定实施员工持股的企业，继续规范实施。国有参股企业的员工持股不适用本意见。

中央企业负责人经营业绩考核办法

（国务院国资委令第40号）

第一章　总　则

第一条　坚持以习近平新时代中国特色社会主义思想为指导，全面贯彻党的十九大精神和党中央、国务院关于深化国有企业改革、完善国有资产管理体制的一系列重大决策部署，切实履行企业国有资产出资人职责，维护所有者权益，落实国有资产保值增值责任，建立健全有效的激励约束机制，引导中央企业实现高质量发展，加快成为具有全球竞争力的世界一流企业，根据《中华人民共和国公司法》《中华人民共和国企业国有资产法》《企业国有资产监督管理暂行条例》等有关法律法规和《中共中央　国务院关于深化国有企业改革的指导意见》（中发〔2015〕22号）以及深化中央管理企业负责人薪酬制度改革等有关规定，制定本办法。

第二条　本办法考核的中央企业负责人，是指经国务院授权由国务院国有资产监督管理委员会（以下简称国资委）履行出资人职责的企业（以下简称企业）中由中央或者国资委管理的人员。

第三条　企业负责人经营业绩考核遵循以下原则：

（一）坚持质量第一效益优先。牢固树立新发展理念，以供给侧结构性改革为主线，加快质量变革、效率变革、动力变革，不断做强做优做大国有资本。

（二）坚持市场化方向。遵循市场经济规律和企业发展规律，健全市场化经营机制，充分发挥市场在资源配置中的决定性作用，强化正向激励，激发企业活力。

（三）坚持依法依规。准确把握出资人监管边界，依法合规履行出资人职权，坚持以管资本为主加强国有资产监管，有效落实国有资产保值增值责任。

（四）坚持短期目标与长远发展有机统一。切实发挥企业战略引领作用，构建年度考核与任期考核相结合，立足当前、着眼长远的考核体系。

（五）坚持国际对标行业对标。瞄准国际先进水平，强化行业对标，不断提升企业在全球产业发展中的话语权和影响力，加快成为具有全球竞争力的世界一流企业。

（六）坚持业绩考核与激励约束紧密结合。坚持权责利相统一，建立与企业负责人选任方式相匹配、与企业功能性质相适应、与经营业绩相挂钩的差异化激励约束机制。

第四条 年度经营业绩考核和任期经营业绩考核采取由国资委主任或者其授权代表与企业主要负责人签订经营业绩责任书的方式进行。

第二章 考核导向

第五条 突出效益效率，引导企业加快转变发展方式，优化资源配置，不断提高经济效益、资本回报水平、劳动产出效率和价值创造能力，实现质量更高、效益更好、结构更优的发展。

第六条 突出创新驱动，引导企业坚持自主创新，加大研发投入，加快关键核心技术攻关，强化行业技术引领，不断增强核心竞争能力。

第七条 突出实业主业，引导企业聚焦主业做强实业，加快结构调整，注重环境保护，着力补齐发展短板，积极培育新动能，不断提升协调发展可持续发展能力。

第八条 突出国际化经营，引导企业推进共建“一带一路”走深走实，加强国际合作，推动产品、技术、标准、服务、品牌“走出去”，规范有序参与国际市场竞争，不断提升国际化经营水平。

第九条 突出服务保障功能，引导企业在保障国家安全和国民经济运行、发展前瞻性战略性产业中发挥重要作用。鼓励企业积极承担社会责任。

第十条 健全问责机制，引导企业科学决策，依法合规经营，防范经营风险，防止国有资产流失，维护国有资本安全。

第三章 分类考核

第十一条 根据国有资本的战略定位和发展目标，结合企业实际，对不同功能和类别的企业，突出不同考核重点，合理设置经营业绩考核指标及权重，确定差异化考核标准，实施分类考核。

第十二条 对主业处于充分竞争行业和领域的商业类企业，以增强国有经济活力、放大国有资本功能、实现国有资本保值增值为导向，重点考核企业经济效益、资本回报水平和市场竞争能力，引导企业优化资本布局，提高资本运营效率，提升价值创造能力。

第十三条 对主业处于关系国家安全、国民经济命脉的重要行业和关键领域、主要承担重大专项任务的商业类企业，以支持企业可持续发展和服务国家战略为导向，在保证合理回报和国有资本保值增值的基础上，加强对服务国家战略、保障国家安全和国民经济运行、发展前瞻性战略性产业情况的考核。适度降低经济效益指标和国有资本保值增值率指标考核权重，合理确定经济增加值指标的资本成本率。承担国家安全、行业共性技术或国家重大专项任务完成情况较差的企业，无特殊客观原因的，在业绩考核中予以扣分或降级处理。

第十四条 对公益类企业，以支持企业更好地保障民生、服务社会、提供公共产品和服务为导向，坚持经济效益和社会效益相结合，把社会效益放在首位，重点考核产品服务质量、成本控制、营运效率和保障能力。根据不同企业特点，有区别地将经济增加值和国有资本保值增值率指标纳入年度和任期考核，适当降低考核权重和回报要求。对社会效益指标引入第三方评价，评价结果较差的企业，根据具体情况，在业绩考核中予以扣分或降级处理。

第十五条 对国有资本投资、运营公司，加强落实国有资本布局和结构优化目标、提升国有资本运营效率以及国有资本保值增值等情况的考核。

第十六条 对科技进步要求高的企业，重点关注自主创新能力的提升，加强研发投入、科技成果产出和转化等指标的考核。在计算经济效益指标时，可将研发投入视同利润加回。

第十七条 对结构调整任务重的企业，重点关注供给侧结构性改革、主业转型升级、新产业新业态新模式发展，加强相关任务阶段性成果的考核。

第十八条 对国际化经营要求高的企业，加强国际资源配置能力、国际化经营水平等指标的考核。

第十九条 对资产负债水平较高的企业，加强资产负债率、经营性现金流、资本成本率等指标的考核。

第二十条 对节能环保重点类和关注类企业，加强反映企业行业特点的综合性能耗、主要污染物排放等指标的考核。

第二十一条 对具备条件的企业，运用国际对标行业对标，确定短板指标纳入年度或任期考核。

第二十二条 建立健全业绩考核特殊事项清单管理制度。将企业承担的保障国家安全、提供公共服务等事项列入管理清单，对当期经营业绩产生重大影响的特殊事项，在考核时予以适当处理。

第四章　目标管理

第二十三条　国资委按照企业发展与国民经济发展速度相适应、与国民经济重要支柱地位相匹配、与高质量发展要求相符合的原则，主导确定企业经营业绩总体目标（以下简称总体目标）。

第二十四条　企业考核目标值应与总体目标相衔接，根据不同功能企业情况，原则上以基准值为基础予以核定。

第二十五条　考核基准值根据企业功能定位，兼顾企业经营性质和业务特点，依据考核指标近三年完成值、客观调整因素和行业对标情况综合确定。

第二十六条　年度净利润、经济增加值等指标目标值可设置为三档。

第一档：目标值达到历史最好水平，或者明显好于上年完成值且增幅高于总体目标增幅。

第二档：目标值不低于基准值。

第三档：目标值低于基准值。

经行业对标，目标值处于国际优秀水平或国内领先水平的，不进入第三档。

第二十七条　国资委将年度净利润、经济增加值等指标目标值与考核计分、结果评级紧密结合。

第一档目标值，完成后指标得满分，同时根据目标值先进程度给予加分奖励。

第二档目标值，完成后正常计分。

第三档目标值，完成后加分受限，考核结果不得进入A级。

第二十八条　净利润等经济效益指标的目标值与工资总额预算挂钩，根据目标值的先进程度确定不同的工资总额预算水平。

第五章　考核实施

第二十九条　企业负责人经营业绩考核工作由国资委考核分配工作领导小组组织实施。

第三十条　年度经营业绩考核以公历年为考核期，任期经营业绩考核以三年为考核期。

第三十一条　经营业绩责任书内容：

（一）双方的单位名称、职务和姓名；

（二）考核内容及指标；

（三）考核与奖惩；

（四）责任书的变更、解除和终止；

（五）其他需要约定的事项。

第三十二条　经营业绩责任书签订程序：

（一）考核期初，企业按照国资委经营业绩考核要求，将考核期内考核目标建议值和必要的说明材料报送国资委。

（二）国资委对考核目标建议值进行审核，并就考核目标值及有关内容同企业沟通后予以确定。

（三）由国资委主任或者其授权代表同企业主要负责人签订经营业绩责任书。

第三十三条　考核期中，国资委对经营业绩责任书执行情况实施预评估，对考核目标完成进度不理想的企业提出预警。

第三十四条　建立重大事项报告制度。企业发生较大及以上生产安全责任事故和网络安全事件、重大及以上突发环境事件、重大及以上质量事故、重大资产损失、重大法律纠纷案件、重大投融资和资产重组等，对经营业绩产生重大影响的，应及时向国资委报告。

第三十五条　经营业绩完成情况按照下列程序进行考核：

（一）考核期末，企业依据经审计的财务决算数据，形成经营业绩总结分析报告报送国资委。

（二）国资委依据经审计并经审核的企业财务决算报告和经审查的统计数据，结合总结分析报告，对企业负责人考核目标的完成情况进行考核，形成考核与奖惩意见。

（三）国资委将考核与奖惩意见反馈给企业。企业负责人对考核与奖惩意见有异议的，可及时向国资委反映。国资委将最终确认的考核结果在一定范围内公开。

第三十六条　落实董事会对经理层的经营业绩考核职权。

（一）授权董事会考核经理层的企业，国资委与董事会授权代表签订年度和任期经营业绩责任书，董事会依据国资委考核要求并结合本企业实际对经理层实施经营业绩考核。

（二）国资委根据签订的经营业绩责任书和企业考核目标完成情况，确定企业主要负责人年度和任期经营业绩考核结果。

（三）董事会根据国资委确定的经营业绩考核结果，结合经理层个人履职绩效，确定经理层业绩考核结果和薪酬分配方案。

第三十七条 董事会应根据国资委经营业绩考核导向和要求，制订、完善企业内部的经营业绩考核办法，报国资委备案。

第六章 奖 惩

第三十八条 年度经营业绩考核和任期经营业绩考核等级分为A、B、C、D四个级别。A级企业根据考核得分，结合企业国际对标行业对标情况综合确定，数量从严控制。

第三十九条 国资委依据年度和任期经营业绩考核结果对企业负责人实施奖惩。经营业绩考核结果作为企业负责人薪酬分配的主要依据和职务任免的重要依据。

第四十条 企业负责人的薪酬由基本年薪、绩效年薪、任期激励收入三部分构成。

第四十一条 对企业负责人实行物质激励与精神激励。物质激励主要包括与经营业绩考核结果挂钩的绩效年薪和任期激励收入。精神激励主要包括给予任期通报表扬等方式。

第四十二条 企业负责人的绩效年薪以基本年薪为基数，根据年度经营业绩考核结果并结合绩效年薪调节系数确定。

第四十三条 绩效年薪按照一定比例实施按月预发放。国资委依据年度经营业绩半年预评估结果对企业负责人预发绩效年薪予以调整。

第四十四条 任期激励收入根据任期经营业绩考核结果，在不超过企业负责人任期内年薪总水平的30%以内确定。

第四十五条 对科技创新取得重大成果、承担重大专项任务和社会参与作出突出贡献的企业，在年度经营业绩考核中给予加分奖励。

第四十六条 对经营业绩优秀以及在科技创新、国际化经营、节能环保、品牌建设等方面取得突出成绩的，经国资委评定后对企业予以任期激励。

第四十七条 连续两年年度经营业绩考核结果为D级或任期经营业绩考核结果为D级，且无重大客观原因的，对企业负责人予以调整。

第四十八条 企业发生下列情形之一的，国资委根据具体情节给予降级或者扣分处理；违规经营投资造成国有资产损失或其他严重不良后果，按照有关规定对相关责任人进行责任追究处理；情节严重的，给予纪律处分或者对企业负责人进行调整；涉嫌犯罪的，依法移送国家监察机关或司法机关查处。

（一）违反《中华人民共和国会计法》《企业会计准则》等有关法律法规

规章，虚报、瞒报财务状况的；

（二）企业法定代表人及相关负责人违反国家法律法规和规定，导致发生较大及以上生产安全责任事故和网络安全事件、重大及以上突发环境事件、重大质量责任事故、重大违纪和法律纠纷案件、境外恶性竞争、偏离核定主业盲目投资等情形，造成重大不良影响或者国有资产损失的。

第四十九条　鼓励探索创新，激发和保护企业家精神。企业实施重大科技创新、发展前瞻性战略性产业等，对经营业绩产生重大影响的，按照“三个区分开来”原则和有关规定，可在考核上不做负向评价。

第七章　附　则

第五十条　企业在考核期内经营环境发生重大变化，或者发生清产核资、改制重组、主要负责人变动等情况，国资委可以根据具体情况变更经营业绩责任书的相关内容。

第五十一条　对混合所有制企业以及处于特殊发展阶段的企业，根据企业功能定位、改革目标和发展战略，考核指标、考核方式可以“一企一策”确定。

第五十二条　中央企业专职党组织负责人、纪委书记（纪检监察组组长）的考核有其他规定的，从其规定。

第五十三条　国有资本参股公司、被托管和兼并企业中由国资委管理的企业负责人，其经营业绩考核参照本办法执行。

第五十四条　各省、自治区、直辖市和新疆生产建设兵团国有资产监督管理机构，设区的市、自治州级国有资产监督管理机构对国家出资企业负责人的经营业绩考核，可参照本办法并结合实际制定具体规定。

第五十五条　本办法由国资委负责解释，具体实施方案另行制定。

第五十六条　本办法自 2019 年 4 月 1 日起施行。《中央企业负责人经营业绩考核办法》（国资委令第 33 号）同时废止。

国务院关于改革国有企业工资决定机制的意见

（国发〔2018〕16号）

各省、自治区、直辖市人民政府，国务院各部委、各直属机构：

国有企业工资决定机制改革是完善国有企业现代企业制度的重要内容，是深化收入分配制度改革的重要任务，事关国有企业健康发展，事关国有企业职工切身利益，事关收入分配合理有序。改革开放以来，国家对国有大中型企业实行工资总额同经济效益挂钩办法，对促进国有企业提高经济效益、调动广大职工积极性发挥了重要作用。随着社会主义市场经济体制逐步健全和国有企业改革不断深化，现行国有企业工资决定机制还存在市场化分配程度不高、分配秩序不够规范、监管体制尚不健全等问题，已难以适应改革发展需要。为改革国有企业工资决定机制，现提出以下意见。

一、总体要求

（一）指导思想

全面贯彻党的十九大精神，以习近平新时代中国特色社会主义思想为指导，认真落实党中央、国务院决策部署，统筹推进“五位一体”总体布局和协调推进“四个全面”战略布局，坚持以人民为中心的发展思想，牢固树立和贯彻落实新发展理念，按照深化国有企业改革、完善国有资产管理体制和坚持按劳分配原则、完善按要素分配体制机制的要求，以增强国有企业活力、提升国有企业效率为中心，建立健全与劳动力市场基本适应、与国有企业经济效益和劳动生产率挂钩的工资决定和正常增长机制，完善国有企业工资分配监管体制，充分调动国有企业职工的积极性、主动性、创造性，进一步激发国有企业创造力和提高市场竞争力，推动国有资本做强做优做大，促进收入分配更合理、更有序。

（二）基本原则

——坚持建立中国特色现代国有企业制度改革方向。坚持所有权和经营权相分离，进一步确立国有企业的市场主体地位，发挥企业党委（党组）领导作用，依法落实董事会的工资分配管理权，完善既符合企业一般规律又体现国有企业特点的工资分配机制，促进国有企业持续健康发展。

——坚持效益导向与维护公平相统一。国有企业工资分配要切实做到既有激励又有约束、既讲效率又讲公平。坚持按劳分配原则，健全国有企业职工工资与经济效益同向联动、能增能减的机制，在经济效益增长和劳动生产率提高的同时实现劳动报酬同步提高。统筹处理好不同行业、不同企业和企业内部不同职工之间的工资分配关系，调节过高收入。

——坚持市场决定与政府监管相结合。充分发挥市场在国有企业工资分配中的决定性作用，实现职工工资水平与劳动力市场价位相适应、与增强企业市场竞争力相匹配。更好发挥政府对国有企业工资分配的宏观指导和调控作用，改进和加强事前引导和事后监督，规范工资分配秩序。

——坚持分类分级管理。根据不同国有企业功能性质定位、行业特点和法人治理结构完善程度，实行工资总额分类管理。按照企业国有资产产权隶属关系，健全工资分配分级监管体制，落实各级政府职能部门和履行出资人职责机构（或其他企业主管部门，下同）的分级监管责任。

二、改革工资总额决定机制

（三）改革工资总额确定办法。按照国家工资收入分配宏观政策要求，根据企业发展战略和薪酬策略、年度生产经营目标和经济效益，综合考虑劳动生产率提高和人工成本投入产出率、职工工资水平市场对标等情况，结合政府职能部门发布的工资指导线，合理确定年度工资总额。

（四）完善工资与效益联动机制。企业经济效益增长的，当年工资总额增长幅度可在不超过经济效益增长幅度范围内确定。其中，当年劳动生产率未提高、上年人工成本投入产出率低于行业平均水平或者上年职工平均工资明显高于全国城镇单位就业人员平均工资的，当年工资总额增长幅度应低于同期经济效益增长幅度；对主业不处于充分竞争行业和领域的企业，上年职工平均工资达到政府职能部门规定的调控水平及以上的，当年工资总额增长幅度应低于同期经济效益增长幅度，且职工平均工资增长幅度不得超过政府职能部门规定的工资增长调控目标。

企业经济效益下降的，除受政策调整等非经营性因素影响外，当年工资总额原则上相应下降。其中，当年劳动生产率未下降、上年人工成本投入产出率明显优于行业平均水平或者上年职工平均工资明显低于全国城镇单位就业人员平均工资的，当年工资总额可适当少降。

企业未实现国有资产保值增值的，工资总额不得增长，或者适度下降。

企业按照工资与效益联动机制确定工资总额，原则上增人不增工资总额、减人不减工资总额，但发生兼并重组、新设企业或机构等情况的，可以合理增加或者减少工资总额。

（五）分类确定工资效益联动指标。根据企业功能性质定位、行业特点，科学设置联动指标，合理确定考核目标，突出不同考核重点。

对主业处于充分竞争行业和领域的商业类国有企业，应主要选取利润总额（或净利润）、经济增加值、净资产收益率等反映经济效益、国有资本保值增值和市场竞争能力的指标。对主业处于关系国家安全、国民经济命脉的重要行业和关键领域、主要承担重大专项任务的商业类国有企业，在主要选取反映经济效益和国有资本保值增值指标的同时，可根据实际情况增加营业收入、任务完成率等体现服务国家战略、保障国家安全和国民经济运行、发展前瞻性战略性产业以及完成特殊任务等情况的指标。对主业以保障民生、服务社会、提供公共产品和服务为主的公益类国有企业，应主要选取反映成本控制、产品服务质量、营运效率和保障能力等情况的指标，兼顾体现经济效益和国有资本保值增值的指标。对金融类国有企业，属于开发性、政策性的，应主要选取体现服务国家战略和风险控制的指标，兼顾反映经济效益的指标；属于商业性的，应主要选取反映经济效益、资产质量和偿付能力的指标。对文化类国有企业，应同时选取反映社会效益和经济效益、国有资本保值增值的指标。劳动生产率指标一般以人均增加值、人均利润为主，根据企业实际情况，可选取人均营业收入、人均工作量等指标。

三、改革工资总额管理方式

（六）全面实行工资总额预算管理。工资总额预算方案由国有企业自主编制，按规定履行内部决策程序后，根据企业功能性质定位、行业特点并结合法人治理结构完善程度，分别报履行出资人职责机构备案或核准后执行。

对主业处于充分竞争行业和领域的商业类国有企业，工资总额预算原则上实行备案制。其中，未建立规范董事会、法人治理结构不完善、内控机制不健全的企业，经履行出资人职责机构认定，其工资总额预算应实行核准制。

对其他国有企业，工资总额预算原则上实行核准制。其中，已建立规范董事会、法人治理结构完善、内控机制健全的企业，经履行出资人职责机构同意，其工资总额预算可实行备案制。

（七）合理确定工资总额预算周期。国有企业工资总额预算一般按年度进行管理。对行业周期性特征明显、经济效益年度间波动较大或存在其他特殊情况的企业，工资总额预算可探索按周期进行管理，周期最长不超过三年，周期内的工资总额增长应符合工资与效益联动的要求。

（八）强化工资总额预算执行。国有企业应严格执行经备案或核准的工资总额预算方案。执行过程中，因企业外部环境或自身生产经营等编制预算时所依据的情况发生重大变化，需要调整工资总额预算方案的，应按规定程序进行调整。

履行出资人职责机构应加强对所监管企业执行工资总额预算情况的动态监控和指导，并对预算执行结果进行清算。

四、完善企业内部工资分配管理

（九）完善企业内部工资总额管理制度。国有企业在经备案或核准的工资总额预算内，依法依规自主决定内部工资分配。企业应建立健全内部工资总额管理办法，根据所属企业功能性质定位、行业特点和生产经营等情况，指导所属企业科学编制工资总额预算方案，逐级落实预算执行责任，建立预算执行情况动态监控机制，确保实现工资总额预算目标。企业集团应合理确定总部工资总额预算，其职工平均工资增长幅度原则上应低于本企业全部职工平均工资增长幅度。

（十）深化企业内部分配制度改革。国有企业应建立健全以岗位工资为主的基本工资制度，以岗位价值为依据，以业绩为导向，参照劳动力市场工资价位并结合企业经济效益，通过集体协商等形式合理确定不同岗位的工资水平，向关键岗位、生产一线岗位和紧缺急需的高层次、高技能人才倾斜，合理拉开工资分配差距，调整不合理过高收入。加强全员绩效考核，使职工工资收入与其工作业绩和实际贡献紧密挂钩，切实做到能增能减。

（十一）规范企业工资列支渠道。国有企业应调整优化工资收入结构，逐步实现职工收入工资化、工资货币化、发放透明化。严格清理规范工资外收入，将所有工资性收入一律纳入工资总额管理，不得在工资总额之外以其他形式列支任何工资性支出。

五、健全工资分配监管体制机制

（十二）加强和改进政府对国有企业工资分配的宏观指导和调控。人力资源社会保障部门负责建立企业薪酬调查和信息发布制度，定期发布不同职业的劳动力市场工资价位和行业人工成本信息；会同财政、国资监管等部门完善工资指导线制度，定期制定和发布工资指导线、非竞争类国有企业职工平均工资调控水平和工资增长调控目标。

（十三）落实履行出资人职责机构的国有企业工资分配监管职责。履行出资人职责机构负责做好所监管企业工资总额预算方案的备案或核准工作，加强对所监管企业工资总额预算执行情况的动态监控和执行结果的清算，并按年度将所监管企业工资总额预算执行情况报同级人力资源社会保障部门，由人力资源社会保障部门汇总报告同级人民政府。同时，履行出资人职责机构可按规定将有关情况直接报告同级人民政府。

（十四）完善国有企业工资分配内部监督机制。国有企业董事会应依照法定程序决定工资分配事项，加强对工资分配决议执行情况的监督。落实企业监事会对工资分配的监督责任。将企业职工工资收入分配情况作为厂务公开的重要内容，定期向职工公开，接受职工监督。

（十五）建立国有企业工资分配信息公开制度。履行出资人职责机构、国有企业每年定期将企业工资总额和职工平均工资水平等相关信息向社会披露，接受社会公众监督。

（十六）健全国有企业工资内外收入监督检查制度。人力资源社会保障部门会同财政、国资监管等部门，定期对国有企业执行国家工资收入分配政策情况开展监督检查，及时查处违规发放工资、滥发工资外收入等行为。加强与出资人监管和审计、税务、纪检监察、巡视等监督的协同，建立工作会商和资源共享机制，提高监督效能，形成监督合力。

对企业存在超提、超发工资总额及其他违规行为的，扣回违规发放的工资总额，并视违规情形对企业负责人和相关责任人员依照有关规定给予经济处罚和纪律处分；构成犯罪的，由司法机关依法追究刑事责任。

六、做好组织实施工作

（十七）国有企业工资决定机制改革是一项涉及面广、政策性强的工作，各地区、各有关部门要统一思想认识，以高度的政治责任感和历史使命感，切实加强对改革工作的领导，做好统筹协调，细化目标任务，明确责任分工，强化督促检查，及时研究解决改革中出现的问题，推动改革顺利进行。各省（自治区、直辖市）要根据本意见，结合当地实际抓紧制定改革国有企业工资决定机制的实施意见，认真抓好贯彻落实。各级履行出资人职责机构要抓紧制定所监管企业的具体改革实施办法，由同级人力资源社会保障部门会同财政部门审核后实施。各级人力资源社会保障、财政、国资监管等部门和工会要各司其职，密切配合，共同做好改革工作，形成推进改革的合力。广大国有企业要自觉树立大局观念，认真执行国家有关改革规定，确保改革政策得到落实。要加强舆论宣传和政策解读，引导全社会正确理解和支持改革，营造良好社会环境。

（十八）本意见适用于国家出资的国有独资及国有控股企业。中央和地方有关部门或机构作为实际控制人的企业，参照本意见执行。

本意见所称工资总额，是指由企业在一个会计年度内直接支付给予本企业建立劳动关系的全部职工的劳动报酬总额，包括工资、奖金、津贴、补贴、加班加点工资、特殊情况下支付的工资等。

国务院

2018 年 5 月 13 日

中央企业工资总额管理办法

（国务院国资委第39号令）

第一章 总 则

第一条 为建立健全与劳动力市场基本适应、与企业经济效益和劳动生产率挂钩的工资决定和正常增长机制，增强企业活力和竞争力，促进企业实现高质量发展，推动国有资本做强做优做大，根据《中华人民共和国企业国有资产法》《企业国有资产监督管理暂行条例》《中共中央 国务院深化国有企业改革指导意见》《国务院关于改革国有企业工资决定机制的意见》和国家有关收入分配政策规定，制定本办法。

第二条 本办法所称中央企业是指国务院国有资产监督管理委员会（以下简称国资委）履行出资人职责的企业。

第三条 本办法所称工资总额，是指由企业在一个会计年度内直接支付给予本企业建立劳动关系的全部职工的劳动报酬总额，包括工资、奖金、津贴、补贴、加班加点工资、特殊情况下支付的工资等。

第四条 中央企业工资总额实行预算管理。企业每年度围绕发展战略，按照国家工资收入分配宏观政策要求，依据生产经营目标、经济效益情况和人力资源管理要求，对工资总额的确定、发放和职工工资水平的调整，作出预算安排，并且进行有效控制和监督。

第五条 工资总额管理应当遵循以下原则：

（一）坚持市场化改革方向。实行与社会主义市场经济相适应的企业工资分配制度，发挥市场在资源配置中的决定性作用，逐步实现中央企业职工工资水平与劳动力市场价位相适应。

（二）坚持效益导向原则。按照质量第一、效益优先的要求，职工工资水平的确定以及增长应当与企业经济效益和劳动生产率的提高相联系，切实实现职工工资能增能减，充分调动职工创效主动性和积极性，不断优化人工成本投入产出效率，持续增强企业活力。

（三）坚持分级管理。完善出资人依法调控与企业自主分配相结合的中央企业工资总额分级管理体制，国资委以管资本为主调控中央企业工资分配总体水平，企业依法依规自主决定内部薪酬分配。

（四）坚持分类管理。根据中央企业功能定位、行业特点，分类实行差异化的工资总额管理方式和决定机制，引导中央企业落实国有资产保值增值责任，发挥在国民经济和社会发展中的骨干作用。

第二章　工资总额分级管理

第六条　国资委依据有关法律法规履行出资人职责，制定中央企业工资总额管理制度，根据企业功能定位、公司治理、人力资源管理市场化程度等情况，对企业工资总额预算实行备案制或者核准制管理。

第七条　实行工资总额预算备案制管理的中央企业，根据国资委管理制度和调控要求，结合实际制定本企业工资总额管理办法，报经国资委同意后，依照办法科学编制职工年度工资总额预算方案并组织实施，国资委对其年度工资总额预算进行备案管理。

第八条　实行工资总额预算核准制管理的中央企业，根据国资委有关制度要求，科学编制职工年度工资总额预算方案，报国资委核准后实施。

第九条　工资总额预算经国资委备案或者核准后，由中央企业根据所属企业功能定位、行业特点和经营性质，按照内部绩效考核和薪酬分配制度要求，完善本企业工资总额预算管理体系，并且组织开展预算编制、执行以及内部监督、评价工作。

第十条　中央企业工资总额预算一般按照单一会计年度进行管理。对行业周期性特征明显、经济效益年度间波动较大或者存在其他特殊情况的企业，工资总额预算可以探索按周期进行管理，周期最长不超过三年，周期内的工资总额增长应当符合工资与效益联动的要求。

第三章　工资总额分类管理

第十一条　主业处于充分竞争行业和领域的商业类中央企业原则上实行工资总额预算备案制管理。职工工资总额主要与企业利润总额、净利润、经济增加值、净资产增长率、净资产收益率等反映经济效益、国有资本保值增值和市场竞争能力的指标挂钩。职工工资水平根据企业经济效益和市场竞争力，结合市场或者行业对标科学合理确定。

第十二条　主业处于关系国家安全、国民经济命脉的重要行业和关键领域、主要承担重大专项任务的商业类中央企业原则上实行工资总额预算核准制管理。职工工资总额在主要与反映经济效益和国有资本保值增值指标挂钩的同时，可以根据实际增加营业收入、任务完成率等体现服务国家战略、保障国家安全和国民经济运行、发展前瞻性战略性产业以及完成特殊任务等情况的指标。职工工资水平根据企业在国民经济中的作用、贡献和经济效益，结合所处行业职工平均工资水平等因素合理确定。

上述企业中，法人治理结构健全、“三项制度”改革到位、收入分配管理规范的，经国资委同意后，工资总额预算可以探索实行备案制管理。

第十三条 公益类中央企业实行工资总额预算核准制管理。职工工资总额主要与反映成本控制、产品服务质量、营运效率和保障能力等情况的指标挂钩，兼顾体现经济效益和国有资本保值增值情况的指标。职工工资水平根据公益性业务的质量和企业经济效益状况，结合收入分配现状、所处行业平均工资等因素合理确定。

第十四条 开展国有资本投资、运营公司或者混合所有制改革等试点的中央企业，按照国家收入分配政策要求，根据改革推进情况，经国资委同意，可以探索实行更加灵活高效的工资总额管理方式。

第四章 工资总额决定机制

第十五条 中央企业以上年度工资总额清算额为基础，根据企业功能定位以及当年经济效益和劳动生产率的预算情况，参考劳动力市场价位，分类确定决定机制，合理编制年度工资总额预算。

第十六条 工资总额预算与利润总额等经济效益指标的业绩考核目标值挂钩，并且根据目标值的先进程度（一般设置为三档）确定不同的预算水平。

（一）企业经济效益增长，目标值为第一档的，工资总额增长可以与经济效益增幅保持同步；目标值为第二档的，工资总额增长应当低于经济效益增幅。

（二）企业经济效益下降，目标值为第二档的，工资总额可以适度少降；目标值为第三档的，工资总额应当下降。

（三）企业受政策调整、不可抗力等非经营性因素影响的，可以合理调整工资总额预算。

（四）企业未实现国有资产保值增值的，工资总额不得增长或者适度下降。

第十七条 工资总额预算在按照经济效益决定的基础上，还应当根据劳动生产率、人工成本投入产出效率的对标情况合理调整。企业当年经济效益增长但劳动生产率未提高的，工资总额应当适当少增。企业劳动生产率以及其他人工成本投入产出指标与同行业水平对标差距较大的，应当合理控制工资总额预算。

第十八条　主业处于关系国家安全、国民经济命脉的重要行业和关键领域、主要承担重大专项任务的商业类中央企业和公益类中央企业可以探索将工资总额划分为保障性和效益性工资总额两部分，国资委根据企业功能定位、行业特点等情况，合理确定其保障性和效益性工资总额比重，比重原则上三年内保持不变。

（一）保障性工资总额的增长主要根据企业所承担的重大专项任务、公益性业务、营业收入等指标完成情况，结合居民消费价格指数以及企业职工工资水平对标情况综合确定，原则上不超过挂钩指标增长幅度。

（二）效益性工资总额增长原则上参照本办法第十六、十七条确定。

第十九条　工资总额在预算范围不发生变化的情况下，原则上增人不增工资总额、减人不减工资总额，但发生兼并重组、新设企业或者机构等情况的，可以合理增加或者减少工资总额。

第二十条　国资委按照国家有关部门发布的工资指导线、非竞争类国有企业职工平均工资调控水平和工资增长调控目标，根据中央企业职工工资分配现状，适度调控部分企业工资总额增幅。

对中央企业承担重大专项任务、重大科技创新项目等特殊事项的，国资委合理认定后，予以适度支持。

第二十一条　中央企业应当制定完善集团总部职工工资总额管理制度，根据人员结构及工资水平的对标情况，总部职工平均工资增幅原则上在低于当年集团职工平均工资增幅的范围内合理确定。

第五章　工资总额管理程序

第二十二条　中央企业应当按照国家收入分配政策规定和国资委有关要求编制工资总额预算。工资总额预算方案履行企业内部决策程序后，于每年一季度报国资委备案或者核准。

第二十三条　国资委建立中央企业工资总额预算动态监控制度，对中央企业工资总额发放情况、人工成本投入产出等主要指标执行情况进行跟踪监测，定期发布监测结果，督促中央企业加强预算执行情况的监督和控制。

第二十四条　中央企业应当严格执行经国资委备案或者核准的工资总额预算方案，在执行过程中出现以下情形之一，导致预算编制基础发生重大变化的，可以申请对工资总额预算进行调整：

（一）国家宏观经济政策发生重大调整。

（二）市场环境发生重大变化。

（三）企业发生分立、合并等重大资产重组行为。

（四）其他特殊情况。

第二十五条 中央企业工资总额预算调整情况经履行企业内部决策程序后，于每年10月报国资委复核或者重新备案。

第二十六条 中央企业应当于每年4月向国资委提交上年工资总额预算执行情况报告，国资委依据经审计的财务决算数据，参考企业经营业绩考核目标完成情况，对中央企业工资总额预算执行情况、执行国家有关收入分配政策等情况进行清算评价，并且出具清算评价意见。

第六章 企业内部分配管理

第二十七条 中央企业应当按照国家有关政策要求以及本办法规定，持续深化企业内部收入分配制度改革，不断完善职工工资能增能减机制。

第二十八条 中央企业应当建立健全职工薪酬市场对标体系，构建以岗位价值为基础、以绩效贡献为依据的薪酬管理制度，坚持按岗定薪、岗变薪变，强化全员业绩考核，合理确定各类人员薪酬水平，逐步提高关键岗位的薪酬市场竞争力，调整不合理收入分配差距。

第二十九条 坚持短期与中长期激励相结合，按照国家有关政策，对符合条件的核心骨干人才实行股权激励和分红激励等中长期激励措施。

第三十条 严格清理规范工资外收入，企业所有工资性支出应当按照有关财务会计制度规定，全部纳入工资总额核算，不得在工资总额之外列支任何工资性支出。

第三十一条 规范职工福利保障管理，严格执行国家关于社会保险、住房公积金、企业年金、福利费等政策规定，不得超标准、超范围列支。企业效益下降的，应当严格控制职工福利费支出。

第三十二条 加强企业人工成本监测预警，建立全口径人工成本预算管理制度，严格控制人工成本不合理增长，不断提高人工成本投入产出效率。

第三十三条 健全完善企业内部监督机制，企业内部收入分配制度、中长期激励计划以及实施方案等关系职工切身利益的重大分配事项应当履行必要的决策程序和民主程序。中央企业集团总部要将所属企业薪酬福利管理作为财务管理和年度审计的重要内容。

第七章　工资总额监督检查

第三十四条　中央企业不得违反规定超提、超发工资总额。出现超提、超发行为的企业，应当清退并且进行相关账务处理，国资委相应核减企业下一年度工资总额基数，并且根据有关规定对相关责任人进行处理。

第三十五条　国资委对中央企业工资总额管理情况进行监督检查，对于履行主体责任不到位、工资增长与经济效益严重不匹配、内部收入分配管理不规范、收入分配关系明显不合理的企业，国资委将对其工资总额预算从严调控。

第三十六条　实行工资总额预算备案制管理的中央企业，出现违反国家工资总额管理有关规定的，国资委将责成企业进行整改，情节严重的，除按规定进行处理外，将其工资总额预算由备案制管理调整为核准制管理。

第三十七条　国资委将中央企业工资总额管理情况纳入出资人监管以及纪检监察、巡视等监督检查工作范围，必要时委托专门机构进行检查。对工资总额管理过程中弄虚作假以及其他严重违反收入分配政策规定的企业，国资委将视情况对企业采取相应处罚措施，并且根据有关规定对相关责任人进行处理。

第三十八条　中央企业应当依照法定程序决定工资分配事项，加强对工资分配决议执行情况的监督。职工工资收入分配情况应当作为厂务公开的重要内容，定期向职工公开，接受职工监督。

第三十九条　国资委、中央企业每年定期将企业工资总额和职工平均工资水平等相关信息向社会披露，接受社会公众监督。

第八章　附　则

第四十条　本办法由国资委负责解释，具体实施方案另行制定。

第四十一条　本办法自 2019 年 1 月 1 日起施行。《关于印发〈中央企业工资总额预算管理暂行办法〉的通知》（国资发分配〔2010〕72 号）、《关于印发〈中央企业工资总额预算管理暂行办法实施细则〉的通知》（国资发分配〔2012〕146 号）同时废止。

“双百企业”推行经理层成员任期制和契约化管理操作指引

（2020年1月22日　国务院国有企业改革领导小组办公室）

为贯彻落实党中央、国务院关于建立健全市场化经营机制、激发企业活力的决策部署，完善国有企业领导人员分类分层管理制度，更好解决“三项制度”改革中的突出矛盾和问题，有效激发微观主体活力，按照《中共中央 国务院深化国有企业改革指导意见》（中发〔2015〕22号）、《关于印发〈国企改革“双百行动”工作方案〉的通知》（国资发研究〔2018〕70号）、《国务院国有企业改革领导小组办公室关于支持鼓励“双百企业”进一步加大改革创新力度有关事项的通知》（国资改办〔2019〕302号）等文件精神和有关政策规定，结合中央企业和地方国有企业相关工作实践，制定本操作指引。

“双百企业”（含所属各级子企业，下同）在推行经理层成员任期制和契约化管理时，相关工作参考本操作指引。鼓励未纳入国企改革“双百行动”的中央企业所属各级子企业和地方国有企业（含所属各级子企业，下同），参考本操作指引积极推进相关工作。本操作指引印发前，已根据党中央、国务院有关文件精神和政策规定，在本企业或本地区推行经理层成员任期制和契约化管理的，可以按照“孰优”原则参考本操作指引完善相关工作。

一、基本概念、范围和职责

（一）基本概念

本操作指引所称的经理层成员任期制和契约化管理，是指对企业经理层成员实行的，以固定任期和契约关系为基础，根据合同或协议约定开展年度和任期考核，并根据考核结果兑现薪酬和实施聘任（或解聘）的管理方式。

（二）范围

一般包括“双百企业”的总经理（总裁、行长等）、副总经理（副总裁、副行长等）、财务负责人和公司章程规定的其他高级管理人员。

（三）职责

“双百企业”的控股股东及其党组织对“双百企业”推行经理层成员任期制和契约化管理工作发挥领导和把关作用。已建立董事会的“双百企业”，其控股股东及其党组织负责对相关工作方案进行审核把关；未建立董事会的

“双百企业”，其控股股东及其党组织负责组织制定相关工作方案并进行审核把关，指导“双百企业”具体实施。

“双百企业”党组织负责研究讨论相关工作方案和考核结果应用等重大事项。

“双百企业”董事会负责组织制定相关工作方案、履行决策审批程序、与经理层成员签订契约、开展考核、兑现薪酬、聘任（或解聘）等。

二、基本操作流程

“双百企业”推行经理层成员任期制和契约化管理，一般应履行以下基本操作流程：

（一）制定方案

“双百企业”应结合实际制定工作方案，方案一般包括以下内容：企业基本情况、背景和目的、任期制管理的主要举措、契约化管理的主要举措、监督管理的主要举措、组织保障和进度安排等。

（二）履行决策审批程序

方案制定后，“双百企业”应按照“三重一大”决策机制，根据公司章程或控股股东及其党组织有关要求，履行相关决策审批程序。

（三）签订契约

根据“双百企业”董事会建设情况实际，由“双百企业”董事会（或控股股东）与经理层成员签订岗位聘任协议和经营业绩责任书（年度和任期），依法依规建立契约关系，明确任期期限、岗位职责、权利义务、业绩目标、薪酬待遇、退出规定、责任追究等内容。

（四）开展考核

严格按照契约约定开展年度和任期经营业绩考核，强化刚性考核。

（五）结果应用

依据年度和任期经营业绩考核结果，结合综合评价结果等确定薪酬、决定聘任（或解聘），强化刚性兑现。

三、任期制管理相关环节操作要点

（一）任期管理

1. 任期期限。经理层成员的任期期限由董事会（或控股股东）确定，一般为两年到三年，可以根据实际情况适当延长。

2. 到期重聘。经理层成员任期期满后，应重新履行聘任程序并签订岗位聘任协议。未能续聘的，自然免职（解聘），如有党组织职务，原则上应一并免去。

（二）明确权责

“双百企业”应明确经理层成员的岗位职责及工作分工，合理划分权责界面。

1. 岗位说明书。可以采用岗位说明书等方式，明确经理层成员的岗位职责和任职资格。

2. 权责清单。可以采用制定权责清单等方式，规范董事会（或控股股东）与经理层、总经理与其他经理层成员之间的权责关系。

四、契约化管理相关环节操作要点

（一）契约签订

1. 经营业绩责任书。根据岗位聘任协议，签订年度和任期经营业绩责任书。经营业绩责任书一般包括以下内容：

（1）双方基本信息；

（2）考核内容及指标；

（3）考核指标的目标值、确定方法及计分规则；

（4）考核实施与奖惩；

（5）其他需要约定的事项。

2. 考核内容及指标。根据岗位职责和工作分工，按照定量与定性相结合、以定量为主的导向，确定每位经理层成员的考核内容及指标。年度和任期经营业绩考核内容及指标应适当区分、有效衔接。

3. 考核指标的目标值。目标值应科学合理、具有一定挑战性，一般根据企业发展战略、经营预算、历史数据、行业对标情况等设置。

4. 签约程序。一般由“双百企业”董事会授权董事长与总经理签订年度和任期经营业绩责任书。董事会可以授权总经理与其他经理层成员签订年度和任期经营业绩责任书。未建立董事会的“双百企业”，由其控股股东确定相关签约程序并组织实施。

（二）考核实施

年度经营业绩考核以年度为周期进行考核，一般在当年年末或翌年年初进行。任期经营业绩考核一般结合任期届满当年年度考核一并进行。

考核期末，董事会（或控股股东）依据经审计的财务决算数据等，对经理层成员考核内容及指标的完成情况进行考核，形成考核与奖惩意见，并反馈给经理层成员。经理层成员对考核与奖惩意见有异议的，可及时向董事会（或控股股东）反映。最终确认的考核结果可以在一定范围内公开。

（三）薪酬管理

1. 薪酬结构。经理层成员薪酬结构一般包括基本年薪、绩效年薪、任期激励等。

（1）基本年薪是年度基本收入，按月固定发放。

（2）绩效年薪是与年度经营业绩考核结果挂钩的浮动收入，原则上占年度薪酬（基本年薪与绩效年薪之和）的比例不低于60%。

（3）任期激励是与任期经营业绩考核结果挂钩的收入。

鼓励“双百企业”综合运用国有控股上市公司股权激励、国有科技型企业股权和分红激励、国有控股混合所有制企业员工持股等中长期激励政策，探索超额利润分享、虚拟股权、跟投等中长期激励方式，不断丰富完善经理层成员的薪酬结构。

2. 薪酬兑现。“双百企业”应根据经营业绩考核结果，

合理拉开经理层成员薪酬差距。年度考核不合格的，扣减全部绩效年薪。

“双百企业”应根据有关规定建立薪酬追索扣回制度，在岗位聘任协议中予以明确并严格执行。

（四）退出管理

1. 退出条件。“双百企业”应加强对经理层成员任期内的考核和管理，经考核认定不适宜继续任职的，应当中止任期、免去现职。一般包括以下情形：

（1）年度经营业绩考核结果未达到完成底线（如百分制低于70分），或年度经营业绩考核主要指标未达到完成底线（如完成率低于70%）的。

（2）连续两年年度经营业绩考核结果为不合格或任期经营业绩考核结果为不合格的。

（3）任期综合考核评价不称职，或者在年度综合考核评价中总经理得分连续两年靠后、其他经理层成员连续两年排名末位，经分析研判确属不胜任或者不适宜担任现职的。

（4）对违规经营投资造成国有资产损失负有责任的。

（5）因其他原因，董事会（或控股股东及其党组织）认为不适合在该岗位继续工作的。

2. 退出方式。对不胜任或不适宜担任现职的经理层成员，不得以任期未满为由继续留任，应当及时解聘。

五、监督管理相关环节操作要点

（一）严格任期

任期期限、最多连任届数和期限等一经确定，不得随意延长。

（二）履职监督

“双百企业”应建立健全对推行任期制和契约化管理的经理层成员的监督体系，党组织、董事会、监事会等治理主体，以及纪检监察、巡视、审计等部门根据职能分工，做好履职监督工作。坚持以预防和事前监督为主，建立健全提醒、诫勉、函询等制度办法，及早发现和纠正其不良行为倾向。

（三）责任追究

经理层成员在聘任期间应当维护企业国有资产安全、防止国有资产流失，不得侵吞、贪污、输送、挥霍国有资产。经理层成员违反规定，未履行或未正确履行职责，在经营投资中造成国有资产损失或其他严重不良后果的，严肃追究责任。

按照“三个区分开来”要求，支持鼓励“双百企业”按照公私分明、尽职合规免责原则，建立健全并细化相关工作机制的主体、标准、适用情形和工作流程，形成可落实可操作的制度安排。

“双百企业”推行职业经理人制度操作指引

（2020 年 1 月 22 日　国务院国有企业改革领导小组办公室）

为贯彻落实党中央、国务院关于建立健全市场化经营机制、激发企业活力的决策部署，完善国有企业领导人员分类分层管理制度，更好解决“三项制度”改革中的突出矛盾和问题，有效激发微观主体活力，按照《中共中央　国务院深化国有企业改革指导意见》（中发〔2015〕22 号）、《关于印发〈国企改革“双百行动”工作方案〉的通知》（国资发研究〔2018〕70 号）、《国务院国有企业改革领导小组办公室关于支持鼓励“双百企业”进一步加大改革创新力度有关事项的通知》（国资改办〔2019〕302 号）等文件精神和有关政策规定，结合中央企业和地方国有企业相关工作实践，制定本操作指引。

“双百企业”（含所属各级子企业，下同）在推行职业经理人制度时，相关工作可以参考本操作指引。鼓励未纳入国企改革“双百行动”的中央企业所属各级子企业和地方国有企业（含所属各级子企业，下同），参考本操作指引积极推进相关工作。本操作指引印发前，已根据党中央、国务院有关文件精神和政策规定，在本企业或本地区推行职业经理人制度的，可以按照“孰优”原则参考本操作指引完善相关工作。

一、基本概念、范围和职责

（一）基本概念

本操作指引所称职业经理人是指按照“市场化选聘、契约化管理、差异化薪酬、市场化退出”原则选聘和管理的，在充分授权范围内依靠专业的管理知识、技能和经验，实现企业经营目标的高级管理人员。

（二）范围

一般包括“双百企业”的总经理（总裁、行长等）、副总经理（副总裁、副行长等）、财务负责人和按照公司章程规定的高级管理人员。对于确定推行职业经理人制度的“双百企业”，原则上应当在高级管理人员中全面推行。

（三）职责

“双百企业”的控股股东及其党组织对“双百企业”推行职业经理人制度工作发挥领导和把关作用，负责对相关工作方案，特别是在确定标准、规范程序、参与考察、推荐人选等方面把关。

“双百企业”董事会依法选聘和管理职业经理人，负责组织制定相关工作方案和管理制度、履行决策审批程序、组织开展选聘、参与考察、决定聘任或解聘、开展考核、兑现薪酬等。

“双百企业”党组织会同董事会制定相关工作方案和管理制度并组织人选推荐、测试、考察等工作，集体研究后向董事会提出意见建议。

二、基本操作流程

（一）企业条件

支持鼓励同时具备以下条件的“双百企业”，加快推行职业经理人制度。

1. 主业处于充分竞争行业和领域，或者主要从事新产业、新业态、新商业模式；

2. 人力资源市场化程度较高；

3. 建立了权责对等、运转协调、有效制衡的决策执行监督机制；

4. 董事会重大决策、选人用人、薪酬分配等权利依法得到有效落实。

（二）操作流程

“双百企业”推行职业经理人制度，一般应履行以下基本操作流程：

1. 制定方案。“双百企业”应结合实际制定工作方案，方案一般包括以下内容：企业基本情况、背景和目的、岗位职责、任职条件、选聘方式、选聘程序、薪酬标准、业绩目标、考核规定、退出规定、组织保障和进度安排等。

2. 履行决策审批程序。方案制定后，“双百企业”应按照“三重一大”决策机制，根据公司章程或控股股东及其党组织有关要求，履行相关决策审批程序。

3. 市场化选聘。一般包括制定招聘方案、发布招聘公告、报名及资格审查、实施综合考评（测评、面试评估等）、组织考察或背景调查、作出聘任决定等。

4. 签订契约。“双百企业”与职业经理人签订劳动合同、聘任合同、经营业绩责任书等，以契约方式明确聘任岗位、聘任期限、任务目标、权利义务、考核评价、薪酬标准、履职待遇及福利、奖惩措施、续聘和解聘条件、保密要求、违约责任等内容。

5. 开展考核。严格按照契约约定开展年度和任期经营业绩考核，强化刚性考核。

6. 结果应用。依据年度和任期经营业绩考核结果等确定薪酬、决定聘任（或解聘），强化刚性兑现。

三、市场化选聘相关环节操作要点

“双百企业”职业经理人可以采取竞聘上岗、公开招聘、委托推荐等方式产生。

（一）选聘标准

坚持业绩导向、市场导向。人选应具有良好的职业道德、职业操守、职业信用，具有过硬的专业素质和治企能力，熟悉企业经营管理工作，以往经营业绩突出，在所处行业或相关专业领域有一定影响力和认可度。

（二）人选来源

坚持五湖四海、任人唯贤。一般包括本企业内部人员、股东推荐人员、社会参与人员、人才中介机构推荐人员等，不受企业内外、级别高低、资历深浅限制。

（三）选聘程序

坚持公平公正、竞争择优。一般包括制定招聘方案、发布招聘公告、报名及资格审查、实施综合考评（测评、面试评估等）、组织考察或背景调查、作出聘任决定。

本企业内部人员参与竞聘职业经理人的，个人应当先行提出申请，承诺竞聘成功后放弃原有身份、解除（终止）聘任关系后不得要求恢复原有身份，并遵守职业经理人管理的相关规定。

符合条件的职业经理人，可以按照有关规定进入“双百企业”党组织领导班子。

四、契约化管理相关环节操作要点

（一）契约签订

1. 职业经理人实行聘任制。职业经理人聘任期限由董事会决定，原则上不超过三年，可以根据实际情况适当延长。董事会可以依法对职业经理人设置试用期。

2. 契约实现形式。“双百企业”应与职业经理人签订劳动合同、聘任合同和经营业绩责任书（年度和任期）。

“双百企业”与职业经理人依法签订劳动合同。本企业内部人员选聘为职业经理人的，一般应重新签订劳动合同。

董事会授权董事长与职业经理人签订聘任合同，聘任期限原则上应与劳动合同期限保持一致。根据聘任合同，董事会授权董事长与总经理签订年度和任期经营业绩责任书，董事会可以授权总经理与其他职业经理人签订年度和任期经营业绩责任书。经营业绩责任书一般包括以下内容：双方基本信息，考核内容及指标，考核指标的目标值、确定方法及计分规则，考核实施与奖惩及其他需要约定的事项。

3. 考核内容及指标。董事会对职业经理人实施年度和任期考核，考核以经营业绩考核指标为主，根据岗位职责和工作分工，确定每位职业经理人的考核内容及指标，年度和任期经营业绩考核内容及指标应适当区分、有效衔接。

董事会可以结合实际对职业经理人进行试用期考核和任期考核。

4. 考核指标的目标值。考核指标目标值设定应当具有较强的挑战性，力争跑赢市场、优于同行。考核指标目标值应当结合本企业历史业绩、同行业可比企业业绩情况等综合确定。

（二）考核实施

年度经营业绩考核以年度为周期进行考核，一般在当年年末或次年年初进行。任期经营业绩考核一般结合聘任期限届满当年年度考核一并进行。

考核期末，董事会依据经审计的企业财务决算数据等，对职业经理人考核内容及指标的完成情况进行考核，形成考核与奖惩意见，并反馈给职业经理人。职业经理人对考核与奖惩意见有异议的，可及时向董事会反映。

五、差异化薪酬相关环节操作要点

（一）薪酬结构

职业经理人薪酬结构可以包括基本年薪、绩效年薪、任期激励，也可以实施各种方式的中长期激励，具体由董事会与职业经理人协商确定。

1. 基本年薪是职业经理人的年度基本收入。

2. 绩效年薪是与职业经理人年度经营业绩考核结果相挂钩的浮动收入，原则上占年度薪酬（基本年薪与绩效年薪之和）的比例不低于60%。

3. 任期激励是与职业经理人任期经营业绩考核结果挂钩的收入。

鼓励“双百企业”综合运用国有控股上市公司股权激励、国有科技型企业股权和分红激励、国有控股混合所有制 企业员工持股等中长期激励政策，探索超额利润分享、虚拟股权、跟投等中长期激励方式，不断丰富完善职业经理人的薪酬结构。

职业经理人履职待遇及福利，由董事会与职业经理人协商确定。

（二）薪酬水平

职业经理人薪酬总水平应当按照“业绩与薪酬双对标”原则，根据行业特点、企业发展战略目标、经营业绩、市场同类可比人员薪酬水平等因素，由董事会与职业经理人协商确定。

（三）薪酬支付

1. 规范薪酬支付。基本年薪按月支付。绩效年薪、任期激励先考核后兑现，可结合企业实际情况延期支付。中长期激励收入在董事会与职业经理人签订的聘任合同约定的锁定期到期后支付或行权。

解除（终止）聘用和劳动关系后（聘期届满考核合格但不再续聘的除外），原则上不得兑现当年绩效年薪、任期激励和其他中长期激励收入。

2. 实行薪酬追索扣回制度。“双百企业”应根据有关规定建立薪酬追索扣回制度，并在聘任合同中予以明确。

六、市场化退出相关环节操作要点

（一）退出条件

建立职业经理人市场化退出机制，依据职业经理人聘任合同约定和经营业绩考核结果等，出现以下情形的，应解除（终止）聘任关系。

1. 考核不达标的，如：年度经营业绩考核结果未达到完成底线（如百分制低于 70 分）；年度经营业绩考核主要指标未达到完成底线（如完成率低于 70%）；聘任期限内累计两个年度经营业绩考核结果为不合格；任期经营业绩考核结果为不合格。

2. 对于开展任期综合考核评价的，评价结果为不称职的。

3. 因严重违纪违法、严重违反企业管理制度被追究相关责任的。

4. 聘任期间对企业重大决策失误、重大资产损失、重大安全事故等负有重要领导责任的，或对违规经营投资造成国有资产损失负有责任的。

5. 因健康原因无法正常履行工作职责的。

6. 聘期未满但双方协商一致解除聘任合同或者聘期届满不再续聘的。

7. 试用期内或试用期满，经试用发现或试用考核结果不适宜聘任的情形。

8. 董事会认定不适宜继续聘任的其他情形。

（二）辞职规定

职业经理人因个人原因辞职的，应依据《中华人民共和国劳动合同法》和签订的聘任合同有关条款，提前 30 日提出辞职申请。未经批准擅自离职、给企业造成损失的，依法依规追究其相应责任。

（三）退出规定

“双百企业”在职业经理人解除（终止）聘任关系的同时，如有党组织职务应当一并免去，并依法解除（终止）劳动关系。

七、监督管理相关环节操作要点

（一）组织人事关系管理

职业经理人是中共党员的，其党组织关系由“双百企业”党组织进行管理，其中来自外部的，其党组织关系应当及时转入“双百企业”党组织进行管理。“双百企业”可以根据有关要求自行明确职业经理人个人有关事项报告的管理规定。职业经理人的人事档案原则上应委托人才服务机构管理。职业经理人退休相关事宜按照国家有关规定执行。

（二）出国（境）管理

职业经理人因私出国（境）证件由“双百企业”党组织集中保管，职业经理人因私出国（境）时应当根据有关规定履行请假等手续。

（三）培养发展

“双百企业”应加强对职业经理人的思想政治教育，提高职业经理人的政治素质。建立健全符合职业经理人特点的培养体系，提升职业经理人的专业能力和职业素养。

（四）保密管理

聘任期间以及退出后，职业经理人应当按照国家和企业有关规定以及聘任合同有关约定，严格履行保密责任和义务。

（五）履职监督

“双百企业”应建立健全对职业经理人的监督体系，党组织、董事会、监事会等治理主体，以及纪检监察、巡视、审计等部门根据职能分工，做好履职监督工作。坚持以预防和事前监督为主，建立健全提醒、诫勉、函询等制度办法，及早发现和纠正其不良行为倾向。

（六）责任追究

职业经理人在聘任期间应当维护企业国有资产安全、防止国有资产流失，不得侵吞、贪污、输送、挥霍国有资产。职业经理人违反规定，未履行或未正确履行职责，在经营投资中造成国有资产损失或其他严重不良后果的，严肃追究责任。

按照“三个区分开来”要求，支持鼓励“双百企业”按照公私分明、尽职合规免责原则，建立健全并细化相关工作机制的主体、标准、适用情形和工作流程，形成可落实可操作的制度安排。

中央企业控股上市公司实施股权激励工作指引

（2020 年 4 月 23 日）

第一章　总　则

第一条　为进一步推动中央企业控股上市公司建立健全长效激励约束机制，完善股权激励计划的制定和实施工作，充分调动上市公司核心骨干人才的积极性，促进国有资产保值增值，推动国有资本做强做优做大，根据《中华人民共和国公司法》《中华人民共和国企业国有资产法》《关于修改的决定》（证监会令第 148 号）和国有控股上市公司实施股权激励的有关政策规定，制定本指引，供企业在工作中参考使用。

第二条　本指引适用于国务院国有资产监督管理委员会（以下简称国资委）履行出资人职责的中央企业及其各级出资企业控股或实际控制的上市公司（以下简称上市公司）。

第三条　本指引所称股权激励，是指上市公司以本公司股票或者其衍生权益为标的，对其董事、高级管理人员及管理、技术和业务骨干实施的长期激励。

第四条　本指引用于指导中央企业、上市公司国有控股股东依法履行出资人职责，按照本指引及相关规定指导上市公司科学制订股权激励计划、规范履行决策程序，做好股权激励计划的实施管理工作。

第五条　上市公司实施股权激励应当遵循以下原则：

（一）坚持依法规范，公开透明，遵循法律法规和公司章程规定，完善现代企业制度，健全公司治理机制。

（二）坚持维护股东利益、公司利益和激励对象利益，促进上市公司持续发展，促进国有资本保值增值。

（三）坚持激励与约束相结合，风险与收益相匹配，强化股权激励水平与业绩考核双对标，充分调动上市公司核心骨干人才的积极性。

（四）坚持分类分级管理，从企业改革发展和资本市场实际出发，充分发挥市场机制，规范起步，循序渐进，积极探索，不断完善。

第六条　上市公司实施股权激励应当具备以下条件：

（一）公司治理规范，股东大会、董事会、监事会、经理层组织健全，职责明确。股东大会选举和更换董事的制度健全，董事会选聘、考核、激励高级管理人员的职权到位。

（二）外部董事（包括独立董事）人数应当达到董事会成员的半数以上。薪酬与考核委员会全部由外部董事组成，薪酬与考核委员会制度健全，议事规则完善，运行规范。

（三）基础管理制度规范，内部控制制度健全，三项制度改革到位，建立了符合市场竞争要求的管理人员能上能下、员工能进能出、收入能增能减的劳动用工、业绩考核、薪酬福利制度体系。

（四）发展战略明确，资产质量和财务状况良好，经营业绩稳健。近三年无财务会计、收入分配和薪酬管理等方面的违法违规行为。

（五）健全与激励机制对称的经济责任审计、信息披露、延期支付、追索扣回等约束机制。

（六）证券监督管理机构规定的其他条件。

第七条　国有控股股东应当增强法治观念和诚信意识，遵守法律法规，执行国家政策，维护出资人利益。上市公司董事、监事和高级管理人员在实施股权激励计划过程中应当诚实守信、恪尽职守、勤勉尽责，维护上市公司和股东的利益。

第二章　股权激励计划的制定

第一节　一般规定

第八条　上市公司股权激励计划应当依据法律法规和股票交易上市地监管规定科学制定，对上市公司、激励对象具有约束力，股权激励计划应当包括下列事项：

（一）股权激励的目的。

（二）激励对象的确定依据和范围。

（三）激励方式、标的股票种类和来源。

（四）拟授出的权益数量，拟授出权益涉及标的股票数量及占上市公司股本总额的百分比；分期授出的，本计划拟授予期数，每期拟授出的权益数量、涉及标的股票数量及占股权激励计划涉及标的股票总额的百分比、占上市公司股本总额的百分比；设置预留权益的，拟预留权益的数量、涉及标的股票数量及占股权激励计划涉及标的股票总额的百分比。

（五）激励对象为董事、高级管理人员的，其各自可获授的权益数量、权益授予价值占授予时薪酬总水平的比例；其他各类激励对象可获授的权益数量、占股权激励计划拟授出权益总量的百分比。

（六）股票期权（股票增值权）的行权价格及其确定方法，限制性股票的授予价格及其确定方法。

（七）股权激励计划的有效期，股票期权（股票增值权）的授予日、生效日（可行权日）、行权有效期和行权安排，限制性股票的授予日、限售期和解除限售安排。

（八）激励对象获授权益、行使权益的条件，包括公司业绩考核条件及激励对象个人绩效考核条件，上市公司据此制定股权激励业绩考核办法。

（九）上市公司授出权益、激励对象行使权益的程序，上市公司据此制定股权激励管理办法。

（十）调整权益数量、标的股票数量、授予价格或者行权价格的方法和程序。

（十一）股权激励会计处理方法、限制性股票或股票期权公允价值的确定方法、涉及估值模型重要参数取值合理性、实施股权激励应当计提费用及对上市公司经营业绩的影响。

（十二）股权激励计划的变更、终止。

（十三）上市公司发生控制权变更、合并、分立以及激励对象发生职务变更、离职、死亡等事项时股权激励计划的执行。

（十四）上市公司与激励对象之间相关纠纷或争端解决机制。

（十五）上市公司与激励对象其他的权利义务，以及其他需要说明的事项。

第九条　上市公司应当与激励对象签订权益授予协议，确认股权激励计划、股权激励管理办法、业绩考核办法等有关约定的内容，并依照有关法律法规和公司章程约定双方的其他权利义务。

上市公司应当承诺，股权激励计划相关信息披露文件不存在虚假记载、误导性陈述或者重大遗漏。

所有激励对象应当承诺，上市公司因信息披露文件中有虚假记载、误导性陈述或者重大遗漏，导致不符合授予权益或行使权益安排的，激励对象应当自相关信息披露文件被确认存在虚假记载、误导性陈述或者重大遗漏后，将由股权激励计划所获得的全部利益返还公司。

第二节　激励方式和标的股票来源

第十条　上市公司股权激励方式包括股票期权、股票增值权、限制性股票，以及法律法规允许的其他方式。

（一）股票期权，是指上市公司授予激励对象在未来一定期限内以预先确定的价格和条件购买本公司一定数量股票的权利。激励对象有权行使或者放弃这种权利。股票期权不得转让、用于担保或偿还债务。

（二）股票增值权，是指上市公司授予激励对象在一定的时期和条件下，获得规定数量的股票价格上升所带来的收益的权利。股权激励对象不拥有这些股票的所有权，也不拥有股东表决权、配股权。股票增值权不得转让、用于担保或偿还债务。

（三）限制性股票，是指上市公司按照股权激励计划规定的条件授予激励对象转让等权利受到限制的本公司股票。激励对象自授予日起享有限制性股票的所有权，但在解除限售前不得转让、用于担保或偿还债务。

第十一条　上市公司应当根据实施股权激励的目的，按照股票交易上市地监管规定，结合所处行业经营规律、企业改革发展实际、股权激励市场实践等因素科学确定激励方式。

第十二条　股票增值权原则上适用于境内注册、发行中国香港上市外资股的上市公司（H股公司）。股票增值权应当由公司统一管理，达到可行权条件后原则上由公司统一组织行权，并根据激励对象个人业绩完成情况兑现收益。

第十三条　上市公司确定实施股权激励所需标的股票来源，应当符合法律法规、股票交易上市地监管规定和上市规则。应当根据企业实际情况，采取向激励对象发行股份（增量）、回购本公司股份（存量）及其他合规方式确定标的股票来源，不得仅由国有股东等部分股东支付股份或其衍生权益。对于股票市场价格低于每股净资产或股票首次公开发行价格的，鼓励通过回购本公司股份的方式确定标的股票来源。

第三节　股权激励对象

第十四条　股权激励对象应当聚焦核心骨干人才队伍，一般为上市公司董事、高级管理人员以及对上市公司经营业绩和持续发展有直接影响的管理、技术和业务骨干。

第十五条　上市公司确定激励对象，应当根据企业高质量发展需要、行业竞争特点、关键岗位职责、绩效考核评价等因素综合考虑，并说明其与公司业务、业绩的关联程度，以及其作为激励对象的合理性。

第十六条　上市公司国有控股股东或中央企业的管理人员在上市公司担任除监事以外职务的，可以参加上市公司股权激励计划，但只能参加一家任职上市公司的股权激励计划，应当根据所任职上市公司对控股股东公司的影响程度、在上市公司担任职务的关键程度决定优先参加其中一家所任职上市公司的股权激励计划。

中央和国资委党委管理的中央企业负责人不参加上市公司股权激励。市场化选聘的职业经理人可以参加任职企业的股权激励。

第十七条　激励对象不得以“代持股份”或者“名义持股”等不规范方式参加上市公司股权激励计划。

第十八条　下列人员不得参加上市公司股权激励计划：

（一）未在上市公司或其控股子公司任职、不属于上市公司或其控股子公司的人员。

（二）上市公司独立董事、监事。

（三）单独或合计持有上市公司 5% 以上股份的股东或者实际控制人及其配偶、父母、子女。

（四）国有资产监督管理机构、证券监督管理机构规定的不得成为激励对象的人员。

第十九条　上市公司公告董事会审议通过的股权激励计划草案和实施方案（亦称授予方案，下同）后，应当将股权激励对象姓名、职务等信息在公司内部进行公示，履行民主监督程序。监事会应当对股权激励名单进行审核，充分听取公示意见。

上市公司应当按照股票交易上市地监管规定和上市规则履行激励对象的信息披露程序。

第四节　权益授予数量

第二十条　在股权激励计划有效期内，上市公司授予的权益总量应当结合公司股本规模大小、激励对象范围和股权激励水平等因素合理确定。上市公司全部在有效期内的股权激励计划所涉及标的股票总数累计不得超过公司股本总额的 10%（科创板上市公司累计不超过股本总额的 20%）。不得因实施股权激励导致国有控股股东失去实际控制权。

第二十一条　上市公司首次实施股权激励计划授予的权益所涉及标的股票数量原则上应当控制在公司股本总额的 1% 以内。中小市值上市公司及科技创新型上市公司可以适当上浮首次实施股权激励计划授予的权益数量占股本总额的比例，原则上应当控制在3%以内。

第二十二条 非经股东大会特别决议批准，任何一名激励对象通过全部在有效期内的股权激励计划获授权益（包括已行使和未行使的）所涉及标的股票数量，累计不得超过公司股本总额的1%。

第二十三条 鼓励上市公司根据企业发展规划，采取分期授予方式实施股权激励，充分体现激励的长期效应。

每期授予权益数量应当与公司股本规模、激励对象人数，以及激励对象同期薪酬水平和权益授予价值等因素相匹配。有关权益授予价值确定等具体要求，按照本章第七节规定执行。

上市公司连续两个完整年度内累计授予的权益数量一般在公司股本总额的3%以内，公司重大战略转型等特殊需要的可以适当放宽至股本总额的5%以内。

第二十四条 上市公司需为拟市场化选聘人员设置预留权益的，预留权益数量不得超过该期股权激励计划拟授予权益数量的20%，并在计划中就预留原因及预留权益管理规定予以说明。预留权益应当在股权激励计划经股东大会审议通过后12个月内明确授予对象，原则上不重复授予本期计划已获授的激励对象。超过12个月未明确授予对象的，预留权益失效。

第五节 行权价格和授予价格

第二十五条 上市公司拟授予的股票期权、股票增值权的行权价格，或者限制性股票的授予价格，应当根据公平市场价格原则确定。公平市场价格一般按如下方法确定：

（一）境内上市公司定价基准日为股权激励计划草案公布日。公平市场价格不得低于下列价格较高者：股权激励计划草案公布前1个交易日公司标的股票交易均价，股权激励计划草案公布前20个交易日、60个交易日或者120个交易日的公司标的股票交易均价之一。

（二）境外上市公司定价基准日为权益授予日。公平市场价格不得低于下列价格较高者：授予日公司标的股票收盘价、授予日前5个交易日公司标的股票平均收盘价。

（三）股票交易上市地监管规定和上市规则另有规定的，从其规定。

第二十六条 股票期权、股票增值权的行权价格不低于按上条所列方法确定的公平市场价格，以及公司标的股票的单位面值。限制性股票的授予价格不得低于公平市场价格的50%，以及公司标的股票的单位面值。

（一）股票公平市场价格低于每股净资产的，限制性股票授予价格不应低于公平市场价格的 60%。

（二）中央企业集团公司应当依据限制性股票解锁时的业绩目标水平，指导上市公司合理确定限制性股票的授予价格折扣比例与解锁时间安排。

第二十七条　上市公司首次公开发行股票（IPO）时拟实施的股权激励计划，应当在股票发行上市满 30 个交易日以后，依据本指引第二十五条、第二十六条规定确定其拟授权益的行权价格或者授予价格。

第六节　计划有效期和时间安排

第二十八条　股权激励计划的有效期自股东大会通过之日起计算，一般不超过 10 年。股权激励计划有效期满，上市公司不得依据该计划授予任何权益。

第二十九条　在股权激励计划有效期内，采取分期实施方式授予权益的，每期权益的授予间隔期应当在 1 年（12 个月）以上，一般为两年，即权益授予日 2 年（24 个月）间隔期满后方可再次授予益。

第三十条　上市公司每期授予权益的有效期，应当自授予日起计算，一般不超过 10 年。超过有效期的，权益自动失效，并不可追溯行使。每期授予的权益在有效期内，区分不同激励方式，按照以下规定行使：

（一）股票期权、股票增值权激励方式：应当设置行权限制期和行权有效期，行权限制期自权益授予日至权益生效日止，原则上不得少于 2 年（24 个月），在限制期内不可以行使权益；行权有效期自权益生效日至权益失效日止，由上市公司根据实际确定，但不得少于 3 年，在行权有效期内原则上采取匀速分批生效的办法。

（二）限制性股票激励方式：应当设置限售期和解锁期，限售期自股票授予日起计算，原则上不得少于 2 年（24 个月），在限售期内不得出售股票；限售期满可以在不少于 3 年的解锁期内匀速分批解除限售。

第三十一条　在董事会讨论审批或者公告公司定期业绩报告等影响股票价格的敏感事项发生时，以及相关法律法规、监管规定对上市公司董事、高级管理人员买卖本公司股票的期间有限制的，上市公司不得在相关限制期间内向激励对象授予权益，激励对象也不得行使权益。具体办法按照证券监督管理机构的有关规定执行。

第三十二条　上市公司董事、高级管理人员转让、出售其通过股权激励计划所得的股票，应当符合有关法律法规及证券监督管理机构的有关规定。

第七节　权益的公允价值、授予数量和收益水平

第三十三条　上市公司实行股票期权（股票增值权）激励方式的，应当根据企业会计准则选取适当的期权定价模型，对拟授予的单位股票期权（股票增值权）的公允价值进行科学合理的估算。在计算单位权益的公允价值时，应当参照本指引附件1的有关参数选择、计算原则。

上市公司实行限制性股票激励方式的，在计算单位权益公允价值时，不应低于限制性股票授予时公平市场价格与授予价格的差额。

第三十四条　上市公司应当根据授予激励对象权益的公允价值占其薪酬总水平的比重，合理确定授予激励对象的权益数量，科学设置激励对象薪酬结构。

（一）董事、高级管理人员的权益授予价值，根据业绩目标确定情况，不高于授予时薪酬总水平的40%。

（二）管理、技术和业务骨干等其他激励对象的权益授予价值，比照本条上款办法，由上市公司董事会合理确定。

第三十五条　激励对象授予时薪酬总水平是确定股权激励收益、授予数量的重要依据，计算时应当符合以下原则：

（一）上市公司董事、高级管理人员薪酬水平原则上与上市公司年度报告披露的薪酬水平（同口径）一致。

（二）在上市公司任职的中央企业管理人员，其薪酬总水平按照中央企业核定水平确定。

（三）薪酬总水平偏低或偏高的，可以依据本公司业绩考核与薪酬管理办法，结合公司经营效益情况，并参考市场同类人员薪酬水平、本公司岗位薪酬体系等因素合理确定权益授予水平。

第三十六条　股权激励对象实际获得的收益，属于投资性收益，不再设置调控上限。

第三十七条　对于短期市场大幅波动导致实际收益过高的，上市公司应当引导激励对象延长持有期限，维护市场对公司长期发展的信心和股权激励机制的良好形象。

第三章　股权激励的业绩考核

第一节　公司业绩考核

第三十八条　上市公司实施股权激励，应当建立完善的公司业绩考核体系，结合企业经营特点、发展阶段、所处行业等情况，科学设置考核指标，体现股东对公司经营发展的业绩要求和考核导向，原则上应当包含以下三类考核指标：

（一）反映股东回报和公司价值创造等综合性指标，如净资产收益率、总资产报酬率、净资产现金回报率（EOE）、投资资本回报率（ROIC）等。

（二）反映企业持续成长能力的指标，如净利润增长率、营业利润增长率、营业收入增长率、创新业务收入增长率、经济增加值增长率等。

（三）反映企业运营质量的指标，如经济增加值改善值（ΔEVA）、资产负债率、成本费用占收入比重、应收账款周转率、营业利润率、总资产周转率、现金营运指数等。

中央企业主营业务上市公司，一般应当选择经济增加值（EVA）或经济增加值改善值作为考核指标。债务风险较高的企业（资产负债率超过 80%），一般应当选择资产负债率作为考核指标。

净利润的计算口径一般为扣除非经常性损益后归属于母公司所有者的净利润，或根据对标企业情况选择相同的口径。

第三十九条　上市公司应当同时采取与自身历史业绩水平纵向比较和与境内外同行业优秀企业业绩水平横向对标方式确定业绩目标水平。

（一）选取的同行业企业或者对标企业，均应当在股权激励计划或者考核办法中载明所属行业范围、选择的原则与依据及对标企业名单。

（二）对标企业在权益授予后的考核期内原则上不调整，如因对标企业退市、主营业务发生重大变化、重大资产重组导致经营业绩发生重大变化等特殊原因需要调整的，应当由董事会审议确定，并在公告中予以披露及说明。

第四十条　在权益授予和生效环节，应当与公司业绩考核指标完成情况进行挂钩。业绩目标水平的设定应当结合公司经营趋势、发展战略综合确定，并经股东大会审议通过。

（一）权益授予环节的业绩目标，是股权激励计划设定的分期授予权益的业绩条件，体现股东对公司持续发展的绩效考核基本要求。目标水平根据公司发展战略规划，结合计划制定时公司近三年平均业绩水平、上一年度实际业绩水平、同行业平均业绩（或者对标企业50分位值）水平合理确定。股权激励计划无分期实施安排的，可以不设置权益授予环节的业绩考核条件。

（二）权益生效（解锁）环节的业绩目标，是各期授予权益在生效（解锁）时的考核要求，由分期实施方案具体确定，体现股东对公司高质量发展的绩效挑战目标。目标水平应在授予时业绩目标水平的基础上有所提高，根据分期实施方案制定时公司近三年平均业绩水平、上一年度实际业绩水平、同行业平均业绩（或者对标企业75分位值）水平，结合公司经营趋势、所处行业特点及发展规律科学设置，体现前瞻性、挑战性。行业发展波动较大，难以确定业绩目标绝对值水平的，可以通过与境内外同行业优秀企业业绩水平横向对标的方式确定。

（三）分期实施股权激励计划的，各期实施方案设置的公司业绩指标和目标值原则上应当保持一致性、可比性，后期实施方案的公司业绩目标低于前期方案的，上市公司应当充分说明其原因与合理性。

第四十一条 上市公司应当在公告股权激励计划草案、实施方案的同时披露所设定指标的科学性和合理性。对政府调控市场价格、依法实行专营专卖的行业，相关企业的业绩指标，应当事先约定剔除价格调整、政府政策调整等不可抗力因素对业绩影响的方法或原则。

第四十二条 上市公司业绩指标的考核，应当采用公司年度报告披露的财务数据，并且应当在对外披露中就股权激励业绩考核指标完成情况予以说明。

第四十三条 上市公司未满足股权激励计划设定的权益授予业绩目标的，当年不得授予权益。未满足设定的权益生效（解锁）业绩目标的，由公司按照以下办法处理：

（一）当年计划生效的股票期权、股票增值权不得生效，予以注销。

（二）当年计划解锁的限制性股票不得解除限售，由上市公司回购，回购价不高于授予价格与股票市价的较低者。

第二节　激励对象绩效考核评价

第四十四条 上市公司应当建立健全股权激励对象绩效考核评价机制，切实将权益的授予、生效（解锁）与激励对象个人绩效考核评价结果挂钩，根据考核评价结果决定其参与股权激励计划的资格，并分档确定权益生效（解锁）比例。激励对象绩效考核评价不合格的，由公司按照本指引第四十三条办法处理。

第四十五条 授予上市公司董事、高级管理人员的权益，应当根据任期考核结果行权或者兑现。

境外上市公司授予的股票期权，应当将不低于获授量的 20% 留至限制期满后的任期（或者任职）期满考核合格后行权，或在激励对象行权后，持有不低于获授量 20% 的公司股票，至限制期满后的任期（或者任职）期满考核合格后方可出售；授予的股票增值权，其行权所获得的现金收益需进入上市公司为股权激励对象开设的账户，账户中现金收益应当有不低于 20% 的部分至任期（或者任职）期满考核合格后方可提取；授予的限制性股票，应当将不低于获授量的 20% 锁定至任期（或者任职）期满考核合格后解锁。

如果任期考核不合格或者经济责任审计中发现经营业绩不实、国有资产流失、经营管理失职以及存在重大违法违纪的行为，对于相关责任人任期内已经行权的权益应当建立退回机制，由此获得的股权激励收益应当上交上市公司。

第三节　科创板上市公司实施股权激励的考核

第四十六条　中央企业控股科创板上市公司，根据国有控股上市公司实施股权激励的有关要求，按照《上海证券交易所科创板股票上市规则》等相关规定，规范实施股权激励。

第四十七条　科创板上市公司以限制性股票方式实施股权激励的，若授予价格低于公平市场价格的 50%，上市公司应当适当延长限制性股票的限售期及解锁期，并设置不低于公司近三年平均业绩水平或同行业对标企业 75 分位值水平的解锁业绩目标条件。

第四十八条　尚未盈利的科创板上市公司实施股权激励的，限制性股票授予价格按照不低于公平市场价格的 60% 确定。

在上市公司实现盈利前，可生效的权益比例原则上不超过授予额度的 40%，对于属于国家重点战略行业、且因行业特性需要较长时间才可实现盈利的，应当在股权激励计划中明确提出调整权益生效安排的申请。

第四章　股权激励计划的管理

第一节　股权激励管理办法

第四十九条　国有控股股东应当依法行使股东权利，要求和督促上市公司制定规范的股权激励管理办法，并建立与之相适应的业绩考核评价制度，以业绩考核指标完成情况为基础对股权激励计划实施动态管理。

第五十条 上市公司股权激励管理办法，应当主要包括股权激励计划的管理机构及其职责权限、股权激励计划的实施程序、特殊情形处理、信息披露、财务会计与税收处理、监督管理等内容条款。

（一）治理机构及管理职责，一般包括公司股东大会、董事会、董事会薪酬与考核委员会及公司内部相关职能部门等涉及股权激励各实施环节的机构，及其承担的股权激励管理职责。

（二）股权激励计划实施程序，应当包括计划拟订、权益授予、权益生效（解锁）、激励对象权益行使与收益管理等工作。

（三）责任追究和特殊情形处理，一般包括公司及激励对象资格取消情形、激励对象离职处理、权益数量和行权价格的调整等内容。

第五十一条 上市公司按照股权激励管理办法和业绩考核办法，建立健全公司业绩考核及激励对象绩效考核评价体系，以业绩考核完成情况决定对激励对象全体或个人权益的授予和生效（解锁）。

（一）权益授予时，应当根据计划设定的公司业绩考核及激励对象绩效考核评价完成情况，决定对激励对象全体或个人是否授予权益，以及权益授予数量。

（二）已经授予的权益在生效（解锁）时，应当按照计划及实施方案约定，根据公司业绩考核和激励对象绩效考核评价完成情况，决定激励对象全体所获授权益在当期可以生效部分是否生效（解锁），以及激励对象个人获授权益的生效（解锁）比例。

第二节　责任追究和特殊情形处理

第五十二条 上市公司有下列情形之一的，国有控股股东应当依法行使股东权利，提出取消当年度可行使权益，同时终止实施股权激励计划，经股东大会或董事会审议通过，一年内不得向激励对象授予新的权益，激励对象也不得根据股权激励计划行使权益或者获得激励收益：

（一）未按照规定程序和要求聘请会计师事务所开展审计的。

（二）年度财务报告、内部控制评价报告被注册会计师出具否定意见或者无法表示意见的审计报告。

（三）国有资产监督管理机构、监事会或者审计部门对上市公司业绩或者年度财务报告提出重大异议。

（四）发生重大违规行为，受到证券监督管理机构及其他有关部门处罚。

第五十三条 股权激励对象有下列情形之一的，上市公司国有控股股东应当依法行使股东权利，提出终止授予其新的权益、取消其尚未行使权益的行使资格、追回已获得的相关股权激励收益，并依据法律及有关规定追究其相应责任：

（一）经济责任审计等结果表明未有效履职或者严重失职、渎职的。

（二）违反国家有关法律法规、上市公司章程规定的。

（三）激励对象在任职期间，有受贿索贿、贪污盗窃、泄露上市公司商业和技术秘密、实施关联交易损害上市公司利益、声誉和对上市公司形象有重大负面影响等违法违纪行为，并受到处分的。

（四）激励对象未履行或者未正确履行职责，给上市公司造成较大资产损失以及其他严重不良后果的。

第五十四条　股权激励计划实施过程中，上市公司的财务会计文件或信息披露文件有虚假记载、误导性陈述或者重大遗漏，导致不符合授予权益或行使权益安排的，激励对象尚未行使的权益不再行使，上市公司应当收回激励对象由相关股权激励计划所获得的全部利益，不得再向负有责任的对象授予新的权益。

第五十五条　股权激励对象因调动、免职、退休、死亡、丧失民事行为能力等客观原因与企业解除或者终止劳动关系时，授予的权益当年达到可行使时间限制和业绩考核条件的，可行使部分可以在离职（或可行使）之日起半年内行使，半年后权益失效；当年未达到可行使时间限制和业绩考核条件的，原则上不再行使。尚未解锁的限制性股票，可以按授予价格由上市公司进行回购（可以按照约定考虑银行同期存款利息）。

股权激励对象辞职、因个人原因被解除劳动关系的，尚未行使的权益不再行使。尚未解锁的限制性股票按授予价格与市场价格孰低原则进行回购，已获取的股权激励收益按授予协议或股权激励管理办法规定协商解决。

第五十六条　股权激励管理办法对上市公司回购限制性股票的具体情形及回购后股票的处理作出规定，应当符合《中华人民共和国公司法》规定，回购价格根据回购原因分类管理。

（一）股权激励对象因调动、免职、退休、死亡、丧失民事行为能力等客观原因而导致的回购，按授予价格由上市公司进行回购（可以按照约定考虑银行同期存款利息）。

（二）上市公司未满足设定的权益生效（解锁）业绩目标，股权激励对象绩效考核评价未达标、辞职、个人原因被解除劳动关系，激励对象出现本指引第五十三条、第五十四条规定情形等其他原因而导致的回购，以及公司终止实施股权激励计划的，回购价格不得高于授予价格与股票市价的较低者。

（三）上市公司董事会应当公告回购股份方案，方案应当包括：回购股份的原因，回购价格及定价依据，回购股份的种类、数量及占股权激励计划所涉及标的股票的比例，拟用于回购的资金总额及来源，回购后公司股本结构的变动情况及对公司业绩的影响。

第五十七条 上市公司发生控制权变更、合并、分立等情形时，对激励对象未生效（解锁）权益不得做出加速生效或者提前解锁的安排。

第五十八条 上市公司股权激励管理办法就权益授出后标的股票除权、除息等原因调整授予数量及行权价格的原则、方式和程序等进行规定，应符合股票交易上市地监管规定和上市规则。

第五十九条 对于其他原因调整股票期权（或者股票增值权）授予数量、行权价格或者其他条款的，应当由上市公司董事会审议后，国有控股股东报中央企业集团公司审核同意，经股东大会通过后实施。

第三节 财务处理和税收规定

第六十条 国有控股股东应当要求和督促上市公司在实施股权激励计划的财务会计及税收处理等方面，严格执行境内外有关法律法规、财务制度、会计准则、税务制度和上市规则。

第六十一条 上市公司应当在股权激励计划中明确说明股权激励会计处理方法，测算并列明实施股权激励计划对公司各期业绩的影响；同时根据股权激励计划设定的条件，业绩指标完成情况以及实际行使权益情况等后续修正信息，按照会计准则有关规定确认对公司各期财务报告的影响，规范报表列报和信息披露。

第六十二条 股权激励对象应当承担行使权益或者购买股票时所发生的费用。上市公司不得直接或通过关联方间接为激励对象依股权激励计划获取有关权益提供贷款以及其他任何形式的财务资助，包括为其贷款提供担保。

第六十三条 股权激励对象应当就取得的股权激励收益依法缴纳个人所得税。具体计税规定按照国家有关规定执行。境外上市公司股权激励对象，应当同时遵守境外有关税收规定。

第五章 股权激励计划的实施程序

第一节 各级国有股东的职责

第六十四条 中央企业负责所出资控股上市公司股权激励计划及分期实施方案的审核职责。中央企业集团公司根据国家有关政策规定，结合本企业改革发展进程及战略规划，制定本企业实施股权激励的总体计划和管理办法。

第六十五条 上市公司国有股东应当切实履行出资人职责，根据国有控股上市公司实施股权激励的有关政策规定，通过规范的公司治理程序，按照中央企业的有关意见，认真指导上市公司规范实施股权激励，充分调动核心骨干人才创新创业的积极性，共享企业改革发展成果。

第六十六条 国资委加强对中央企业控股上市公司规范实施股权激励进行指导和监督。中央企业控股上市公司股权激励计划，经中央企业集团公司审核同意，报国资委批准。国资委不再审核上市公司（不含主营业务整体上市公司）依据股权激励计划制定的分期实施方案。上市公司国有控股股东关于实施股权激励的相关政策，中央企业可以向国资委进行咨询。

第二节 计划审议程序

第六十七条 上市公司董事会薪酬与考核委员会负责拟订股权激励计划草案并提交董事会审议。董事会应当依法对股权激励计划草案作出决议，履行法定程序后，提交上市公司股东大会审议。

第六十八条 上市公司应当按照相关法律法规和公司章程的规定，规范履行股权激励内部审议程序。

（一）独立董事及监事会应当就股权激励计划草案是否有利于上市公司的持续发展，是否存在明显损害上市公司及全体股东利益的情形发表独立意见。

（二）董事会审议股权激励计划草案时，拟为激励对象的董事或者与激励对象存在关联关系的董事，应当回避表决。

（三）股东大会审议股权激励计划时，拟为激励对象的股东或者与激励对象存在关联关系的股东，应当回避表决。

第六十九条 上市公司应当在董事会审议通过股权激励计划草案后，根据股票上市地证券监管规定，及时公告董事会决议、股权激励计划草案、股权激励管理办法、独立董事意见、监事会意见、法律意见书等相关材料。

第三节 计划申报程序

第七十条 董事会审议通过股权激励计划草案后，上市公司国有控股股东应当在股东大会审议之前，将股权激励计划草案及相关申请文件按照公司治理和股权关系，报经中央企业集团公司审核同意、国资委批复后，提交上市公司股东大会审议。

第七十一条 上市公司股东大会召开前，股权激励计划草案未获得中央企业集团公司、国资委同意的，国有控股股东应当按照有关法律法规及相关规定，提议上市公司股东大会延期审议股权激励计划草案。

国有控股股东在上市公司召开股东大会时，应当按照中央企业集团公司的意见，对上市公司股权激励计划草案进行表决。

第七十二条 国有控股股东关于上市公司实施股权激励的申请文件应当包括以下内容：

（一）上市公司简要情况，包括历史沿革、上市时间、经营范围、主营业务及所处市场地位等情况；股本结构、公司治理结构、组织架构、员工人数及构成、薪酬管理制度等情况。

（二）上市公司实施股权激励条件的合规性说明。

（三）股权激励计划草案内容要点，包括股权激励计划和股权激励管理办法等应当由股东大会审议的事项及其相关说明，以及本期实施方案的内容概要。

（四）权益授予数量和授予价值的说明，应当就上市公司选择的期权定价模型及权益公允价值的测算，激励对象获授权益的价值及占授予时薪酬总水平的比例等情况进行说明。

（五）业绩考核条件说明，包括上市公司业绩考核评价制度及业绩目标水平的确定过程，公司历史业绩水平、同行业企业或对标企业业绩水平的数据比较和分析情况。

（六）各级国有控股股东对上市公司股权激励计划及其实施方案等内容的审核意见。

（七）有关监管规定要求的其他材料。

第七十三条 中央企业集团公司应当从实施条件、实施程序以及实施方案的合法性和合理性等方面对上市公司股权激励计划草案、分期实施方案进行评审。具体评审细则参考附件2。

第四节 计划的实施

第七十四条 股权激励计划及首期实施方案经股东大会通过后，上市公司董事会根据股东大会决议，负责股权激励的实施工作。以后年度实施的股权激励分期实施方案，应当依据股权激励计划制定，确定本期拟授予的激励对象名单、授予权益的数量、权益的行权（授予）价格、行使权益的时间安排及业绩考核条件等内容。

第七十五条 股权激励分期实施方案，应当根据股票上市地证券监管规定，履行相应的法律程序。在董事会审议决定前，国有控股股东应当报中央企业集团公司审核同意。中央企业主营业务整体上市公司的分期实施方案，报国资委审核同意后实施。

第七十六条　上市公司董事会应当根据股东大会决议，负责实施限制性股票的授予、解除限售和回购以及股票期权的授权、行权和注销。

上市公司监事会应当对股权激励对象名单进行审核，充分听取公示意见。

第七十七条　上市公司按照股权激励计划和实施方案向-28-激励对象授出权益前，应当召开董事会就设定的公司授予权益的条件、激励对象获授权益的条件是否成就进行审议，独立董事及监事会应当同时发表明确意见。条件未成就时，上市公司不得向激励对象授予权益，未授予的权益也不得递延下期授予。

第七十八条　激励对象在行使权益前，董事会应当就股权激励计划和实施方案设定的激励对象行使权益的条件是否成就进行审议，独立董事及监事会应当同时发表明确意见。

第七十九条　因标的股票除权、除息或者其他原因需要调整权益价格或者数量的，上市公司董事会应当按照股权激励计划及其管理办法规定的原则、方式和程序进行调整。调整后，在年度报告中予以披露及说明。

第八十条　上市公司在股东大会审议通过股权激励计划草案或实施方案之前可对其进行变更。变更须经董事会审议通过，并报中央企业集团公司审核同意。

第八十一条　上市公司董事会对已通过股东大会审议的股权激励计划或实施方案进行变更的，应当及时公告，报中央企业集团公司审核同意，并根据上市地监管规定和股权激励计划要求提交股东大会审议。变更事项不得包括导致加速行权或提前解除限售、降低行权价格或授予价格的情形。

独立董事、监事会应当就变更后的计划或实施方案是否有利于上市公司的持续发展，是否存在明显损害上市公司及全体股东利益的情形发表独立意见。

第五节　计划的撤销、终止和重新申报

第八十二条　上市公司董事会在股东大会审议前撤销股权激励计划或者股东大会审议未通过股权激励计划的，上市公司国有控股股东应当在决议公告后5个工作日内，向中央企业集团公司报告撤销原股权激励计划审核。自决议公告之日起3个月内，上市公司不得再次审议股权激励计划。

第八十三条　上市公司终止已实施的股权激励计划，应当由股东大会或者股东大会授权董事会审议决定，说明终止理由、对公司业绩的影响并公告。上市公司国有控股股东应当在决议公告后5个工作日内，向中央企业集团公

司报告终止原股权激励计划。自决议公告之日起3个月内，上市公司不得再次审议股权激励计划。

第八十四条 上市公司出现下列情况的，国有控股股东应当按照相关规定重新履行申报审核程序：

（一）上市公司终止股权激励计划、实施新计划、变更股权激励计划相关重要事项的。

（二）上市公司需要调整股权激励方式、激励对象范围、权益授予数量等股权激励计划主要内容的。

第六节 监督管理

第八十五条 上市公司董事会审议通过股权激励计划草案或分期实施方案后，按照证券监督管理机构的要求予以公告，国资委将关注社会公众等有关方面的评价意见，并作为审核股权激励计划、监督股权激励实施的重要参考。

第八十六条 境内上市公司股权激励的实施程序和信息披露应当符合中国证监会《上市公司股权激励管理办法》的有关规定。

境外上市公司股权激励的实施程序应当符合股票上市地证券监督管理的有关规定。

第八十七条 上市公司未按照法律法规及相关规定实施股权激励计划的，中央企业集团公司应当责令国有控股股东督促上市公司立即进行整改，并对公司及相关责任人依法依规追究责任；在整改期间，中央企业集团公司应当停止受理该公司实施股权激励的申请。

第八十八条 为上市公司股权激励计划出具专业意见的机构和人员，应当保证所出具的文件真实、准确、完整，未履行诚实守信、勤勉尽责义务，所发表的专业意见存在虚假记载、误导性陈述或者重大遗漏的，国资委、中央企业予以通报。

第七节 信息披露和报告

第八十九条 上市公司实行股权激励，应当真实、准确、完整、及时、公平地公开披露或者提供信息，不得有虚假记载、误导性陈述或者重大遗漏。国有控股股东应当要求和督促上市公司按照有关规定严格履行信息披露义务，及时披露股权激励计划及其实施情况等相关信息。

第九十条 上市公司分期实施股权激励的，实施方案经董事会审议通过后，上市公司应当及时披露董事会决议公告，对拟授出的权益价格、行使权益安排、是否符合股权激励计划的安排等内容进行说明。

第九十一条　因标的股票除权、除息或者其他原因调整权益价格或者数量的，调整议案经董事会审议通过后，上市公司应当及时披露董事会决议公告。

第九十二条　上市公司董事会应当在授予权益及股票期权行权登记完成后、限制性股票解除限售前，及时披露相关实施情况的公告。

第九十三条　上市公司向激励对象授出权益时，应当按照规定履行信息披露义务，并再次披露股权激励会计处理方法、公允价值确定方法、涉及估值模型重要参数取值的合理性、实施股权激励应当计提的费用及对上市公司业绩的影响。

第九十四条　上市公司董事会对激励对象获授权益、行使权益的条件是否成就进行审议的，上市公司应当及时披露董事会决议公告，同时公告独立董事、监事会等方面的意见。

第九十五条　上市公司应当按照有关监管规定和上市规则要求，在年度报告中披露报告期内股权激励的实施情况和业绩考核情况，包含以下内容：

（一）各期次股权激励的授予时间和有效期、激励方式、激励对象范围和人数、权益授予价格和授予数量。

（二）各期次股权激励所涉权益的授予价格、权益数量历-32 次调整的情况，以及经调整后的最新权益价格和权益数量。

（三）报告期初各期次权益累计已行使、失效情况和尚未行使的权益数量。

（四）报告期内全部激励对象各期次权益的授予、行使和失效总体情况，以及所引起的股本变动情况，至报告期末累计已授出但尚未行使的权益总额。

（五）公司董事、高级管理人员各自的姓名、职务以及各期次权益的获授价格、获授数量、有效期限，在报告期内历次获授权益行使价格、行使数量和失效的情况，至报告期末其所持权益数量。

（六）公司实施股权激励业绩考核情况，以及对各期次权益的解锁和生效的影响。

（七）股权激励的会计处理方法，以及股权激励费用对公司业绩的影响等。

（八）报告期内激励对象获授权益、行使权益的条件是否成就的说明。

（九）报告期内终止实施股权激励的情况及原因。

（十）有关监管规定要求披露的其他内容。

第九十六条　国有控股股东应当在上市公司年度报告披露之日起 10 个工

作日内将上述情况报告中央企业集团公司。中央企业集团公司应当汇总所控股上市公司股权激励年度实施情况，报告国资委。

第六章 附 则

第九十七条 本指引下列用语的含义：

（一）高级管理人员，是指公司的经理、副经理、财务负责人、上市公司董事会秘书和公司章程规定的其他人员。

（二）外部董事，是指由非上市公司员工等外部人员担任的董事。外部董事不在公司担任除董事和董事会专门委员会有关职务外的其他职务，不负责执行层的事务，与其担任董事的公司不存在可能影响其公正履行外部董事职务的关系。控股股东公司员工担任的外部董事，参与上市公司股权激励的，在本指引第六条第二款中不视同为外部董事。

独立董事是指与所受聘的公司及其主要股东没有任何经济上的利益关系且不在上市公司担任除董事外的其他任何职务的人员。

（三）标的股票，是指根据股权激励计划，激励对象有权获授或者购买的上市公司股票。

（四）权益，是指激励对象根据股权激励计划获得的上市公司股票、股票期权或者股票增值权。

（五）股本总额，本指引第二十条、第二十一条和第二十二条所称股本总额是指股东大会批准最近一次股权激励计划时公司已发行的股本总额。

（六）授予日，是指上市公司向激励对象授予权益的日期，须确定在股权激励计划规定的授予条件满足之后。授予日必须为交易日。

（七）行使，是指激励对象根据股权激励计划，对获授的股票期权或者股票增值权进行行权，对限制性股票进行解除限售的行为。

（八）生效日，又称可行权日，是指激励对象获授的股票期权或者股票增值权可以开始行权的日期。生效日必须为可交易日。

（九）解锁日，又称解除限售日，是指激励对象获授的限制性股票可以开始出售的日期。解锁日必须为可交易日。

（十）行权价格，是指上市公司向激励对象授予股票期权或者股票增值权时所确定的、激励对象购买上市公司股票（或者计算增值收益）的价格。

（十一）授予价格，是上市公司向激励对象授予限制性股票的价格。

（十二）权益授予价值，是指激励对象获授权益的预期价值，按照单位权益公允价值与授予数量的乘积计算确定。单位股票期权或者股票增值权的公允价值，参照国际通行的期权定价模型进行测算；单位限制性股票的公允收益，为公司赠予部分当期价值，即授予价格与公平市场价格的差额。

（十三）授予时薪酬总水平，是指激励对象获授权益时距离下一期股权激励授予的间隔期内薪酬总水平（含股权激励收益），统计年限应当与股权激励计划的授予间隔期匹配。该年限应当在 1 年以上，但最高不超过 3 年。

（十四）股权激励实际收益，是指激励对象行使权益时实-35-际兑现的税前账面收益，区分不同激励方式按照以下原则确定：

1. 股票期权、股票增值权：实际收益=行权数量×（行权日公司标的股票收盘价-行权价格）。

2. 限制性股票：实际收益=解锁数量×（解锁日公司标的股票收盘价-授予价格）。

3. 标的股票除权、除息的，按行权（解锁）时的调整情况，计算行权（解锁）数量和行权（授予）价格。

（十五）本指引所称的“以上”含本数，“超过”“低于”“少于”不含本数。

附件：

1. 股票期权、股票增值权价值估算中相关参数的选择与计算原则

2. 中央企业控股上市公司股权激励计划草案评审细则

附件1　股票期权、股票增值权价值估算中相关参数的选择与计算原则

本原则适用于单位权益的授予价值测算，上市地证券监管机构有明确规定的，从其规定。财务管理中关于授予权益的费用计提估值，应根据会计准则核算。

一、无风险利率：应当采取相同期限的国债年化利率。如不存在与股票期权或者股票增值权预期期限一致的国债，可以选取短于该期限的国债年化利率为替代。

二、股价波动率：应当基于可公开获得的信息，可以采取本公司、同行业企业历史数据，同时参考同行业可比企业在与本公司可比较时期内的历史数据。计算区间一般为1年，也可与股票期权或者股票增值权的预期期限相当。

三、预期分红收益率：激励计划就标的股票现金分红除息调整股票期权（股票增值权）的行权价格的，预期分红率应当为0。

四、预期期限：预期期限=∑每批生效比例×该批预期行权时间，预期行权时间=0.5×（期权生效时间+生效截止时间）。

五、行权价格、市场价格：按照本指引第二十五条所述公平市场价格确定。上市公司拟订授予方案时，按估值日的公平市场价格测算权益的预期价值。估值日以董事会审议授予方案前5个交易日为宜。

附件2　中央企业控股上市公司股权激励计划草案评审细则

序号	类别	评审项目	评审要点	评审标准描述	合规与否	情况说明
1	实施条件	公司治理结构	股东会、董事会、监事会和经理层	组织架构健全、职责明确、运作有效	是/否	
2			外部董事（含独立董事）	占董事会成员半数以上	是/否	
3			董事会薪酬与考核委员会	全部由外部董事构成，议事规则健全	是/否	
4		基础管理制度	劳动用工、薪酬福利及业绩考核制度	符合市场经济和现代企业制度要求	是/否	
5			内部控制体系和基础管理制度	制度健全、运作有效	是/否	
6		中长期发展方向	发展战略和实施计划	发展战略目标和实施计划明确，持续发展能力	是/否	
7		财务状况	财务状况和经营业绩	资产质量和财务状况良好，经营业绩稳健；近三年无财务违法违规行为和不良记录	是/否	
8		其他	证券监督管理机构规定的其他条件	按照相关规定评审	是/否	
9	实施程序	内部审议程序	董事会决议	审议表决情况	是/否	
10			关联董事回避情况	按照要求回避表决	是/否	
11			独立董事意见	按照要求发表独立意见	是/否	
12			监事会意见	按照要求对名单进行核实	是/否	
13		国有控股股东意见	国有控股股东发表意见	按照规定审核议案、咨询政策并发表意见	是/否	
14			向国资委申报情况	按照规定及时向国资委申报	是/否	
15		其他	董事会召开、公告等事项	符合证券监管规定	是/否	
16			财务顾问或律师意见	按照要求发表独立意见	是/否	

续表

序号	类别	评审项目	评审要点	评审标准描述	合规与否	情况说明
17	实施方案	一般规定	申报资料的完整和合规	按照要求提供申报资料	是/否	
18			股权激励计划内容	要素完整、资料翔实	是/否	
19			所选股权激励方式	符合政策规定和政策导向	是/否	
20			标的股票来源	来源明确、合规	是/否	
21			行权或购股资金来源	来源明确、合规	是/否	
22		股权激励对象	激励对象范围、重点和人数	符合政策规定，人数控制合理	是/否	
23			激励对象资格	不存在不符合资格的人员；按照规定进行信息披露；提供分类情况及拟授权益数量	是/否	
24		权益授予数量	权益授予总量和首期授予数量	符合政策规定，并与公司股本总额、激励范围和激励水平相匹配	是/否	
25			个人获授数量	符合政策规定，并按照权益授予价值和公平市场价格测算确定	是/否	
26			分期授予和预留股份	符合政策规定	是/否	
27		行权价格、授予价格和公允价值、授予价值	行权价格、授予价格	符合公平市场价格原则；限制性股票的授予价格不低于公平市场价格的 50%	是/否	
28			单位权益的公允价值	采取的估值模型或者计算方法、相关计算参数符合规定；专业机构出具意见	是/否	
29			权益授予价值	控制在授予时总薪酬水平的规定比例内；授予时总薪酬水平的计算符合规定	是/否	

续表

序号	类别	评审项目	评审要点	评审标准描述	合规与否	情况说明
30	实施方案	计划有效期、行使时间等	计划有效期和授予间隔期	符合政策规定	是/否	
31			各期次权益有效期和行使安排	行权限制期（限售期）和行权有效期（解锁期）符合政策规定；匀速分批生效（解除限售）	是/否	
32			董事、高管出售、转让股票限制	符合《中华人民共和国公司法》相关规定	是/否	
33	考核管理	业绩考核条件	业绩考核体系及运用	公司、个人层面均有业绩考核；在授予、生效（解锁）环节双重挂钩	是/否	
34			公司业绩考核指标和目标水平	业绩指标齐全；业绩目标与自身历史业绩和同行业业绩水平比较均具有挑战性	是/否	
35			个人绩效评价及运用	个人绩效评价与授予、生效（解锁）挂钩；负责人绩效评价符合相关规定，权益行使与任期考核挂钩	是/否	
36		股权激励计划管理	计划终止，激励对象资格取消	相关条款符合政策规定	是/否	
37			激励对象离职、公司股本变动时的处理	符合政策规定	是/否	
38			未行使权益的处理	符合政策规定	是/否	
39			财务资助	公司不得提供任何形式财务资助	是/否	
40			信息披露和实施情况报告	相关条款规定符合政策规定	是/否	

后　记

我本科学的是焊接专业，毕业分配到中国航天科技集团公司（当时为中国航天工业总公司）一院211厂火箭发动机推力室车间，从事技术工作四年，也算是干本专业的四年，后来就转管理了。偶尔到西单图书大厦四楼看到材料学和焊接专业的图书，心理难免泛起一点点失落。从事管理及管理研究工作虽然乐在其中，但总感觉有些许遗憾。

从事管理或管理研究工作，离不开公文及论文写作。我的行文风格，经历了几个阶段的变化。起初，比较注重文字的铺张排比，行文比较工整，逻辑性很强，但语言变化少，生动性不够。后来，在注重行文逻辑性的同时，寻求用词和节奏的变化，看起来不那么规整，但读起来也不那么累了。再后来，行文从注重逻辑逐步向注重问题导向转变，从作者视角论述向读者视角理解体会转变。

不一定最后阶段的行文最好。但是，从总体上看，这一变化还是有其内在规律的，对于刚刚走上工作岗位，从事公文（论文）写作的新锐小友来讲，还是可以借鉴的。

在我个人职业生涯中，有很多师长和同事对我帮助很大，在此一并表示感谢。比如，前面提到的行文风格变化，第一次变化源于我在国资委挂职期间，时任干部一局二处姜维亮处长的提示，他跟我讲：“德民，你写东西不错，逻辑性强，但语言生动性不足。”一直以来，我自己对写文章还比较自信，而这个提示让我有顿悟的感觉，对于我后来文风的影响还是很大的。我在中国航天科技集团公司工作期间，承担了较多集团人力资源管理研究工作，时任集团人力资源部部长陈学钏对于国有企业人力资源问题的深刻洞察对我的影响和帮助也很大。这本书也参考了我原来同事——中国航天科技国际交流中心樊召锋博士的部分研究成果，吸纳了华夏基石管理咨询集团彭剑锋、夏惊鸣、葛晶等学者、专家的一些真知灼见，在此深表谢忱。

国企“三项制度”改革是一个老大难的问题。改了三十多年，前进了三十多年，始终在路上。看问题视角影响认识，信息量大小决定结论。囿于个人经历与经验，对于国企“三项制度”改革的问题分析及举措建议难免挂一漏万，希冀各位同行给予批评指正。